50이면 육아가 끝날 줄 알았다

일러두기

* 이 책에서 쓰인 '초기 성인', '초기 성인기'라는 용어는 만 18~25세 정도의 성인과 그 시기를 의미한다.
* '성인기'는 일반적으로 30세부터 노인기의 시작인 60~65세 전까지의 시기를 의미한다.
* 이 책에서 쓰인 '파트너(partner)'라는 용어는 혼인 관계에 있는 배우자, 또는 연애 중이거나 사실혼 관계에
  있는 애인 혹은 배우자를 의미한다.

YOU AND YOUR ADULT CHILD

by Laurence Steinberg
Copyright © 2024 by Laurence Steinberg
All rights reserved.
This Korean edition was published by Evening Moon Publishers in 2024 by arrangement
with the original publisher, Simon & Schuster, Inc. through KCC(Korea Copyright Center Inc.), Seoul.

YOU AND YOUR ADULT CHILD

50이면 육아가 끝날 줄 알았다

부모와 성인 자녀의 성숙한 인간관계를 위해 알아야 할 것들

로렌스 스타인버그 지음
인지심리학자 김경일 · 이은경 옮김

저녁달

Laurence Steinberg

자식이 10대를 벗어나면 힘든 시기가 끝날 줄 알았건만, 다 큰 자녀의 부모가 되는 것은 일찍이 겪어보지 않은 일이라 무척 당황스럽다. 요즘 우리 자녀들은 예전 우리보다 훨씬 더 어려운 환경에 놓여 있다. 청소년기에서 성인기로 넘어가는 기간이 길어지면서 질풍노도와는 다른, 새롭고 불편한 롤러코스터를 타고 있다. 이 책이 풀어 놓은 수많은 지침을 한마디로 요약하면 상호이해와 자제다. 부모가 자식을 생각하는 것만큼 자식은 부모에 대해 생각하지 않는다는 사실을 명심하고 성인 자녀에 대한 기대 수위부터 조절해야 한다. 성인 자녀가 요청하기 전에는 절대 나서지 말아라. '헬리콥터 부모'도 모자라 아예 지상으로 내려와 모든 장애물을 제거해주는 '잔디 깎기 부모'는 절대 금물이다. 이 책은 20~30대 자녀를 둔 부모를 위한 최초의 종합 지침서다. 시의적절하게 나온 고마운 책이다. 그런데 제목을 잘못 지었다. 내 나이 이제 70인데, 나는 70이면 육아가 끝날 줄 알았다. 천만의 말씀이다. 육아도 끝나지 않았지만 조만간 거꾸로 돌봄이 시작될까 두렵다. 가족의 서로 돌봄은 영원히 끝나지 않는다. 두 권 구입해서 한 권은 당신이 읽고 다른 한 권은 자식에게 선물하라.

– 최재천, 이화여대 에코과학부 석좌교수·생명다양성재단 이사장

자녀와의 갈등을 피하고 적당한 거리를 두면서 가장 좋은 관계를 유지하는 법에 대한 명확한 지침을 제공한다.

– 뉴욕타임스

내가 가장 좋아하는 사상가이자 작가 중 한 명인 로렌스 스타인버그는 지금 당신이 고심하고 있는 모든 질문에 명확한 답을 설득력 있게 제시하고 있다. 무엇보다 이 책의 또 다른 장점은 세계적으로 유명한 심리학자를 단축번호처럼 당신의 머릿속에 저장하게 되었다는 것이다.

- 앤절라 더크워스, 심리학자 · 『그릿』 저자

내가 지금까지 읽었던 그 어떤 부모교육서보다도 더 많은 지혜와 분별력이 담겨 있다. 과학에 기반한 이 책은 성인 자녀를 둔 부모들의 필독서다.

- 마틴 셀리그먼, 심리학자 · 교육자 · 『긍정심리학』 저자

성인 자녀와의 관계에 공감과 창의성을 적용한 선도적인 발달심리 전문가의 지혜를 떠올려보라. 이 책을 통해 당신은 당신 삶의 가장 중요한 관계를 향상할 수 있는 깊이 있는 통찰을 얻게 될 것이다. 이야기와 과학으로 가득 찬 이 책은 부모와 자녀 모두에게 유익하다. 세대를 뛰어넘어 전해질 선물이다.

- 대니얼 J. 시겔, 소아정신과 의사 · 『아직도 내 아이를 모른다』 저자

나의 아이들이 성인기로 넘어가는 변화무쌍한 시기에 이렇게 힘을 실어주는 귀중한 안내서를 읽을 수 있음에 깊이 감사한다.

- 제시카 레이히, 『똑똑한 엄마는 서두르지 않는다』 저자

아이를 키우면서 어찌할 바를 모를 때마다, 청소년기와 청년기 심리 연구의 거장인 로렌스 스타인버그에게 의지했었다. 이 책에는 모든 어머니와 아버지가 성인 자녀를 양육하는 데 필요한 매우 유용하고 놀랍도록 혁신적인 지침이 담겨 있다. 스타인버그는 이 책을 통해 성인 자녀를 둔 부모가 험난한 미지의 영역을 잘 건너갈 수 있도록 돕는다. 또한 변화하는 시대에 부모가 자녀에게 기대하는 바가 어떻게 달라져야 하는지, 아직 삶이 막막한 20대와 30대 자녀에게 어떻게 섬세한 조언을 건네야 하는지 등을 통찰력과 창의력 그리고 독창성을 더해 글로 전달한다. 그의 조언에서 45년 연구의 내공을 느낄 수 있다.

- 제니퍼 시니어, 2022년 퓰리처상 수상자·전 뉴욕타임스 칼럼니스트·
뉴욕타임스 베스트셀러 『부모로 산다는 것』 저자

스타인버그는 수십년 간의 지혜와 경험을 세심하면서도 명쾌하게 풀어내어, 성인 자녀를 둔 부모들이 기다려왔던 지침서를 출간했다. 그들에게 공감하고 이해하는 것은 물론이고 성인 자녀의 정신 건강, 경제문제, 성 문제 그리고 부모가 이러한 어려운 주제를 다뤄야 하는 이유, 시점, 방법 등을 자세히 소개한다. 실용적이면서도 방대한 연구를 기반으로 하여 분명한 관점을 갖고 있는 이 책을 내가 아는 모든 부모에게 추천하고 싶다.

- 리사 다무르, 심리학자·『여자아이의 사춘기는 다르다』 저자

내가 부모이자 심리학자로 지내온 40여 년 동안, 스타인버그의 연구는 모든 육아 과정에서 도움이 되어주었다. 성인 자녀가 급격히 변화하는 세상에 적응하는 방법을 부모가 이해할 수 있도록 수많은 연구, 임상 경험, 그리고 실현가능한 대안을 이 책에 담았다. 당신에게 성인 자녀가 있다면 자녀가 성공했든 아직 자리를 못 잡았든 이 책을 꼭 읽어보길 바란다.

- 매들린 레빈, 『물질적 풍요로부터 내 아이를 지키는 법』, 『내 아이를 위한 심리 코칭』 저자

스타인버그는 교수로서, 발달심리학자로서, 그리고 아버지로서 수십 년간의 경험과 최신 연구 결과들을 모아 성인 자녀를 둔 모든 부모에게 필요한 가이드를 제공하고 있다. 친절하고 용기를 불어넣어주는 이 책은 자녀가 새로이 독립적인 삶을 살도록 지지하고 격려하면서 부모가 어떻게 성장할 수 있는지를 보여주는 확실한 청사진이다.

- 리사 헤퍼넌, 베스트셀러 작가·Grown&Flown 공동설립자

스타인버그는 발달심리학 분야의 세계적인 석학이다. 이 유용한 책에서 가장 중요한 점은, 자녀가 성인이 될 때까지 부모와 자녀 사이 소중한 유대감을 유지하는, 자신이 아는 모든 방법을 알려주고자 했다는 것이다. 스타인버그는 현명하고 이해심 많은 친구의 마음으로 이 책을 썼다.

- 로빈 마란츠 헤니그, 『Twentysomething: Why Do YoungAdults Seem Stuck?』 공저자

'성인 자녀'라는 새로운 육아의 문

수많은 학회와 심포지엄에서 그리고 그보다 훨씬 더 많은 관련 분야 논문에서 학자들은 "우리 인간의 수명이 놀라운 속도로 늘어나고 있다."고 입을 모아 말합니다. 지금까지 소개된 노화를 방지하고 늦추는 다양한 치료법과 약물까지 고려하면, 인간이 100살은 물론이고 '재수 없으면 150살까지 산다'는 말이 이제 그저 농담으로 느껴지지 않습니다. 게다가 대한민국은 이미 세계 최상위권 장수 국가이며, 불과 몇 년 후인 2030년 전후로 기대 수명 세계 1위 국가가 될 수도 있다는 놀라운 전망도 나옵니다. 이는 무엇을 의미할까요?

저만 해도 할아버지의 얼굴을 모릅니다. 제가 태어나기 한참 전에 돌아가셨기 때문이지요. 하지만 요즘 젊은 세대의 조부모는 대부분 건강하게 살아계십니다. 심지어 4대가 함께 만나는 가정도 종종 찾아볼 수 있다고 합니다. 생각해보면 참 아이러니하지 않은가요? 우리나라는 1인 가구가 전 세계에서 가장 빠른 속도로 늘어나고 있는 나라인데 4대가 함께 살아가고 있다니 말입니다.

그래서 저는 자녀 교육에 관한 강연을 들으러 오신 분들께 틈날 때마다 이렇게 강조합니다. 자녀와의 관계를 '100년 동반자'로 생각하셔야 한다고요. 자녀와 함께하는 기간은 더 길어지고 있고 그만큼 부모 노릇 하기도 더 어려워지고 있습니다. 30년 넘는 기간 동안 키워주고 결혼을 시키고 나서도 애프터 서비스를 해야 하는 초장기 관계라는 우스갯소리가 전혀 이상하지 않은 사회가 된 것이죠.

특히나 부모와 자녀의 애착을 중요하게 생각하는 한국 문화 안에서는 이 상황을 더 생각해보아야 합니다. 한국의 부모는 성인이 된 자녀와 얼마만큼 어떻게 거리를 두어야 하는지 잘 알지 못합니다. 자녀가 결혼한 후에도 자녀 부부 집의 냉장고까지 확인하면서 사소한 일에도 간섭한다는 부모의 일화도 흔합니다. 우리 사회에 존재하는 부모 자식 간의 갈등은 긴 시간 동안 해결되지 않고 있고 오히려 더 깊어지고 있습니다. 이 모든 일들이 일어나는 이유는 부모와 자녀, 두 세대가 서로에게서 성공적으로 독립하고 거리를 유지하지 못했기 때문입니다.

그런데 이렇게 성인이 된 자녀와 어떻게 지내야 하는가에 대한 가르침은 찾아보기 어렵습니다. 100살 넘게 사는 인생에서 청년을 넘어 이제 중년까지 바라보는 자녀를 어떻게 돕고 얼마만큼의 거리를 유지해야 하는지에 대한 정보가 거의 없어요. 사실 이는 전혀 이상한 일이 아닙니다. 우리 인류가 이런 시대를 살아본 적이 없거든요. 그 정보는 성경에도, 불경에도, 코란에도 없습니다. 우리는 말 그대로 인류사에서 볼 수 없었던, 새로운 문을 계속해서 열어가는 개척자입니다. 그리고 그 새로운 문에는 '성인 자녀'라는 낯선 문도 있습니다. 우리의 부모님을 비롯한 이전 세대의 지혜로는 알 수 없는 것이니, 우리가 스스로 알아가야 합니다.

이런 시대에 가르침을 줄 수 있는 사람은 누구일까요? 신생아를 낳은 산모부터 유아동 양육과 관련된 상담, 청소년 자녀와 부모의 갈등과 관련된 사례들을 두루 연구하고 고민하며 같이 나이 들어가는 전문가만이 가능합니다. 이 책 『50이면 육아가 끝날 줄 알았다』의 저자, 로렌스 스타인버그는 청소년기와 청년기 심리발달을 50여 년간 연구한 심리학자입니다. '무엇을 고민해야 하는가'라는 질문에서부터 출발하여 구체적으로 도움이 되는 방안을 제시합니다.

그 어떤 책보다도 의미 있는 부모 되기 안내서입니다. 물론 이 책에 모든 답이 있지는 않지만 심리학자인 저 또한 이 책을 읽으며 많은 깨달음을 얻었습니다. 부모로 살고 있는 여러분뿐만 아니라 힘들게 20대, 30대를 보내고 있는 여러분에게도 큰 도움이 되기를 바랍니다.

김경일(아주대학교 심리학과 교수 · 인지심리학자)

평생 좋은 부모가 되어주고 싶다면

오늘날 미국에 사는 약 6,500만 명의 부모들이 20~30대에 속한 자녀를 한 명 이상 두고 있다. 여느 부모들처럼 성인 자녀를 둔 부모들에게도 조언, 권고, 지도, 그리고 안심시키는 말이 필요하다. 자녀가 나이 들어감에 따라 양육에 대한 요구는 바뀌지만 그 어려움은 결코 사라지지 않는다. 자녀가 얼마나 잘 자라든 얼마나 힘들게 하든 상관없이 양육은 절대 끝나지 않으며 양육에서 비롯되는 불확실성도 사라지지 않는다. 당신은 자녀가 10대를 벗어나면서 이제 힘든 시기가 끝났다고 생각했을 수도 있지만, 곧바로 성인 자녀의 부모가 되는 것 또한 어렵다는 사실을 알게 되었을 것이다. 어떤 부모들은 자녀가 청소년일 때보다 성인이 된 이후가 훨씬 어렵다고 느끼기도 한다.

나는 거의 50년 동안 부모 되기와 심리 발달을 연구하고 가르치며

글을 써 온 심리학자다. 수십 년간 주로 학교나 지역 사회에서, 아동과 청소년을 키우는 것에 관심이 있는 많은 부모 집단과 이야기를 나누었다. 나는 늘 청중의 질문에 답할 시간을 남겨두었고, 강의가 끝난 후에는 대체로 많은 사람들 앞에서 질문하기 어려워했던 부모들과 따로 대화하는 데 시간을 할애했다. 주로 10대를 키우는 것에 대한 질문이 많았다. 지금도 여전히 그런 질문을 많이 받기는 하지만 점점 더 많은 부모가 성인 자녀와의 관계를 어떻게 이끌어가야 할지 걱정한다는 사실을 알게 되었다.

"제 아들이 어려움을 겪고 있는 상황인지 어떻게 알 수 있을까요?"

"제가 딸의 대학원 신청을 도와줘도 괜찮을까요?"

"아이가 제가 보기엔 위험한 사람과 함께 살겠다고 하는데 제가 어떻게 해야 할까요?"

"지난 몇 년 동안 스물다섯 살짜리 아이를 경제적으로 도와줬는데 얼마나 더 도와줘야 할까요?"

"제 아들이 집으로 돌아왔는데 제멋대로 살고 있어요. 비디오 게임이나 하면서 소파에 죽치고 있는데 일자리를 구하는 데 더 시간을 써야 하지 않겠어요?"

나는 또한 아버지이자 할아버지다. 부모가 가질 수 있는 가장 중요한 도구는 자녀가 어느 발달 단계에 있고 각 단계마다 그들의 생각, 행동, 감정이 어떻게 변화하는지를 정확하게 이해하는 능력이다. 아장아장 걷던 자녀가 어느덧 10대가 되어 화가 나서 자리를 박차고 나가는 행동을 할 때, 전문가로부터 침착하게 "그것은 발달상으로 적절한 행동입니다."라는 설명을 듣는다면 안도감을 느낄 것이다. 이러한 지식은 당신이 자녀의 행동을 합리적으로 예상하도록 도와줄 뿐 아니라 부모로서의 성공에도 매우 중요한 양분이 된다.

안타깝게도 성인 자녀를 둔 부모는 유아, 아동, 청소년 자녀를 둔 부모에 비해 정보가 부족하다. 실제로 성인이 된 자녀와 소원해져 절망에 빠진 부모가 쓴 책이나 절망한 부모를 위해 쓰인 책을 곳곳에서 찾을 수 있다(당신은 성인이 된 자녀와 소원해지지 않기를 바랄 것이다. 이 주제는 3장에서 다룬다). 『50이면 육아가 끝날 줄 알았다』는 20~30대 자녀를 둔 모든 부모를 위한 최초의 종합 안내서다. 성인 자녀를 양육하는 어려움을 어떻게 다룰지 궁금해하는 당신에게 지뢰밭처럼 깔린 어려움을 탐색하여 피하는 방법에 대한 조언을 해줄 것이다.

이 책은 내가 직접 진행한 연구는 물론 동료들의 획기적인 작업에 바탕을 두고 있다. 또한 내가 40년 이상 학부생과 대학원생을 가르치면서 그리고 38년간 자녀를 키우면서 얻은 통찰을 담았다. 그런 경험을 바탕으로 나는 당신과 성인 자녀가 정신 건강, 교육, 재정, 연애 관계 그리고 자녀 양육과 관련하여 직면할 수 있는 거의 모든 어려움에 대한 조언을 망라해놓았다. 이러한 어려움들을 다양한 예시를 통해 책 전체에 걸쳐 설명했다. 예시들은 관련 연구는 물론 많은 부모와 나눈 대화를 바탕으로 구성된 것이지만 가족의 익명성을 보호하기 위해 중요한 세부사항들은 변경했다.

이 책을 쓰기 시작하면서 나는 우리가 '유아', '걸음마를 뗀 아기', '10대'라고 말하는 것처럼 20~30대 자녀를 나타내는 단순하고 일반적인 용어가 없다는 것을 깨달았다. 그것은 아마도 최근까지 이 연령대에 대한 논의가 그들을 부모와 지속적인 유대감을 가지고 있는 사람들로서가 아닌 학생이나 직장인이나 배우자로서만 초점을 맞췄기 때문일 것이다. 내가 아무리 애써봐도 복잡하거나 무례하지 않은 용어를 생각해 낼 수 없었다. 더 나은 포괄적인 용어가 없었기에 특정 연령대의 자식들을 묘사하기 위해 '성인 자녀(adult child)' 그리고 '성인이 된 자녀(grown child)'라는 용어를 번갈아 가며 사용했다.

이 책에서는 본격적으로 성인 자녀와 관련된 구체적인 문제에 대해 논하기 전에, 전반부에서 일반적인 원칙을 소개할 것이다. 이후에는 자녀의 경제문제, 연애 상대 그리고 걱정되는 양육 방식 등에 대해 자세히 다룬다. 1장에서는 오늘날 성인 자녀 양육이 이전 세대와 어떻게 다른지, 자녀가 성인이 된 지금 부모 역할이 어떻게 바뀌었는지, 자녀의 삶에 계속 관여하고 싶은 당신의 자연스러운 욕구와 당신으로부터 자율성을 확립하려는 자녀의 욕구 사이에 어떻게 균형을 잡을 것인지를 논의한다. 2장에서는 자녀에게 당신의 우려를 말할 것인지 자제할 것인지 결정하기, 자녀로 인한 복잡한 감정을 이해하고 관리하기, 자녀와의 갈등을 건설적으로 해결하기, 양육 방식에 대한 파트너와의 의견 차이 다루기 등을 포함해서 자녀와의 일상적인 관계를 건강하게 유지하는 방법에 대해 논의한다. 3장에서는 자녀와 당신 자신의 정신 건강을 돌보는 방법과 성인 자녀와 부모 사이의 소원함의 원인에 대한 조언을 제공한다.

이어 후반부에서는 자녀의 교육, 재정, 연애 관계와 관련하여 자주 발생하는 구체적인 문제들에 대해 알아본다. 4장에서는 자녀의 대학 교육 관여, 전통적인 대학의 대안, 방학 동안 본가에 돌아온 자녀와의 갈등과 같이 성인 자녀가 학생일 경우 자주 직면하는 문제들에 대한 조언을 제공한다. 5장에서는 자녀의 집 구매 도와주기, 개인 금융 논의하기 등 학업을 마친 자녀에게 경제적으로 지원하는 것에 대해 어떻게 하는 것이 현명할지 지침을 제시한다. 6장에서는 자녀의 성 생활, 배우자 선택, 자녀 및 자녀의 파트너와 좋은 관계 유지하기, 자녀가 힘들어하는 결혼 생활이나 이혼의 어려움에 대처하기 등 자녀의 연애와 결혼에 관련된 다양한 문제를 살펴본다. 7장에서는 성인 자녀를 둔 부모들에게 가장 자주 받는 질문을 다룬다. 바로 자녀가 삶에서 허우적거리고 있을 때 당신이 무엇을 도와줄 수 있는가 하는 질문이다(또한 잘하고 있는, 즉 번창하고 있는 성인 자녀에 대해서도 설명한다). 여기서 나는 부모가 흔히 걱정하는 자녀의 일, 학교, 연애, 주거라는 네 가지 영역에 초점을 맞추고, 그것들이 어떻게 진행되고 있는지 판단하는 방법을 제안한다. 오랜 학업, 취업하고 정착하는 문제, 헌신적인 연애 관계 형성의 어려움과 본가로 돌아오는 일 등이 그것이다. 각각의 경우, 나는 부모가 허우적거리는 것처럼 보이는 자녀를 도울 방법을 제시한다. 8장에서는 새로이 부모가 된 성인 자녀를 돕는 최선의 방법, 자녀의 양육에 대해 우려나 조언의 목소리를 낼 것인지의 여부, 손주와 강한 유대감을 키우는 방법 등 조부모로서 당신의 역할을 살펴본다. 9장은 책을 마무리하면서 내용을 요약하고 부모가 성인 자녀와 더욱 단단한 관계를 맺는 방법을 나열하며 자녀가 40대에 접어들면서 자녀와의 관계가 어떻게 지속적으로 변화할 것인지를 전망해본다.

이 책을 쓰는 동안 많은 이들을 염두에 두었다. 먼저, 부모가 되는 단계에 접어들면서 무엇을 예상해야 할지 궁금해하는 부모가 바로 그들이다. 한창 부모 되기에 관해 고민하며 잘 해내고 있다고 생각하는 부모도 개선의 여지가 있다. 또한 길을 잃은 것 같은 혼란과 절망을 느끼거나 힘든 시기를 보내는 부모에게도 무엇을 해야 할지에 대한 조언이 필요하다. 당신이 세 가지 범주 중 어디에 속하는지와는 상관없이 이 책이 당신을 더 여유로운 부모, 더 많이 알고 능력 있는 부모, 더 자신감 있는 부모로 만드는 데 도움을 줄 것이다.

이 책에서는 우리가 막 성인이 되었던 시절과 오늘날 성인의 모습이 많이 달라졌다는 점에 대해 이야기하고 있다. 아마 당신도 개략적으로 알고 있을 것이다. 모르기가 어려울 것이다. 미디어에서 밀레니얼 세대(1980년대와 1990년대 초반에 태어난 사람들)나 Z세대(1990년대 후반이나 그 이후에 태어난 사람들, 때로는 '포스트 밀레니얼 세대'라고 불리는 사람들)에 대해서 엄청나게 언급하고 있으니 말이다. 그러나 지난 40년 동안의 사회적·경제적 변화가 부모인 당신에게 어떤 영향을 주었는지 또는 당신의 기대, 태도, 행동을 오늘날의 현실에 가장 잘 적응시키는 방법이 무엇인지에 대해서 말하는 사람은 거의 없었다.

자, 이제 얼마나 시대가 변했는지 그리고 오늘날 젊은 성인이 되는 과정이 우리가 젊었을 때와는 왜 그렇게 다른지 살펴보자.

차 례

1장 변화하는 부모 역할

2장 아이와 부모는 늘 함께 성장한다

YOU AND YOUR ADULT CHILD

변화하는 부모 역할

· · · · · · · · ·

1장

시대가 변했다

오늘날 부모로 살아가는 당신에게는 과거 어느 때보다도 성인 자녀를 보살피기 위한 조언이 필요하다. 여기에는 몇 가지 이유가 있다. 부모가 변했고, 자녀가 변했으며, 성인기에 대한 과학적 해석이 달라졌고, 시대 또한 달라졌기 때문이다. 부모 중 상당수는 자녀가 대학을 마치거나 독립해 나가거나 결혼할 때쯤이면 부모로서의 양육은 다 한 것이라고 여긴다. 그러나 요즘의 양육 방식은 당신이 자라던 때와는 다르다. 이 말을 듣고 당황하거나 심지어 절망하는 사람이 있을지도 모르겠다.

부모는 어떻게 바뀌었는가 서른쯤에 나는 부모님과 사이가 상당히 좋지 않았다. 당시 아내와 나는 결혼식 준비에 한창이었는데, 예식과 피로연에 관한 사항을 결정할 때마다 부모님이 까다롭게 고집을 부리며 못마땅해하셨다(결혼식을 준비하면서 부모와 성인 자녀가 서로 견해 차이를 보이는 것은 흔한 일이다. 이 문제는 6장에서 다루겠다). 고맙게도 아내는 부모님과 내 사이를 중재하려고 애썼지만 양쪽 모두 도무지 물러서려 하지 않았고, 결혼식을 준비하고 식을 치르는 동안에도 관계는 전혀 나아지지 않았다.

결혼식 날에도 부모님은 불쾌한 기색을 숨기지 않았다. 나는 부모님이 분위기를 망친 것에 화가 치밀어, 다음 날 신혼여행을 떠나기 전에 전화도 드리지 않았다. 우리 사이의 균열이 메워지기 시작한 것은 2년이 지나 내 아들이 태어났을 때부터였다. 서로 원망하는 것보다 아이가 할아버지 할머니와 가깝게 잘 지내는 것이 더 중요하다는 데에는 의견이 일치했기 때문이다.

부모님과 화해한 후, 나는 아버지와 나 사이에 벌어졌던 상황에 관해 얘기를 나누고 싶었다. 어머니와는 10대 시절부터 사이가 안 좋았기 때문에 관계가 껄끄러워진 것이 새삼스럽지 않았지만 항상 친하게 지냈던 아버지와 불화가 생긴 건 그때가 처음이었다. 그것은 약간의 의견 충돌과는 차원이 다른 일이었다.

부모님 집에서 저녁을 먹은 어느 날 밤, 아버지와 나는 잠자리에 들기 전에 가볍게 술 한 잔을 나누었다. 정치, 직업, 스포츠 등 일상적인 대화를 하다가 잠시 뜸을 들인 후, 아버지에게 우리 관계에 대해 이야기하고 싶다고 말했다.

아버지는 내가 시간 여행이나 외계인에 대해 토론하고 싶다고 말하기라도 한 것처럼 나를 의아하게 쳐다보았다.

"내가 네 아버지지 그럼. 무슨 관계를 말하는 거냐?"

요즘 부모들은 아마도 이런 식으로 이야기하진 않을 것이다. 그러나 1920년대에 태어난 아버지는 전형적인 그 시대 남자였다. 아버지는 친절하고 배려심이 있고 세심한 사람이었지만 군 복무를 했던 탓인지 금욕적이고 감정을 잘 드러내지 않았다. 감정이나 관계에 대한 대화는 아버지의 방식이 아니었다.

성인 자녀를 둔 요즘 부모는 관계에 대해 이야기하고 분석하는 일이 자연스럽고 당연하게 여겨지기까지하는 완전히 다른 문화적 환경에서 자란 경우가 많다. 그들은 부모의 역할에 대해서도 나의 아버지나 그 연배의 사람들과는 매우 다르게 규정한다. 나는 부모님이 『스포크 박사의 육아전서(Dr Spock's Baby & Childcare)』이외의 자녀교육서를 읽는 모습을 상상할 수 없다. 그마저도 '고형식을 시작하는 시기' 또는 '이앓이 고통을 줄이는 법' 등 구체적인 사항을 찾아볼 때만 그 책을 읽었을 것이다.

이와는 대조적으로 성인 자녀를 둔 요즘 부모는 유치원을 알아보는 일부터 대학 입시 지원서를 쓰는 일까지 자녀의 생활에 지속적으로 개입하고 있다. 자녀가 성인이 되었다는 이유만으로 그동안 해왔던 방식을 꼭 바꿀 필요가 있을지 의구심을 느낄지도 모른다.

또한 이러한 부모는 자녀와 매우 긴밀하게 지낸다. 대학생이나 최근 졸업생들 상당수가 하루에도 몇 번씩 부모와 문자하고 소셜미디어를 통해 게시물을 공유하며 연락한다. 내 몇몇 제자들은 부모가 보내는 문자 때문에 집중력이 흐트러지지 않도록 중간고사와 기말고사 기간에는 핸드폰을 꺼둔다고 했다.

이런 잦은 연락은 여러 방면에서 매우 중요하다. 오늘날 성인 자녀와 부모는 이전의 어느 세대보다 더욱 가깝고 서로의 생활을 잘 파악하고 있는 경우가 많다. 이러한 친밀감은 몇 가지 중요한 세대 경계를 무너뜨렸고 결과적으로 성인 자녀와 부모 사이를 이전보다 대등하게 만들었다. 그런데 이는 서로의 관계가 어긋나기 시작하는 계기가 될 수도 있다. 특히 서로 의견이 다를 때, 자녀가 기꺼이 부모의 의견을 따를 것이라고 예상하는 경우에 그렇다.

지나치게 친밀해진 나머지 자녀의 생활 여러 방면을 부모가 알게 되어 자녀의 육체적·정서적 건강이나 자녀와 계속해서 사이좋게 지내는 방법에 대해 더욱 전전긍긍할 수도 있다(사실 20세기의 부모도 자녀에게 "왜 전화를 안 하니?" 하고 묻기는 했다. 하지만 요즘처럼 이틀만 연락이 안 되어도 바로 묻는 것이 아니라 대체로 1~2주 정도 연락이 되지 않은 경우였다). 요즘엔 성인 자녀를 둔 부모도 자녀와의 관계에 문제가 있다고 느끼면 이를 바로잡기 위해 무엇을 해야 할지 즉시 알아본다. 그래서 오늘날의 부모는 거의 모든 면에서 이전 세대의 부모보다 성인 자녀와 훨씬 더 깊게 얽혀 있다.

자녀는 어떻게 바뀌었는가 자녀가 겪는 가장 큰 변화라면 성인으로 서 제 역할을 하는 데 예전보다 더 오랜 시간이 걸린다는 점이다. 학업 을 마치고 경제적으로 독립하고 결혼(또는 결혼에 버금가는 합의)해서 정착 하고 어엿한 집을 마련하고 아이를 갖기까지 더 긴 시간이 소요된다.

이 상황의 단적인 예로, 안정된 애정 관계를 형성하는 방법이 지난 수십 년에 걸쳐 변화해온 사실을 생각해보라. 요즘 부모는 자녀가 파 트너를 선택하는 문제에 대해 늘 걱정하지만, 과거에는 주로 자녀가 고 등학교나 대학교에 다니는 시기에 이런 걱정을 하곤 했다. 이 연령대 의 자녀가 연애에 얼마나 미숙하고 서툰지를 고려할 때, 자녀가 문제 있는 사람과 얽혔을지도 모른다는 생각이 들면 부모 입장에서 거리낌 없이 말하는 것이 당연한 일이었다. 반면 오늘날의 부모는 성인 자녀 가 20대부터 30대까지 줄곧 서툰 관계를 맺는 것을 보는 경우가 많다. 아마도 온라인 데이트로 인해 이러한 과정이 더 길어졌을 것이고 시작 부터 잘못되기도 쉬웠을 것이다.

오늘날 성인기로의 진입이 이전보다 더 늦춰지고 길어졌다는 것에 는 전문가들도 이견이 없다. 길어진 이 시기를 묘사할 때 쓰이는 단어도 만들어지고 있다. 일부 전문가들은 제멋대로인 삶의 다양한 경험을 해보지 않은 사람은 누구나 미성숙하고 심지어는 나태하다고 생각하며 "어째서 사람이 자라는 데 이렇게 오랜 시간이 걸리는지" 궁금해했다. '청소년기를 연장하고' 있다며 한탄하는 전문가들도 있는데, 내게는 이 말이 성인 자녀가 제멋대로이거나 지나치게 불안해한다고 비난하는 것처럼 들린다. 또 다른 전문가들은 이러한 현상을 '성인기 진입의 실패', 즉 일종의 결함이나 무능으로 표현하기도 한다.

이러한 견해는 성인기에 마땅히 갖춰야 하는 것들, 즉 취업을 위한 준비, 정규직 취업과 경제적 독립, 결혼과 육아를 통해 착실한 발전이 이루어진다는 전제에서 비롯된다. 이러한 단계들을 제때 경험하지 못하는 사람은 미성숙하다고 은연중에 암시하고 있는 셈이다.

하지만 이러한 견해는 틀렸다. 성인기로의 진입이 늦어지는 것이 청년들의 정신적 발달을 저해한다는 과학적 증거는 없다. 이는 매우 중요한 사실인데 많은 부모가 잘 모르고 있다. 게다가 나중에 설명하겠지만 사춘기의 두뇌 발달에 대한 새로운 연구에 따르면 적절한 환경에서 성인기로의 진입을 늦추는 것이 두뇌의 유연성을 더 오랜 기간 유지하게 해서 실질적으로 두뇌 발달을 향상시킨다.

과학은 우리가 이해하고 있는 초기 성인기(young adulthood)에 대한 개념을 변화시켰다. 이 책의 다른 부분은 자세하게 읽지 않더라도 이 부분만은 면밀하게 읽어주었으면 한다. 내가 발견한 바로는 이것이 부모가 자녀를 바라보는 관점을 극적으로 바꿀 수 있다.

역사적으로 발달심리학자들은 초기 성인기를 무시하는 경향이 있었다. '중년의 위기'라 불리는 심각한 혼란에 빠진 사람을 제외하고는 중년기(middle adulthood) 역시 마찬가지로 무시해왔다. 또한 사춘기의 막바지(흔히 18세 전후라고 말하는)에 이르면 성숙을 멈추고 노년의 쇠퇴기에 이를 때까지 심리적 기능에 더 이상 변화가 일어나지 않는다고 지레짐작했다. 전문가들은 20~65세 사이에는 입학, 결혼, 이혼, 승진, 해고와 같은 삶의 특정한 인생 경험에 영향을 받는다고 추정했지만 유아, 어린이, 청소년, 노인 같은 생의 다른 단계와는 달리 초기 성인기와 중년기의 성인들은 예측 가능한 방식으로 변화하지 않았다.

사춘기 막바지부터 노년기에 이를 때까지 심리적 기능에 변화가 일어나지 않는다는 가정은 일부만 옳다. 새로운 연구에 의하면 20~25세 사이에 속한 경우에는 이 가정이 들어맞지 않는다. 이 5년 동안 뇌의 구조와 활동에 상당한 변화가 일어나는데, 이는 초기 성인기의 심리적 기능에 커다란 영향을 주고 부모가 성인 자녀를 이해하는 데 지대한 영향을 끼친다.

뇌의 해부학적 구조와 활동이 나이가 듦에 따라 어떻게 변화하는지를 연구하는 발달심리학자들은 최근에서야 18세 이후의 두뇌 발달에 관심을 가지기 시작했다. 그들이 밝혀낸 두 가지 사실 덕분에 사회가 초기 성인을 바라보는 시각이 변하고 있는데, 이는 당신이 자녀를 바라보는 방식 또한 바뀌게 될 것이다.

첫 번째 발견은 초기 성인기에도 여전히 뇌가 환경에 매우 민감하게 반응한다는 것이다. 이렇게 경험이 뇌에 영향을 미치는 성질을 '가소성(plasticity)'이라고 부른다. 신생아기와 유아기에는 인간의 뇌가 환경에 매우 영향을 잘 받는다는 사실을 당신은 잘 알고 있을 것이다. 이것이 여러 심리학자와 공중보건 전문가 그리고 교육자들이 어린아이들에게 충분한 보살핌과 교육을 제공해야 한다고 그토록 부르짖는 이유다.

그러나 지난 20년 동안, 가소성이 청소년기 초반에 또 한 번 폭발적으로 증가해 20대 중반까지도 이어질 수 있다는 사실이 밝혀졌으며 전문가들 또한 이를 인정하는 추세다. 물론 사람들이 좀 더 오랜 기간 뇌를 유연하게 유지하는 데 필요한 환경적 자극을 적절히 받는다는 가정하에 말이다.

아직 정확한 이유는 모르지만 25세 정도 되면 이렇게 고조된 가소성의 창은 닫히기 시작한다. 즉 25세 전까지 몇 년간을 어떻게 보내느냐가 성인기 지연에 영향을 미친다는 뜻이다. 도전과 새로움에 노출시키는 등 적절한 환경적인 조건을 제공해서 뇌가 청소년기에 더 오래 머무르게 하면 뇌가 자극을 통해 가장 큰 이익을 얻는 시간을 늘릴 수 있다.

안타깝게도 가소성은 양날의 검이다. 뇌가 환경에 민감하다면 좋은 경험과 나쁜 경험, 모두에 민감하기 때문이다. 좋은 경험은 지속적인 학습과 인지 발달의 기회를 제공한다. 그런데 나쁜 경험은 20대 중반 이후의 뇌보다 청소년기의 뇌에 더 해롭다. 3장에서 이야기하겠지만 이러한 이유로 청소년기와 초기 성인기가 스트레스와 트라우마, 결핍, 중독성 물질 등에 가장 취약하다.

두 번째 중요한 발견은 이 시기 동안 뇌의 성숙도가 급격히 상승한다는 점인데, 특히 자제력을 관장하는 영역에서 그렇다. 초기 성인은 10대보다 성숙하긴 하지만 20대 후반만큼 성숙하지는 않다. 초기 성인은 여전히 자신의 충동성과 감정 그리고 또래에 대한 감수성의 고삐를 잡는 능력을 발전시키는 중이다. 따라서 초기 성인기는 범죄, 폭음, 난폭운전, 안전하지 않은 성행위 등 수많은 행동이 절정을 이루는 시기이며 이러한 특성은 초기 성인이 그렇게 위험천만한 행동들을 주로 집단으로 행하는 이유가 되기도 한다. 당신의 자녀가 성인이 되어도 자녀가 저지른 위험하거나 무모한 결정 때문에 걱정하고 의논하는 경우가 생길 수 있다. 그렇다 해도 부디 당황하지 마라. 자녀의 뇌는 시간이 지나면 점차 성숙해질 것이다.

사회는 어떻게 바뀌었는가 성인기로 접어드는 데 있어 한 영역의 지연은 또 다른 영역의 변화를 불러온다. 직업의 본질에 나타난 변화를 생각해보라. 오늘날 직업을 가지기 위해서는 이전 세대보다 더 많은 교육이 필요하다(그 많은 교육이 반드시 필요한지는 별개의 문제다). 이러한 양상 때문에 성인 자녀가 대학을 졸업하고도 그 이상의 교육을 받으려고 하거나 대학생으로서 추가적인 기술을 습득하기 위해 학교에 더 오래 머물게 되는 경우가 많다. 통상 '4년제 학위'라고 언급하지만, 사실 요즘 미국의 대학생들이 학위를 취득하는 데 드는 기간은 평균 5년 또는 그 이상이다.

교육 기간이 늘어남에 따라 초기 성인의 삶의 다른 부분도 연쇄적인 영향을 받게 되었다. 학교를 더 오래 다님에 따라 좋은 경력이 되는 직업을 갖고 정직원이 되는 시기도 늦어져 부모에게 경제적으로 더 오래 의존하게 된다. 이러한 변화의 결과로, 결혼해서 독립적인 가정을 꾸리는 일도 지연되고 자연스레 부모가 되는 기회도 먼 미래로 밀려나게 되는 경우가 빈번하다.

단 하나의 사건만 놓고 이러한 변화가 나타났다고 정의할 수는 없기 때문에 오늘날 성인이 되는 데 걸리는 시간이 과거에 비해 얼마나 더 오래 걸리는지를 계산하기는 어렵다. 따라서 대학 졸업을 이 과정의 시작점이라고 하고 가족을 이루는 것을 마침점이라고 가정해보자. 실제로 모두가 이러한 과정을 거치는 것은 아니지만, 성인기로의 진입에 소요되는 기간이 세대에 걸쳐 어떻게 변해왔는지를 보여주는 타임라인을 세우는 데 유용한 수단이 된다. 대부분의 중산층 미국인들은 대학을 졸업하고, 그들 중 대다수가 결혼을 하고, 또 대부분은 부모가 된다. 대체로 이러한 순서를 따른다. 이 순서는 이전 세대와 마찬가지로 오늘날에도 비슷하다.

인구조사국과 다른 정부 기관에서 발표한 통계를 활용하여 계산했을 때, 오늘날 평균적인 중산층 초기 성인들이 대학을 졸업해서 가정을 꾸리기까지 대략 13년이 걸린다. 그들의 부모 세대가 같은 경로를 밟는 데는 약 8년이 걸렸다.

5년의 차이가 별로 대단해 보이지 않을 수 있지만 이것이 당신이 자녀의 인생 과정을 평가하는 기준을 바꿀 것이다. 서른이 다 되도록 아직 직업적으로 정착하지 못한 자녀는 부모가 보기에 게으름뱅이처럼 보일 수 있지만 오늘날의 기준으로 볼 때는 예정대로 흘러가는 것일 수 있다.

이제 부모는 이 새로운 시간표에 적응해야 한다. 좋은 직업을 갖기 위해 이수해야 하는 교육 요건이 줄어들지 않고 계속 증가하는 한, 성인기에 늦게 진입하는 현상은 아마도 더욱 만연해질 것이기 때문이다. 사람들이 학교에 더 오래 머물수록 정규직에 취업해 경제적으로 독립하고, 결혼해서 부모가 되는 일이 늦어질 가능성은 더욱 높아진다.

자녀의 인생 과정을 부모, 즉 당신의 삶과 비교해서는 안 된다. 그리고 자녀가 둘 이상인 경우, 그 둘을 비교하여 성인기를 통과하는 각자의 여정이 올바르게 흘러가고 있는지 판단하기는 어렵다. 같은 가정에서 자랐다고 해도 성격과 재능과 추구하는 바는 다를 수 있기 때문이다.

오늘날의 부모는 아직 직업이 없거나 안정적인 관계를 맺지 못한 채 미혼이며 경제적으로도 부모에게 의존하는 서른 즈음의 자녀를 바라보며, 자신들이 또는 자녀가 뭔가 잘못 살아온 것이 아닌지 걱정하곤 한다. 자녀가 고군분투하는 중인지 잘 해내고 있는지 궁금해하는 것이 당연하다. 그 차이를 구별하는 방법은 7장에서 설명하겠다.

평범한 성인기의 시간표에 나타난 이러한 광범위한 변화는 최근 발생한 기념비적인 사회적 변화로 인해 더 악화되었다. 2008년의 대공황과 코로나19의 세계적인 유행과 같은 사건은 20~30대 청년들의 재정이나 삶의 계획에 상당한 스트레스를 가져다주었다. 주거비가 상승해서 많은 성인 자녀가 본가로 돌아가거나 부모에게 경제적인 도움을 요청해야만 했다. 부모는 예상했던 것보다 아니, 어쩌면 원했던 것보다 자녀의 삶에 더 깊이 연관될 수밖에 없게 되었다.

당신은 부모와 자녀 그리고 성인기에 관한 과학적 이해와 사회 전반에 일어난 변화들을 토대로 성인 자녀를 둔 부모의 역할을 다른 관점에서 생각해야만 한다.

부모의 역할이 달라졌다

성인 자녀를 성공적으로 보살피기 위해 반드시 해야 할 일은 많은 부분에서 이전 단계와 비슷하다. 맘껏 사랑하고 지지하며, 자녀의 생활에 개입하되 침해하지 않으며, 자녀의 의견에 귀 기울이고, 존중하고, 자녀가 당신을 필요로 할 때 곁에 있어주는 것 등이다.

이제 부모 역할이 어떻게 바뀌었는지 이해하는 것이 중요하다. 당신은 자녀가 유아기와 아동기일 때 보살핌과 영양과 적절한 자극과 안정감을 제공했다. 자녀가 초등학교에 다니는 동안에도 이러한 일들을 계속하며 학교 생활을 잘하고 친구들을 사귀고 만족감과 자신감을 느끼고 공감 능력과 윤리의식을 원활하게 발전시킬 수 있도록 돕는 토대를 마련해주었다. 청소년기에 들어섰을 때는 더 이상 일일이 챙겨주기보다는 지침을 주고 조언을 해주며 10대가 된 자녀가 책임감, 자율성, 윤리적 기준 등을 갖출 수 있도록 돕는 역할을 했다.

만약 당신이 자녀를 이렇게 잘 양육해왔다면 자녀는 자신감 넘치고 예의 바르고 성공적이면서도 윤리적인 성인으로 자랐을 것이다. 또한 자신을 상당히 명확하게 이해하며 세상에서 독립적으로 살아가는 데 필요한 기본적인 기술을 갖추고 친밀한 우정과 가족과의 유대라는 만족스러운 관계를 유지하며 연애 상대와 안정적으로 관계를 맺는 능력을 지녔을 것이다.

이제 당신의 역할은 자녀가 그 기술과 능력을 현실화할 수 있도록 돕는 것이다. 앞으로 설명하겠지만 이를 위해서는 지원도 하고 개입도 하되 자녀의 자율성을 억누르지 않는 방식이 필요하다.

어린 시절의 자녀에게 품었던 기대와는 다른 기대를 가지고 부모로서의 역할에 접근해야 할 것이다.

무엇을 기대하고 있는가

지나는 10대 때 항상 부모님과 두 여동생과 함께 집에서 부활절을 보냈다. 대학교 3학년 3월 어느 날, 지나는 집으로 전화를 걸어 부활절 휴가 기간에 룸메이트가 자기 집으로 초대했으니 그 친구의 집에 가겠다고 말했다. 가을 학기 동안 이탈리아에서 지낼 때 룸메이트의 가족이 피렌체에 일주일간 방문했고 그때 그들과 친해지게 되었다는 설명도 덧붙였다. 그러면서 지나는 스무 번의 부활절을 가족과 매번 똑같이 보냈으니 올해는 뭔가 색다르게 지내도 재밌을 것 같다고 무심코 말했다. 지나의 어머니는 너무 실망해서 속상하고 기분이 안 좋다고 했는데 이로 인해 대화는 고성으로 치달았고 결국 어머니는 딸에게 화를 내며 전화를 끊어버렸다.

몇 주가 지난 후에 지나와 어머니는 약간의 거리를 두고 그 문제를 바라보았고, 지나가 집에서 부활절을 보내되 부모님께 미리 알린다면 가끔은 특별한 예외도 가능하다는 데 합의했다. 장차 지나가 결혼을 하면 지나와 배우자가 합의한 바에 따라 지나의 어머니는 부활절 모임을 다시 조정해야 할 것이다.

부모의 기대가 현실적이지 않을 때도 있지만 대체로는 이해할 만한 것들이다. 그런데 더 이상 적절하지 않은 생각을 고수하는 부모도 많다. 자녀와 함께 살던 5년 전에는 타당했던 것들이 자녀가 독립한 지금은 타당하지 않을 수도 있는데 말이다.

자녀가 대학에 다닐 때까지는 매일 전화나 문자가 왔을지 모르겠다. 하지만 정직원이 되어 독립한 스물여섯 살된 자녀에게 똑같은 걸 기대한다면 자녀는 그게 적절하지 않다고 여길 수도 있다.

당신이 20대 후반이었을 때 부모님께 일주일에 몇 번씩 전화를 드렸다면 매주 일요일 오후에 스물여덟 살된 자녀에게서 전화가 오리라고 기대하는 것은 매우 합당하다고 생각할 수 있다. 그러나 자녀의 파트너가 자신의 부모에게 한 달에 고작 두 번, 그것도 일정하게 정해진 시각이 아니라 마음대로 연락하는 사람이라면 당신의 기대가 자녀에게는 사생활 침해로 여겨지고 심지어는 창피할 수도 있다.

물론 부모와 성인 자녀가 얼마나 자주 연락해야 하는지 정해진 규칙은 없다. 그렇지만 당신과 자녀가 이 문제를 바라보는 시각이 서로 다를 수 있다는 사실을 인정한다면 당신이 원하는 만큼 자녀가 자주 연락하지 않는다는 이유만으로 어딘가 불쾌하다는 결론을 내리는 불상사를 막을 수 있다.

당신이 성인 자녀와의 관계에서 무엇을 기대하고 있는지 자문해보라. 특히 자녀가 부모로부터 혼란스러움을 느끼지 않도록 당신과 당신 파트너의 기대가 비슷한지를 알아내는 것도 중요하다. 자녀가 어릴 때는 양육에 대한 두 사람의 의견이 같았더라도 이후에는 각자만의 방식을 가지게 되었을 수 있다. 사실 그럴 가능성이 매우 높다. 두 사람의 견해가 완벽하게 일치한다는 것은 매우 어려운 일이다.

하워드와 그의 전 부인 서맨사는 딸 알리사에게 돈을 지원하는 문제에 대해 의견이 달랐다. 알리사는 대학 졸업 후 영화 작가가 되기 위해 로스앤젤레스로 이사한 상황이었다. 낮에는 레스토랑에서 일하고 퇴근 후에는 아침까지 글을 쓰며 생활하고 있었다. 웨이트리스 월급으로는 집세를 감당하기가 어려워서 침실 하나짜리 아파트를 다른 룸메이트 두 명과 함께 썼다. 그런데 룸메이트들의 친구들이 밤에 자주 들르는 데다가 밤새 떠드는 소리가 거실과 침실을 구분하는 얇은 벽을 뚫고 생생하게 들렸다.

그렇게 몇 달을 보낸 후, 알리사는 부모님께 작은 원룸 아파트를 얻을 돈을 보태줄 수 있는지 물었다. 그곳이라면 더 넓은 공간과 글을 쓸 수 있는 조용한 시간을 충분히 확보할 수 있을 것이었다. 알리사의 부모님은 딸의 요청에 서로 다른 반응을 보였다. 아버지는 알리사가 학업을 마치면 더 이상 부모에게 의존하지 않을 것이라고 기대했다. 어머니는 시나리오의 첫 번째 판매가 성사될 때까지는 금전적으로 지원해줘야 한다고 생각하고 있었다.

하워드와 서맨사는 일단 1년 동안만 도와주고 그때 가서 다시 상황을 판단하기로 했다. 과거에 대학에 다니는 알리사에게 얼마만큼의 돈을 써야 하는지와 같은 문제에 대해 서로 의견이 달랐을 때에도 적정선에서 합의하곤 했었다. 이런 방식으로 그들은 이혼 후의 생활을 원만하게 유지해왔고 알리사는 부모님이 서로 다투지 않도록 막을 수 있었다. 부모님은 단합된 모습을 보이며 원만한 생활을 이어갔고 그들이 함께 내린 결정이라면 알리사도 불평하지 않고 받아들였기 때문에 알리사의 생활도 한결 편해졌다.

성인 자녀에게 지나치게 높은 기대를 품으면 갈등이 생기기 쉽지만, 일부러 기대치를 낮춰도 갈등이 일어난다.

사람들은 대체로 기대가 '예측'이라고 생각하지 않지만 신경과학자들은 기대를 예측으로 생각한다. 당신의 생일날 오전 중에 딸(또는 아들)

이 전화할 것이라고 기대하면서 잠에서 깬다면, 이러한 일이 일어나리라고 예측하고 있다는 것이다.

당신이 어떤 일을 기대하는 것은, 그것이 현실이 되든 예상을 빗나가든 실제로 벌어진 일을 인지하고 감각하는 당신의 방식에 지대한 영향을 끼친다. 발생한 일의 결과가 바람직하거나 바람직하지 않은 것과는 별개로 말이다. 이는 기대 심리를 만들고 관찰하는 뇌의 영역이 사건 자체가 도움이 되는 것인지 실망을 주는 것인지를 판단하는 영역과 독립적으로 작용할 뿐만 아니라, 무엇보다도 '정확성'에 가치를 두기 때문이다. 당신이 어떤 사건에 대해 궁극적으로 느끼는 감정은 사건의 결과가 어떠했는가와 당신의 예측이 얼마나 정확했는가가 혼합된 감정이라고 할 수 있다.

나쁜 경험을 하게 되면 실망하겠지만 만약 그것이 당신이 기대한 대로라면 그렇게 크게 실망하지는 않을 것이다. 마찬가지로 나쁜 경험을 기대했는데 실제로 좋은 경험을 하게 된 경우, 애초에 좋은 일이 일어나리라 정확하게 기대했을 때 느꼈을 만큼의 행복감을 느끼지는 못한다. 정확한 기대는 긍정적인 경험의 즐거움을 배가시키고 부정적인 경험의 실감을 줄여준다. 자녀가 당신을 저녁 식사에 초대했다고 해보자. 당신은 식사 시간이 어떻게 흘러갈지 긴장하며 들어갔을 때보다, 긍정적인 기대를 하면서 들어갔을 때가 더욱 즐거울 것이다. 물론 생각보다 즐거운 시간을 보내 놀란다면 기분은 좋겠지만 긍정적인 기대를 확인하는 것만큼 기쁘지는 않을 것이다.

따라서 지나치게 높은 기대를 하거나 터무니없이 낮게 기대하는 것은 바람직하지 않다.

성인 자녀를 둔 부모는 앞으로 자녀가 삶의 중요한 사건에 대해 얼마나 많이 말해줄지에 대한 기대도 조정할 필요가 있다. 이제 자녀가 성인이 되었으니 취업, 결혼 또는 부모가 되는 일의 우여곡절을 공유할 일이 훨씬 더 많아질 것이라고 기대하고 있었다면 실망했을 수도 있다. 그러나 자녀가 과거보다 일상을 덜 공유하는 것은 일어날 수 있는 일이고 매우 정상적이기도 하다.

자녀가 부모에게 나쁜 소식을 전하고 싶어 하지 않는 것은 당연하다. 직장에서 해고당했다거나 누군가에게 차였다거나 6개월 치의 수업료를 선불로 내는 유치원에 아이를 보낼 형편이 안 된다거나 하는 소식을 부모가 알게 되길 원하지는 않을 테니까 말이다. 아마도 유사한 일을 겪어본 친구나 동료와 먼저 논의하고 싶을 것이다. 나쁜 일을 겪게 되면 부모가 해줄 법한 위안이나 충고보다 공감이 더 절실할 때가 있기 마련이다.

임신 테스트기로 임신을 확인했거나 직장에서 승진할 가능성이 있다거나 미래의 배우자로 생각되는 사람을 만났다거나 하는 좋은 소식을 전하는 일도 주저할 수 있다. 임신 기간이 더 유지되거나 승진이 확정되거나 연애 관계가 몇 달 더 지속될 때까지 기다렸다가 말하려고 할 것이다.

자녀가 말을 아끼는 또 다른 이유는, 부모가 받아들이기 어려워하는 부분이기도 한데, 부모가 자식을 생각하는 것만큼 자식은 부모에 대해 생각하지 않는다는 사실이다.

초기 성인기는 매우 바쁜 시기다. 자녀가 약혼을 했거나 먼 곳에 있는 직장을 구했거나 새 아파트를 마련했다면 이 사실을 부모에게 말해야 한다는 것을 잊기는 어려울 것이다. 그러나 직장에서 성공적인 업무평가를 받았거나 고등학교 때 친구를 우연히 만났거나 몇몇 동료들과 해변 별장을 임대할 계획을 세웠다는 사실은 부모에게 말해야 한다는 생각조차 떠오르지 않을 것이다. 부모가 이러한 모든 것을 듣고 싶어 할지라도 말이다.

자녀가 이런 소식들을 친구, 동료, 형제, 사촌, 심지어 당신의 파트너와도 공유하고 있었으면서 당신만 듣지 못했다는 사실을 알게 된다면 특히 견디기 힘들다. 자녀가 적어도 자신의 소식을 공유하는 일에 있어 부모를 얼마나 낮은 우선순위에 두는지 부모는 알기 어렵다.

10대 때와 마찬가지로 초기 성인들은 친구 관계에 많은 비중을 둔다. 그 관계에는 일상생활의 중요한(또는 훨씬 평범한) 사연들을 서로 자주 나누는 것이 포함되어 있다. 부모는 '가장 늦게 아는 사람'이어서 상처받을 것이 아니라, 자녀에게 자신의 속마음을 털어놓고 의지할 수 있는 다른 사람이 있다는 사실에 기뻐해야 한다. 그 편이 더 낫다. 그러한 관계가 당신의 중요성을 깎아내리지 않는다. 당신은 여전히 자녀의 정말 중요한 문제들에 대해 알게 되는 첫 번째 사람 중 한 명일 것이다.

당신은 또한 자녀에게 얼마나 많은 조언이나 도움을 주어야 하는지 잘못 예상할 수도 있다. 이야기를 계속하기 전에, 자녀가 요청하는 도움과 요청하지도 않았는데 부모가 먼저 제공하는 도움을 구별하고자 한다.

당신과 자녀가 완전히 소원해지거나 서로 멀리 떨어져 살지 않는 한, 자녀가 도움을 청해올 때가 분명히 있을 것이다. 만약 당신이 능숙한 정비공이고 자녀가 자신의 차를 수리하기 위해 도움이 필요한 상황이라면 도움을 요청할 것이고 당신도 기꺼이 도와주리라 예측할 수 있다. 자녀가 아이를 키우고 있는 부모라면 당신에게 때때로 아이를 봐달라고 부탁할 수도 있다. 당신이 틀림없이 자녀가 도움을 요청할 것이라 예측했는데 자녀가 도움을 요청하지 않을 수도 있다. 아마 훌륭한 정비공 친구가 있을지도 모른다. 마찬가지로 당신 또한 너무 바빠서 오후에는 아이를 돌볼 수 없다고 말할 수 있다.

당신은 자녀가 진정으로 당신의 도움이 필요할 때(당신의 도움 없이는 할 수 없는 중요한 일일 때)만 도움을 요청할 것이고 과도한 요구(당신 없이도 쉽게 할 수 있는 것들을 지속적으로 요청하는 것)로 당신에게 부담을 주려고 하지 않을 것이며 어떤 이유로든 당신이 도움을 줄 수 없는 상황을 이해할 것이라고 생각해야 한다. 당신은 자녀가 도움을 요청할 때(또는 도움이 필요하다고 강력하게 암시할 때) 도움을 줄 것이고 당신이 시간적 여유가 없거나 감당할 수 없을 때는 요청을 거절할 수 있다. 서로 얼굴 붉히지 않을 좋은 방법은 당신이 과하게 부담을 느낄 때 솔직하게 털어놓고 자녀에게도 부모의 도움이 더하거나 덜하다고 생각되면 정직하게 얘기해달라고 요청하는 것이다. 이렇게 하면 부모와 자녀 중 한쪽이 이기적이거나 사려 깊지 못하다고 오해할 여지를 줄일 수 있다.

'요청받지 않은' 지원이나 조언을 해야 할지는 더 까다로운 문제다. 대부분의 초기 성인은 자율성에 대해 강하고 자연스러운 욕구를 느끼기 때문에 당신이 건네는 선의의 지원이나 조언도 이러한 자율성의 욕구와 충돌할 수 있다. 당신은 자녀가 이러한 상황에 얼마나 민감한지 알면 놀랄지도 모른다. 그래서 당신이 도움을 제안하기보다는 자녀가 도움을 요청하도록 놔두는 것이 최선인 경우가 많다.

당신의 아이는 더 이상 어리지 않다

대다수 부모와 성인 자녀가 서로 의견을 맞추지 못하는 이유는 성인 자녀가 부모와의 관계에 일종의 정서적 거리감을 끼워 넣는, 말하자면 개인화하려는 욕구에서 비롯된다. 이 욕구는 재정, 주거 형태, 부모 되기 등 다양한 상황에서 드러난다. 이러한 욕구의 근본을 이해하고 이로 인해 자주 유발되는 문제를 잘 다룰 줄 알게 되면 자녀와 좋은 관계를 유지할 수 있는 토대가 만들어질 것이다.

자녀는 자신이 고유한 존재라는 사실을 부모와 다른 사람들 그리고 특히 스스로에게 증명하기 위해 개인화를 꾀한다. 자녀는 나이를 먹으면서 자기 자신과 부모에 대해 그리고 부모와 자식 간의 관계 자체에 대해 생각하는 방식이 바뀐다. 이 과정의 일부는 의식적으로 발생하지만, 대부분은 무의식적으로 일어난다. 개인화는 자녀가 변화한다는 관점에서 부모가 수동적인 태도를 취하는 것처럼 보일 수 있지만 사실은 그렇지 않다. 부모는 이러한 변화를 수용하거나 변화에 저항함으로써 자녀의 정서적 발달에 중요한 역할을 한다.

개인화를 생각할 때 떠오르는 주요한 두 시기는 유아기와 청소년기다. 부모의 요구사항(예를 들면 "밖에 나가기 전에 코트 입어라.", "누가 걸려 넘어지지 않도록 바닥에 떨어진 장난감 주워라." 또는 "목욕할 시간이네.")에 항상 "싫어!"라고 외치는 세 살짜리 아이는 사실 "나도 내 의지가 있는 사람이에요."라고 말하는 것이다.

정치, 대중문화, 밤 10시라는 통금 시간 등에 이르기까지 모든 사항에 대해 부모와 논쟁을 벌이는 10대는 사실 "나도 내 의견이 있을 만큼은 컸다고요."라고 표현하는 것이다.

이와 유사하면서도 그만큼 중요한 일이 서른 전후로도 진행된다. 개인화 욕구를 가진 성인 자녀를 제대로 파악할 통찰력을 얻기 위해서는 유아기와 청소년기 초반에 어떤 일이 일어났는지를 돌아보는 것이 필요하다. 이러한 단계들과 서른 즈음에 일어나는 일들 사이에는 평행선을 달리는 중요한 유사점이 있기 때문이다. 또한 성인 자녀의 부모로서 그 과정을 돕거나 방해하는 것이 무엇인지에 대해서도 배워야 한다.

청년들이 겪는 개인화 과정이 3세나 13세에 일어나는 과정과 유사한 특징들이 많다고 해도 몇 가지 중요한 차이가 있다. 유아기의 개인화는 자신을 별개의 사람으로서 인식시키는 과정이고, 청소년기의 개인화는 의견을 가진 존재로서 자신의 입지를 다지는 과정이다. 성인 자녀는 부모에게 의존하지 않고 독립적으로 생계를 꾸려나가길 원한다. 그래서 이전 단계에서와 마찬가지로 서른 즈음의 개인화의 요점은 부모와 다른 사람들 그리고 특히 자신에게 "나는 부모의 도움 없이 성인의 책임을 질 수 있을 만큼 충분히 성숙하다."라는 메시지를 보낸다는 것이다.

이를 알게 되면 당신은 자녀가 이따금 당신의 의견이나 도움이나 지지를 거절하는 이유를 이해하게 되고 심지어 그 거절이 비논리적이고 모욕적으로 느껴진다고 해도 이해하게 된다.

'넌 항상 내 취향을 좋아했었는데…'
자녀가 거실 벽을 칠하기 위해 고른 페인트 색이 좀 화려한 것 같다고 넌지시 얘기했는데 자녀가 발끈한다면 당신은 마음속으로 이렇게 생각할 것이다.

"회사 동료와의 문제를 어떻게 해결했는지 얘기해줄 때마다, 네가 나에게 다른 사람들을 아주 능숙하게 잘 대할 줄 아신다고 감탄했었잖니."

까다로운 동료를 대하는 방법에 대해 당신이 의견을 내자 자녀가 의심스러운 눈초리로 바라보면 당신은 풀이 죽어 이렇게 중얼거린다. 당신이 직장 생활 중에 그와 비슷한 상황을 수십 번 겪었더라도 말이다.

"도와주겠다는데 왜 그러는 거야? 너 혼자 하는 것보다 훨씬 더 편하게 옷장을 조립할 수 있을 텐데."

당신이 이렇게 말해봤자 자녀는 노려보기만 한다.

이런 상황은 그저 인테리어에 대한 의견이 더 이상 같지 않다는 것, 사내 정치에 대한 부모의 접근 방식이 오늘날의 직장에는 맞지 않는다는 것, 자녀가 집안일을 혼자 하기를 좋아한다는 것을 의미할 수도 있다. 그러나 동시에 뭔가 다른 일이 무의식적으로 일어나고 있을 가능성이 높다. 서른 즈음의 자녀는 자신의 취향이나 사회적인 통찰력 또는 목공 기술에 대해 확신이 부족할 수 있는데, 그렇다고 부모가 개입한다면 불안감만 느낄 뿐 자신감을 가지진 못할 것이다.

이 시기에는 자율성에서 비롯된 갈등이 흔히 일어나지만 갈등의 정도는 가정마다 다르다. 갈등의 빈도와 정도에 영향을 주는 한 가지 요인은 문화적 맥락이다. 자율성은 서구 사회, 특히 미국에서 중요하게 여겨지는데, 미국에서는 부모에게서 독립하는 것을 어른의 상징으로 여기기 때문이다. 자신의 독립성을 어떻게 얼마나 드러내야 하는지에 대해 부모와 10대 자녀 사이에 의견이 엇갈리는 경우가 많지만 자녀가 성인이 될 즈음에는 부모에게서 자유로워지려는 욕구가 기꺼이 받아들여질 뿐만 아니라 권장되기도 한다. 사실 미국의 부모는 성인 자녀가 별로 독립적이지 않은 경우에 오히려 걱정하는 경향이 있다. 그러나 다른 많은 나라에서는 성인 자녀가 부모와 매우 친밀한 유대감을 유지하도록 요구받는다. 자율성을 추구하려 애쓰는 것은 무례한 것으로 간주되기도 한다.

이런 세계관의 차이는 부모가 독립이 아닌 '상호의존'을 중요시하는 아시아나 라틴계 나라에서 최근에 이민을 왔거나 그와 비슷한 경우에 더욱 문제가 된다. 자녀가 미국에서 자랐다면 부모와 자식 간에 서로에게 기대하는 바가 매우 다를 것이다. 부모는 자신이 자녀 나이였을 때 부모와의 관계에 비해 자녀가 부모와 훨씬 거리를 두고 있다는 사실에 괴롭고 슬플 수도 있다. 부모는 이러한 거리감을 일종의 무례나 배은망덕의 표시로 받아들이지만 사실은 부모와 미국화된 자녀가 가족관계를 바라보는 각기 다른 시각을 갖고 있을 뿐이다.

같은 이유로 자녀는 독립이 성인의 정체성을 형성하는 데 결정적이라고 믿기 때문에 이민자인 부모가 지나치게 사생활을 침해하고 조종

한다고 여길 수 있다. 이민자 가정 출신이 아닌 친구들과 비교해 자신이 부모에게 훨씬 더 헌신적이라고 생각하기도 하며, 실제로 더 헌신적일지도 모른다. 그런데도 부모가 왜 이 사실을 인정하지도 칭찬하지도 않는지 자녀는 도무지 이해할 수가 없는 것이다.

새로운 이민 가정 내의 서로 다른 세대들은 각자의 기준으로 가족 관계를 판단한다. 부모는 자녀가 부모인 자신을 대하는 방식과 자신이 부모를 대했던 방식을 비교하며 자녀가 부족하다고 느낀다. 하지만 자녀는 자신이 부모를 대하는 방식과 친구들이 그들의 부모를 대하는 방식을 비교한다. 그래서 자신을 향한 부모의 기대가 지나치다고 생각한다.

만약 이것이 당신 가족의 이야기 같다면 자녀가 자기 행동에 죄책감을 느끼지 않게끔 꾸짖지 않는 방식으로 그 상황에 대해 자녀와 대화해보라.

"나는 이 나라에서 자란 아이들이 우리가 부모에게 했던 방식대로 부모를 대하지 않는다는 사실을 충분히 이해한단다. 하지만 막상 그 사실에 적응하려니 쉽지 않구나. 그 양극단에서 적절한 절충안을 찾아보면 어떨까?"

당신이 기대하는 바를 명확하게 밝히되 자녀가 어떻게 행동하기를 바라는지 친절하게 설명해야 한다.

"우리는 너를 매우 아낀단다. 그래서 매일 네 얘기를 듣고 싶은 거야. 하는 일이 순조롭게 진행되고 있는지 너무나 궁금하니까. 네 친구의 부모보다는 조금 지나칠 수도 있겠지만, 그게 우리의 행복이거든. 친근한 가족이라는 의미가 우리에겐 정말 중요해."

그리고 자녀가 성장하고 있는 곳의 문화적 환경에 크게 영향을 받는다는 사실을 이해해야 한다. 설령 그것이 당신이 용납하기 힘든 문화적 환경이라고 하더라도 말이다.

성인 자녀가 더 독립적이기를 바라는 부모들도 있다. 자녀가 자기 회의감 때문에 부모를 향한 의존도가 높아지면 이러한 현상이 일어나는 경우가 많다.

서른세 살인 제나는 대학 졸업 후 휴스턴으로 이사했고, 시카고에 있는 부모님께 매주 몇 번씩 안부 전화를 했다. 그러다가 남자친구와 헤어진 후부터는 거의 매일 전화하기 시작했다.

처음에는 부모도 딸이 외롭기 때문이라고 생각했지만 전화가 계속되면서 딸이 점점 너무 사소한 일까지 조언을 구하고 있다는 사실을 알아차렸다. 사진을 보내 어떤 그릇을 살지 의견을 묻거나 휴대전화 요금제를 바꿀지 말지를 묻기도 했다. 제나의 부모는 뭔가 잘못되었다고 걱정하기 시작했다. 제나는 나이를 먹을수록 독립적으로 변하는 게 아니라 점점 더 의존적으로 변해갔다. 이런 행동이 계속되면 악순환이 나타날 수 있다. 성인 자녀가 부모에게 의존하면 할수록 자신감은 더 약해지고 그에 따라 다시 의존성이 커지게 된다.

이러한 상황이 몇 달 동안 지속되자 제나의 어머니인 대니엘은 남편 제프에게 이야기했다.

"그냥 넘길 일이 아닌 것 같아요."

대니엘은 어느 날 밤 남편과 차를 마시면서 말을 꺼냈다. 제나가 침실을 무슨 색으로 칠하면 좋을지 조언을 구했던 날이었다.

"우리 친구들은 대부분 자녀가 어떻게 생활하는지 도통 모르겠다고 불평하잖아요. 냉정하게 들리겠지만 이렇게 속속들이 아는 것보다는 덜 알고 있는 편이 낫겠어요. 제나 나이 정도되면 모든 결정을 부모의 조언에 의지해서는 안 되잖아요."

제프는 생각이 달랐다.

"난 잘 모르겠어요. 제나가 필요로 하는 곳에 우리가 있어야 하지 않을까요? 우리 딸이 도움이 필요하다는데 어떻게 안 된다고 거절할 수 있겠어요? 제나는 남자친구와 헤어졌잖아요. 곁에 남자친구도 없으니 우리에게 의견을 묻고 싶어 하는 것 같은데…"

"거절해야 한다고 말하는 게 아니에요. 단순히 그런 문제가 아니라 제나가 퇴행하고 있는 것 같아서 그래요. 더욱 독립적으로 행동해야 하는 마당에 점점 더 의존적으로 구니 걱정하는 거죠."

만약 이 상황이 현재 당신 자녀의 모습이라면 자녀의 의존이 일시적인 상황 때문인지 아니면 우울증이나 심각한 불안과 같은 다른 이유 때문인지 알아야 한다. 두 가지 모두 사람을 우유부단하게 만들 수 있다. 누군가와 깊이 사귀다가 헤어진 직후에는 누구나 모든 결정을 파트너와 의논했던 습관에 익숙해져 있다. 자녀는 자신을 잘 알며 가치 있는 충고를 해주는 사람과 늘 의견을 나눴을 것이다. 또한 파트너와 헤어지는 바람에 몇몇 친구들을 잃었을 것이다. 자녀와 파트너가 함께 친하게 지냈던 사람들 중 일부는 두 사람과 친구 관계를 유지하기 힘들어할 수도 있기 때문이다. 20대 때는 싱글이 되면 삶의 방향을 잃었다고 느낄 수 있고 이러한 역할을 부모에게 대신해달라고 의존할 수도 있다.

시간이 지나면서 자녀의 의존도가 차츰 줄어든다면 특별히 걱정하지 않아도 된다. 자녀가 조언을 구한다면 자녀에게 스스로 삶을 이끌어갈 능력이 있음을 확신시키는 방식으로 도와야 한다.

"진지한 관계를 유지하다가 혼자서 많은 결정을 하려니 분명 익숙하지 않을 거야."

그러나 대신 결정을 내려주어서는 안 된다. 다만 자녀가 결정하도록 이끌어주는 질문을 하는 것이 좋다.

제나의 아버지도 이렇게 접근해보자고 제안했다. 그의 아내도 동의했지만 한 달이 지나도 변화가 없다면 제나에게 이 상황에 대해 솔직하게 얘기하자고 했다. 제나가 전화할 때마다 전화를 받는 사람이 제프든 대니엘이든 대답 대신 날카로운 질문을 던져 제나가 답을 찾도록 했다. 제나의 대답에 찬성하든 안 하든 상관없이 말이다. 자신들이 의견을 내는 것보다 제나가 직접 결정을 내리며 자신감을 갖는 것이 더 중요하다고 믿기로 했다.

어느 날 제나가 전화를 걸어 개를 키우는 것이 좋은 생각인지 물었을 때, 대니엘은 제나에게 되물었다.

"개를 훈련할 시간을 낼 수 있을 것 같니?"

"약간 나이도 있으면서 이미 실내 훈련이 되어 있는 온순한 개를 입양할까 생각 중이에요."

"좋은 생각이네. 운동은 어떻게 시킬래? 네 아파트는 꽤 좁잖니."

"그 문제도 생각해봤는데요, 프렌치 불도그나 포메라니안이면 괜찮을 것 같아요. 관련 자료를 읽어보니 이런 품종들이 아파트에 사는 사람들에게 알맞더라고요."

"좋네. 잘 찾아보고 있는 것 같구나."

"맞아요. 한참 검색했거든요. 그리고 수의사인 제 친구의 사촌에게 전화도 했어요. 그 친구가 정말 도움을 많이 줬어요. 그저 최종 결정을 하기 전에 엄마의 의견을 듣고 싶었어요."

"있지, 얘야. 개를 키우는 것에 대해서는 네가 나보다 더 많이 알고 있는 것 같구나. 네 생각대로 해도 괜찮을 것 같아. 좋은 생각이기도 하고 말이지."

제프와 대니엘이 몇 주 동안 이 전략을 쓰자 제나가 조언을 구하는 일은 점점 줄어들었다. 그들은 제나가 직접 결정할 수 있도록 하며 자신감을 기르는 데 도움을 주었다. 이제 제나는 부모님께 의견을 묻는 대신 자신이 내린 결정에 대해 얘기하려고 전화를 한다.

의존성을 보이는 자녀에게 뚜렷한 이유가 없을 수도 있다. 그렇다면 같은 나이의 자녀를 둔 친구들에게 그들의 자녀는 어떤지 물어보라. 자녀가 당신에게 의존하는 것이 전혀 이상한 현상이 아니라는 사실을 알게 될지도 모른다. 앞서 설명했듯이 오늘날 청년들은 당신이 그 나이였을 때보다 부모와 일상적인 이야기를 나누는 것에 훨씬 더 익숙하다. 그러나 자녀의 의존성이 불안이나 자신감 부족에서 기인한 것이라는 우려가 되고 그것에 대해 물어볼 만큼 사이가 가깝다면 대화를 해야 한다. 자녀가 괴로워하거나 지나치게 우울해한다면 상담을 받는 것이 적절할 것이다(3장을 확인하라).

그러나 20대 청년들은 부모의 의견보다 친구들의 조언을 따르는 것이 더 일반적이다. 선택권이 주어진다면 성인 자녀는 당신의 의견을 따랐을 때보다 결과가 좋지 않다고 해도 자신이 직접 페인트 색과 가구를 고른 방에 앉아 있는 것을 더 좋아할 수도 있다. 해결책이 불완전하더라도 부모의 조언 없이 회사 동료와 문제를 해결했다는 사실에서 더 많은 만족감을 얻을 것이다. 설령 옷장의 수평이 맞지 않더라도 자신이 만들었다는 이유만으로 그 옷장을 뿌듯하게 바라볼 것이다.

자녀는 부모 없이도 아파트를 꾸밀 수 있고, 직장 문제를 해결할 수 있으며, 가구 조립 설명서를 보고 직접 조립할 수 있다는 사실을 자신과 부모에게 보여주고 싶어 한다. 이제 당신의 자녀는 스스로 어른이 될 수 있을 만큼 충분히 유능하다는 사실을 알게 되었다. 얼마나 벅찬 감정인가! 당신이 속상하다는 이유로, 실수하지 않게 도와주겠다는 이유로, 이러한 성취감을 손상시키지 마라. 당신의 순간적인 감정 때문에 자녀의 장기적인 성장을 방해해서는 안 된다. 그리고 자녀가 성인기로 나아가는 과정을 당신의 성인기와 비교하지 않는 것이 무엇보다 중요하다.

"내가 네 나이였을 때"

성인 자녀와 얘기할 때 사용하지 말아야 하는 특정 표현들이 있다. 가장 불쾌한 표현은 아마 '내가 네 나이였을 때'일 것이다. 당신도 자녀의 나이였던 시절이 있었지만 자녀와 같은 시대에 성장하지 않았다. 어떤 비교를 하든 그럴 듯한 말뿐이라는 것이다. 오늘날 스물이나 서른, 심지어 마흔의 상황은 당신이 청년이었을 때와 같지 않다. 당신의 부모님이 당신 나이였을 때와 지금 당신의 상황이 다른 것처럼 말이다. '내가 네 나이였을 때'란 말은 거의 자녀의 성취가 그 나이 때 당신의 성취만 못하다는 것을 나타내는 일종의 비하적 표현으로 사용된다.

당신은 혼자 사는 대신 결혼했다. 위험한 동네의 엘리베이터가 없는 건물에 있는 방 두 개짜리 집이나 어렸을 때 쓰던 방이 아니라 뒤 뜰이 딸린 방 네 개짜리 집에서 산다. 아이도 여럿 낳고 행복하게 키우 고 있다. 커리어의 다음 단계로 가는 대신 중간에 멈췄다. 근근이 살아 가지 않고 두둑한 저축 계좌를 소유하고 있다. 부모님께 손을 벌리지 않고도 살 수 있을 만큼 경제적 여유가 있다.

성인 자녀에게 "내가 네 나이였을 때"라고 말하는 것은 네 살짜리 에게 "말대꾸하지 마라", 여덟 살짜리에게 "아이들은 한 자리에 얌전 히 앉아 있어야 해", 열두 살짜리에게 "나중에 크면 알게 될 거야", 열여 섯 살짜리에게 "네 의견이 필요하면 내가 물어볼게"라고 말하는 것과 같다. 이러한 표현들은 모두 모욕적이고 무례하다. 자녀가 당신을 존중 하기를 바란다면, 당신도 자녀를 존중해야 한다.

자녀 세대와 당신 세대를 구별하는 가장 큰 두 가지 외적 요인은 직 업 세계와 주거비의 변화다. 노동력은 30년 전에는 아무도 예측하지 못한 방식으로 바뀌었다. 취업 시장에서 경쟁력을 갖추는 데 필요한 교육의 양은 이전 세대보다 훨씬 많아졌다. 오래된 직업들은 사라지 고 상상조차 못했던 새로운 직업들이 눈 깜짝할 사이에 등장했다. 갖 고 있던 기술은 시대에 뒤떨어지고 새로운 기술을 습득하려는 사람들 에게는 많은 것이 요구된다. 코로나19의 유행 이전부터 삶과 일의 경계 는 약화되고 있었다. 오늘날 사람들은 밤새 쇄도한 업무 이메일로 아 침을 맞는다. 성공하기 위해서는 주말을 포함해서 밤낮없이 일하겠다는 의지가 필요하다.

게다가 주거 문제도 있다. 주택구입 비용이 인플레이션 비율보다 훨씬 빠르게 오르고 있다. 지난 10년 동안 미국의 평균 주거비용이 약 30퍼센트 상승한 반면, 평균 급여는 단 10퍼센트 상승했다. 또한 지난 50년 동안 인플레이션을 바로잡은 후에도 집의 평균 가격은 평균 급여보다 다섯 배나 빨리 상승했다. 젊은 커플이 주택계약금을 치르기 위해 부모에게 도움을 요청하는 것이 어찌 놀랄 일이겠는가?

앞에서 보았듯이 성인 자녀의 삶의 시간표가 근본적으로 바뀌었다. 이전 세대에는 서른에 결혼하고 가정을 꾸릴 것이라 예상하는 것이 당연했다. 하지만 오늘날 대학 교육을 받은 사람들, 특히 대학 이상의 교육을 받은 사람들에게 이러한 기대는 전혀 현실적이지 않다.

그래도 도저히 '내가 네 나이였을 때'라는 사고방식을 버리기가 힘들다면 비교하기 전에 자녀의 나이에서 최소한 5년을 빼고 생각해보라. 예를 들어 자녀가 서른다섯 살이라면 자녀의 현재 삶의 위치와 당신이 서른 살이었을 때의 위치를 비교하는 것이다. 오늘날 성인기로 나아가는 시기는 이전 세대보다 5년 정도 늦어지고 있다.

이렇게 한다면 당신은 '내가 네 나이였을 때'라는 표현을 당신이 그 나이였다면 그만큼 해내지 못했을 것이라는 의미로 사용하게 될 것이다.

YOU AND YOUR ADULT CHILD

아이와 부모는 늘 함께 성장한다

· · · · · · · · ·

2장

말을 아껴야 하는 순간

부모들이 나에게 가장 많이 묻는 질문이 있다.

"말을 아껴야 하는 때와 거리낌 없이 의견을 얘기해야 하는 때는 언제인가요?"

당신이 성인 자녀를 둔 부모라면 아마도 감정을 누르고 말을 자제해야 할 때가 많을 것이다. 그리고 입 다물고 참아야 하는지 아니면 당당하게 얘기해야 하는지 매번 의문이 들 것이다.

부모가 언제, 얼마나 자주 자신의 의견을 얘기해야 하는지에 대해서는 사람마다 생각이 다르다. 얘기하기로 결정한 후에 표현하는 방식도 저마다 다르다. 두 극단적인 생각을 가진 부모의 이야기를 들은 적이 있는데 두 가지 모두 문제가 있었다.

부모는 잠자코 있어야 한다고 생각하는 사람들이 있다. 이들의 관점에 따르면 부모가 의견을 지나치게 강하게 주장하는 탓에 문제가 생긴다. 자녀는 여전히 당신의 아이지만 어엿한 성인이므로 원하는 삶을 살 자격이 있다는 것이다. 이러한 접근 방식은 이론상으로는 그럴듯하게 들리지만 실제로는 말이 안 된다. 예컨대 친한 친구가 심각한 실수를 저지르려고 한다면 누구든 당연히 솔직하게 조언할 것이다. 대체 어떤 사람이 친구가 끔찍한 결정을 내리는데 손 놓고 지켜보기만 하겠는가? 같은 논리로, 왜 부모가 자녀에게 솔직한 의견을 말하면 안 되는가? 물론 자녀의 자율성을 존중하는 것은 중요하다. 단 자녀의 행복을 위해 우려를 표현하는 것은 그 무엇보다 중요한 일이다.

만약 당신의 의견에 자녀가 화를 낼까 봐 걱정된다면 다음 세 가지를 점검해보라.

- 중대한 사안에 공개적으로 상반된 의견을 내놓을 수 없을 만큼 자녀와 사이가 나쁜가?
- 솔직하게 의견을 말하는 것이 침묵하는 것보다 더 유익한가?
- 자녀의 눈치를 보는 것이 당신의 정신 건강에 어떤 영향을 미치는가? 당신이 아무 말도 하지 않은 채 이해받지 못하는 순교자 같은 기분을 느끼는 것보다 의견을 말했지만 자녀가 그 의견에 따르지

않는 편이 기분이 좀 더 나을 것이다.

악의 없이 한 말로 인해 오해가 생겨 자식과 연이 끊겼다는 사람들의 이야기를 종종 듣는다. 그러나 정확한 연구 결과에 따르면 이런 심각한 불화는 매우 드물다. 더구나 단지 몇 마디 말을 오해했다고 해서 자녀가 그렇게 지나친 반응을 보였을지도 의심스럽다. 만약 자녀가 그런 반응을 보인다면 오랫동안 쌓인 분노처럼 말로 표현하지 않았지만 부모와 자녀 사이에 반드시 논의해야 할, 의식하지 못한 다른 어떤 일이 일어나는 중일지도 모른다(2장의 '서운한 감정이 생길 때' 편을 보라).

다른 극단적인 견해는 부모와 자녀가 의견이 다를 때 부모가 늘 자녀에게 말해야 한다는 생각이다. 이를 뒷받침하는 논리는 자신이 부모로서 의견을 표현할 권리뿐만 아니라 표현해야 하는 의무를 가졌다는 것이다. 부모 역할 중 하나는 해로운 것으로부터 자녀를 보호하는 것이며, 이는 늘 해왔던 방식이기 때문에 바꿀 이유가 없다는 것이다.

당신은 자녀가 자신이 원하는 대로 살면서 실수를 저지를 권리가 있다는 사실을 안다. 그러나 당신이 자녀보다 나이가 더 많고 더 현명하며 경험이 풍부하다는 사실도 알고 있다. 그러니 자녀가 언젠가는 자신의 결정을 후회할 것이 확실한(거의 장담하건대) 마당에 어떻게 잠자코 있겠는가?

문제는 당신이 원할 때마다 의견을 말하는 것이 자율성을 요구하는 성인 자녀의 갈망과 정면으로 충돌한다는 점이다. 의견이 충돌할 때마다 자녀는 점점 방어적으로 변하고 어쩌면 당신과도 거리를 두게 될 수 있다.

물론 당신은 자녀가 행복하길 바라는 마음에서 한 말이겠으나 자녀가 늘 그렇게 생각할지는 의문이다. 성인 자녀는 여러 면에서 자신을 유능하고 역량 있는 성인으로 바라보고, 그렇게 보이고 싶어 하는 욕망과 여전히 씨름 중이다. 얼마나 좋은 마음으로 이야기하든(그리고 당신이 자신의 의도를 얼마나 분명하게 알고 있든) 당신의 말로 인해 자녀가 자기 회의, 미숙함, 당혹감을 느낄 수 있다.

이런 불편한 감정들은 자녀를 화나게 할 수 있다. 당신이 비판해서가 아니라 무엇이든 그 일을 한 자신에게 화가 치미는 것이다. 그러나 사람들은 나이가 많든 적든 자신에게 화를 내는 것을 좋아하지 않기 때문에 종종 가장 편한 대상에게 그 화를 쏟아낸다. 당신의 발언이 이 상황의 시발점이므로 그 대상은 당신이 될 가능성이 크다. 자녀는 부모에게 화를 내는 진짜 이유를 이해조차 못 할 수 있다. 자녀는 스스로에게나 파트너에게 또는 친구들에게 "왜 우리 부모님은 나를 이렇게 만드는지 모르겠어. 맨날 이런 식이라니까."라고 말할 수도 있다.

이런 식의 설명이 별다른 위로가 되지는 않을 것이다. 당신이 자녀의 머릿속에서 무슨 일이 벌어지고 있는지 알게 된다고 하더라도, 진

심으로 걱정되어 한 말이나 행동을 분별없는 방해 정도로 받아들인다
니 당신이 상처받는 것도 당연하다.

"그저 도우려고 했을 뿐이야."라고 말하는 것이 상황을 부드럽게 할
때도 있지만(자녀의 상처가 그다지 깊지 않거나 안정감이 높은 편이라면) 너무 자
주 말하면 나중에는 듣는 둥 마는 둥 하게 될 것이다. 이것이 바로 늘
당신의 의견을 말하는 것이 당신과 자녀의 관계에 안 좋은 이유다.

이러한 극단적인 견해들은 융통성이 없기 때문에 그대로 받아들이
기엔 부족함이 있다. 무작정 어떤 견해를 따르는 것은 확실히 쉽고 편
하지만 그렇게 되면 앞으로 마주할 여러 상황에 올바르게 대응하지 못
하게 된다. 부모로서 당신의 목표가 있다면 상황이 그렇게 쉽게 흘러
가게 두어서는 안 된다. 할 말을 삼켜야 할지 뱉어야 할지에 대해 어렵
고 신중한 결정을 내려야 한다는 사실을 받아들여야 한다. 좋은 부모
가 된다는 것은 자녀가 더 어렸을 때도 힘든 일이었고, 지금도 여전히
그렇다. 양극단 사이에서 답을 찾고자 한다면 다음과 같은 원칙을 지
침으로 삼아보자.

반드시 말해야 할 때는 분명하게 의견을 말해야 한다. 그러나 자녀
가 당신의 의견을 특별히 요구하지 않는 한 말하지 말아야 한다. 자녀
의 선택이 치명적인 결과를 초래하지 않는 이상 실수하도록 허용하

는 것이 당신 말이 맞았음을 보여주는 것보다 중요하다. 이 조언을 꾸준히 따른다면 시간이 흐를수록 자녀가 먼저 자주 의견을 물어볼 것이다.

당신이 의견을 말해야 하는 상황인지 아닌지를 결정할 때 고려할 세 가지 사항이 있다.

첫째, 자녀가 해로우면서도 장기적인 영향을 끼칠 수 있는 행동을 하려고 하는지 확인해야 한다. 어린아이는 물론이고 성인 자녀도 실수로부터 교훈을 얻는다. 그러나 모든 실수가 무시해도 좋을 만큼 하찮은 것은 아니며, 어떤 실수에는 값비싼 대가가 따르기도 한다. 가정폭력 전력이 있는 사람과 결혼하는 것은 위험하다. 집 계약금으로 쓸 돈을 '투기가 분명한 것'에 쓰는 일은 어리석다. 충분히 저축하거나 새로운 일자리를 마련하지 않은 채 충동적으로 일을 그만두는 것은 신중하지 못하다. 심각하게 우려할 만한 합당한 이유가 있다면 당당하게 의견을 말하되 자녀가 어리석거나 너무 어려서 잘 모른다고 훈계하거나 암시하지 말아야 한다.

"네가 마음에 들어하는 유치원이 좋다는 건 엄마도 알아. 하지만 네 설명을 들으니 엄마는 걱정스러워. 세 살짜리에게 숙제라니. 전문가들이 그 연령대 아이들은 놀면서 배우는 게 제일 좋다고 하던데."

둘째, 당신의 반대 의견은 그저 하나의 의견일 뿐이라는 사실을 인지해야 한다. 당신은 자녀가 고민하고 있는 아파트 두 곳 중 더 넓은 곳으로 이사해야 한다고 생각하지만 자녀는 편의시설이 더 많은 곳을 원한다. 자녀와 자녀의 파트너는 당신과는 다른 양육 방식을 갖고 있을 수 있다. 시대에 따라 변하는 신발, 음식, 가구 트렌드처럼 육아 조언의 트렌드도 바뀔 수 있다(8장을 보라). 당신이 젊은 부모였을 때 자녀를 기르는 '올바른' 법으로 여겨졌던 방식이 더 이상 대세가 아니거나 소아과 의사들이 추천하지 않는 방법일 수도 있다(내 연구를 포함한 가족 관계에 관한 수십 년간의 연구는 양육 방식이 그걸 따르는 사람들이 주장하는 만큼 중요하지 않을 수도 있다는 점을 보여준다). 정말로 중요한 문제를 위해 의견을 아껴두어라. 그렇게 하면 당신의 의견에 자녀가 더욱 귀를 기울일 것이다. 물론 당신의 충고에 항상 주의를 기울이지는 않겠지만 고려할 확률이 더 높아진다.

셋째, 당신이 특별한 전문지식을 갖춘 분야에서 의견이 갈리는 것은 아닌지 자문해보라. 만약 당신이 건축업자라면 매물로 나온 집을 둘러볼 때 어떤 것을 주의 깊게 봐야 하는지 자녀보다 더 잘 알 것이다. 당신이 인테리어 디자이너라면 소파나 난로를 합리적인 가격으로 살 수 있는 곳을 잘 알 것이다. 초등학교 교사라면 손주에게 읽는 법에 대해 가르쳐줄 지식이 많을 것이다. 충고를 망설이고 있는가? 재앙에 가까운 주택구입을 막을 수 있거나 자녀의 가구 구매비용을 아껴줄 수 있거나 손주가 중요한 기술을 배우도록 도울 수 있거나 어떤 다른 방식으로든 자녀의 행복에 기여할 수 있는 전문 지식을 갖췄다면 의견을 피력해도 좋다.

　중대한 사항에 대해 자녀에게 다른 의견을 주장하기 전에 당신의 의견을 표현할 가장 좋은 방법에 대해 생각해보라. 직접적인 말("그런 데 돈 낭비하지 마라."), 모욕으로 해석되기 쉬운 말("너는 디자인 보는 안목이 없구나."), 자녀와 자녀의 파트너의 갈등을 악화시킬 수 있는 말("너희 둘이 서로 의견이 다른 것은 알지만, 적어도 이번 일은 네가 옳아."), 또는 자녀가 당면한 문제를 쉽게 판단하는 말("넌 틀림없이 이 결정을 후회하게 될 거야.")은 피하도록 한다.

　더 나은 방법은 의견을 질문 형식("네가 이 차를 좋아하는 이유는 이해하지만 지금 당장 대출로 거금을 당겨 쓰면 돈 걱정에 전전긍긍하지 않을까?")이나 정보를 요구하는 형식("인덕션이 꽤 비싸다는 것 말고는 다른 점에 대해서는 잘 모르겠구나. 사람들이 왜 가스레인지보다 인덕션이 더 낫다고 생각하는지 설명해줄 수 있겠니?")으로 표현해서 자녀가 이 문제에 대해 이제까지보다 훨씬 철저하게 따져보도록 돕는 것이다. 자녀 스스로 생각하도록 살짝 건드려주어 방법이나 이유를 설명하게끔 해서 자녀나 당신의 의견을 바꾸도록 하는 방법은 두 개 중 어느 방법이든 누구의 감정도 다치지 않고 논란을 누그러뜨릴 것이다.

　어떤 방법을 썼든 당신이 말을 아꼈는데 자녀의 결정이 나쁜 결과를 초래하고 말았다면 끝까지 입을 다물자. 그럴 줄 알았다고 비난해서는 안 된다. 자녀는 아마도 당신이 그 당시에 말해주지 않은 이유를 궁금해할 것이고 심지어 물어볼지도 모른다(그렇다. 때로는 당신이 이길 수 없을 때도 있다). 만약 자녀가 당신의 충고를 듣고도 이를 무시해서 결국 후회하더라도 당신이 미리 경고했었다는 사실을 상기시키지 말아야 한다. 당신의 충고가 옳았고 자녀가 그 충고를 무시해서 곤란한 처지에 놓였다면 자녀의 그릇된 결정을 들먹이지 말고 문제를 해결하도록 돕거나 곤경에서 구해줘야 한다. 누구도 "그럴 줄 알았다."라는 말을 부모에게 듣고 싶어 하지는 않는다.

항상 자녀가 요청하기도 전에 도움을 주거나 지원해왔다면 이제 와서 자녀의 요청을 기다리는 것이 어쩐지 부자연스럽게 느껴질 수도 있다. 그러나 한발 물러서 기다려주는 것 또한 자녀를 돕는 방법이다. 당신은 지금 자녀의 자율성과 독립심을 북돋고 있는 것이며 이는 초기 성인기에 매우 중요하다.

그럼에도 당신은 예전보다 덜 도와주면서 선뜻 다가서지 않는 방식에 여전히 불안함을 느낄 수도 있다. 자녀가 부모에게서 배척당했다고 느낄까 봐 걱정될 수도 있다. 그러나 당신이 자녀의 어린 시절과 청소년기 내내 자녀를 보호해왔다면 자녀는 당신이 갑자기 보살핌을 중단했다고 생각하지 않을 것이다. 솔직히 말하자면 자녀는 당신의 의도를 정확히 알아챘을 것이다. 그것이 당신에게 얼마나 어려운 일인지는 깨닫지 못할지라도 말이다. 조언이 필요하다면 자녀가 요청할 것이다.

의견을 자제하는 것에 죄책감을 느끼거나 짜증이 나는 것은 이러한 양육 단계가 불러일으킬 수 있는 여러 불편한 감정 중 일부에 불과하다. 불편하다는 것이 뭔가를 잘못했다는 것은 아니다. 대부분은 그저 이제까지와는 다르게 행동하고 있다는 신호일 뿐이다. 익숙하지 않은 행동은 불편할 수 있다. 당신의 불편함을 덜어줄 수 있는 최선의 방법을 알아내야 한다.

서운한 감정이 생길 때

자녀가 성인이 되어도 가끔 부모를 짜증 나게 하거나 실망시킬 수 있다. 당신은 자녀의 재능을 찾아주려고 많은 시간을 들여왔지만 자녀는 그러한 노고에 고마워하는 것 같지 않다. 자녀가 필요할 때만 당신에게 전화하는 것 같다. 자녀는 당신이 병원에 진찰을 받으러 간다는 사실을 알고 있지만 그에 대해 묻는 것은 잊어버린다. 자녀가 승진했다는 소식을 자녀 친구의 부모가 당신에게 축하 전화를 할 때에야 알게 된다.

당신은 제대로 인정받지 못하거나 당연하게 여겨지거나 무시당하거나 혹사당한다고 자주 느낄 것이다. 충분히 이해할 만한 감정이다.

당신이 그렇게 느꼈다고 해서 상심할 필요는 없다. 문제는 그러한 감정을 어떻게 잘 다루느냐는 점이다. 그 감정을 털어버리고 잊으려고 노력하는가? 그 감정이 당신을 괴롭히지 않을 때까지 잠시 차분히 생각하는가? 한동안 그 감정 때문에 속이 타는가? 당신의 파트너나 친구와 그것에 대해 의논하는가? 아니면 당신이 어떻게 느꼈는지 자녀에게 말하는가?

해답은 세 가지에 달려 있다. 당신의 기질, 심각성의 정도, 그리고 가장 중요한 점은 이러한 일이 일어나는 빈도다.

짜증스러운 일에 대해 곰곰이 곱씹어보는 사람들이 있다. 사건을 머릿속으로 재현하면서 상황이 다르게 흘러갔다면 얼마나 좋았을까 상상하는 것이다.

'당신이 준 선물을 여는 자녀의 표정을 봤다면 얼마나 기뻤을까?'

'며칠 전 친구의 승진 소식을 들었을 때 친구에게 얼마나 뿌듯했는지 말해주었다면 얼마나 좋았을까?'

머릿속에서 끊임없이 뻗어가는 생각을 멈추기가 힘들다. 연구에 따르면 그러한 '반추(rumination)'는 기분을 나아지게 하기보다 더 나빠지게 만드는 경향이 있다. 따라서 이러한 행동을 하지 않거나 제한할 수 있다면 정신 건강에 도움이 될 것이다. 명상을 하거나 다른 일에 관심을 두는 것이 바람직하다.

성가신 일이 생겼을 때 파트너나 친구와 논의할 수도 있다. 그러나 서로 나눈 대화가 당신이 사건을 덜 부정적인 시각으로 바라보도록 돕는지 아니면 당신이 사골처럼 우려낸 생각을 꺼냈을 때 듣는 사람은 주로 공감하며 들어주기만 하는, '공동 반추(co-rumination)'로 이행되는지에 따라 당신에게 미치는 영향이 달라진다. 심리학에서는 이 주제에 대해 많은 연구를 하고 있는데, 그 결과에 따르면 공동 반추는 혼자 생각할 때보다 당신의 행복에 더 나쁜 영향을 끼치기도 한다(상대방에게도 역시 그다지 좋지 않다). 실제로 사람들은 불평하기를 좋아한다. 하지만 사람들에게 불평을 털어놓은 뒤 그들이 떠나면 비참함이 더욱 커진다. 상황에 대해 논의하고 싶다면 당신이 상황에 덜 자극받도록 만들 수 있는 사람을 찾아라. 그 사람은 상황을 더욱 객관적으로 볼 것이다. 그 사람이 누구인지는 당신이 이미 잘 알 것이다.

반면 정반대의 기질을 타고난 사람들도 있다. 이미 일어난 일에 대해 깊이 생각하지 않거나 자신이 과민반응했다며 합리화하는 성격이다. 이러한 기질의 이익은 당신이 감정을 받아들이고 나아가느냐 아니면 그 감정을 거부하느냐에 달려 있다. 불쾌한 감정을 수용하지 않고 거부하려면 상당한 양의 감정적 에너지가 소모되는 데다가 너무 자주 그러면 진이 빠진다. 그 감정과 감정의 원인을 이해하고 앞으로 이런 감정을 피하기 위해 해야 할 방법을 찾아내는 편이 훨씬 더 낫다. 당신이 자녀에게 지나치게 기대했기 때문에 그런 반응을 보였을 수 있다. 그렇다면 기대를 낮춰보는 것도 좋다(1장의 '무엇을 기대하고 있는가' 편을 보라).

　가장 힘든 결정은 자녀에게 사건에 대해 어떤 식으로 말할지 결정하는 것이다. 이 시점에서는 사건의 심각성과 빈도를 고려하는 것이 중요하다. 만약 자녀가 당신의 진찰 결과에 대해 묻는 것을 잊었다면 당신은 그냥 내버려두거나 "내가 얘기한 적 있던가? 심장병 전문의한테 진찰받는다고. 다 괜찮다니까 걱정은 말고."라는 식으로 말하면 된다. 만약 자녀가 더 심각한 수술 결과에 대해 묻는 것을 잊었다면 "혈관성형술 결과가 궁금하지도 않니? 밤새 병원에 있어야 한다고 말했던 것 같은데."라고 말해도 괜찮다.

　이런 식의 배려 없는 상황이 자주 발생한다면 의견을 말하는 것이 현명하다. '자주'라는 말을 규정할 만한 적당한 숫자는 없지만 당신이 자녀를 원망하기 전에 말하는 것이 중요하다. 한 번 원망하기 시작하면 당신은 당연하게 여기던 일을 하지 않게 될 수도 있고 기대를 너무 낮춘 나머지 관계에서 물러나게 될 수도 있다. 여기서 위험한 점은 당신과 자녀가 점점 멀어지는 악순환에 빠지는 것이다.

　당신은 자녀에게 이렇게 말하며 악순환을 막을 수 있다.

　"내가 요즘 인정받지 못하고 무시당하고 너무 당연시되는 건 아닌가 싶다. 항상 그렇지는 않지만 꽤 자주 그렇게 느껴서 이렇게 말할 수밖에 없구나."

　자녀는 아마 놀라서 사과할 것이다. 만약 자녀가 어떤 식으로 실망시켰는지 모두 말해달라고 요청한다면 이렇게 말해보자.

"일일이 다 말할 수는 없단다. 하지만 자주 섭섭해서 너에게 이런 감정을 말할 수밖에 없었다는 점만 알아주기를 바란다."

만약 자녀가 당신에 대해 비슷한 감정을 느낀 적이 있다면, 그러니까 당신이 자녀가 해준 일에 대해 고마워하지 않았거나 자녀의 말을 오해했거나 자녀에게 마땅히 해주었어야 하는 일을 하지 않아서 자녀가 섭섭함을 느꼈다면 당신은 자녀에게 그러한 감정을 마음에 담아두지 말고 얘기하는 것이 더 낫다고 말하면서 대화를 마무리할 수 있다.

사람들은 모두 조금씩 관계를 방해하는 별난 특성을 갖고 있다. 당신은 이제 자녀를 자극하는 버튼 같은 행동이 있다는 사실을 알았고 그 버튼을 누르지 않으려고 조심할 것이다. 그러나 당신을 자극하는 행동 그리고 자녀가 무심코 당신의 그 버튼을 누르는 행동에 대해서는 충분히 생각한 적이 없을 것이다.

다른 사람의 과잉반응은 단점으로 여기면서 자신의 강렬한 감정은 합리적이라고 여기는 것은 인간의 자연스러운 성향이다. 사람들은 다른 사람의 행동은 그들의 성격 탓으로 돌리지만 자신의 행동은 피할 수 없는 상황으로 인한 결과라고 말한다.

다른 사람들과 마찬가지로 당신에게도 걱정거리가 있다. 걱정거리에서 벗어날 수 없을지도 모르지만 그것을 무의식적으로 악화시키는 것이 무엇인지 인식한다면 자녀와(또는 다른 모든 사람과) 더 나은 관계를 맺는 데 큰 도움이 될 것이다.

특히 싫어하는 것, 자극하는 것, 약점, 신경증 등 그것을 무엇이라고 부르든, 사람들은 모두 그것을 가지고 있다. 그것을 항상 의식하고 있지는 않지만 그 사람을 잘 아는 사람들에게는 분명하게 보인다. 다른 사람에게 지적을 받으면 사람들은 때로는 순순히 또는 마지못해 인정하거나 정당화하거나 노골적으로 부인하기도 한다(아이러니하게도 자신의 결점을 인정하지 않는 것은 꽤 흔한 결점이다).

비판에 민감한 사람이 있는 반면 매우 둔한 사람도 있다. 의심스러운 사람이 있는 반면 정직한 사람도 있다. 어질러진 물건에 지나치게 신경 쓰는 사람이 있는 반면 이상하리만치 개의치 않는 사람도 있다. 검소한 사람이 있는 반면 낭비벽이 있는 사람도 있다. 어떤 사람들은 쉽게 상처받고 어떤 사람들은 지나간 일에 대해서 오래도록 원한을 품기도 한다. 자신이 잘못했을 때 사과하지 않는 사람이 있는 반면 필요 이상으로 사과를 요구하는 사람도 있다. 논쟁을 견딜 수 없는 사람이 있는 반면 논쟁에 참여하지 않는 사람에게 짜증이 나는 사람도 있다.

심리학자들은 매우 흔한 이 특징들을 설명하기 위해 용어를 만들었다. 슬픔이나 분노, 불안과 같은 불쾌한 감정을 과장되게 경험하는 성향은 '부정 정서(negative affectivity)'라고 칭하며 다른 사람이 자신을 좋아하지 않는다는 징후를 찾고 발견하는 성향은 '거부 민감성(rejection sensitivity)'이라고 한다.

나는 이러한 특징의 기원을 찾는 일이 가치 있다고 생각하지 않는다. 또한 이런 특징의 근본적인 원인을 알아낸다고 해서 그것을 없애는 방법을 알아낸 것은 아니다. 그러나 이러한 즉각적인 반응을 쉽게 일으키는 것이 무엇인지 아는 일은 중요하다.

두 사람 사이의 상호작용의 결과는 각자가 상황에 적용하는 무언의(그리고 때로는 무의식적인) 기대와 편견과 습관에 따른 경우가 많다. 약간의 자아 탐색을 거친다면 당신은 자녀와의 문제가 자녀의 행동을 이해하는 방식에 영향을 끼치는 당신의 생각과 관련이 있다는 사실을 알게 될 것이다.

자녀가 당신에게 상처를 주었다고 조급하게 결론 내리기 전에 당신의 감정적 응어리를 먼저 확인하라. 당신이 지나치게 민감하거나 과도하게 방어적으로 구는 것은 아닌지 자문해보라. 사람들은 가끔 이러한 상처들을 자초하기도 한다. 손바닥도 마주쳐야 소리가 난다는 사실을 기억하라. 이것이 바로 문제를 악화시키지 않고 갈등을 푸는 법을 배우는 게 중요한 이유다.

갈등이 상처가 되지 않도록

사람들은 갈등의 부정적인 측면은 잘 알고 있지만 갈등의 긍정적인 측면도 있다는 사실은 잘 기억하지 못하는 것 같다. 갈등의 좋은 점은 우리의 감정을 억누르기보다는 표현하도록 만든다는 것이다. 갈등은 충격을 주어 우리를 수동성에서 벗어나게 하고, 그동안 당연하게 여긴 것에 대해 생각하도록 만들고, 우리의 방식을 바꾸게 하고, 문제를 해결하도록 만든다. 살면서 갈등을 피하기만 하면 피상적인 관계와 심리적인 침체에서 벗어나지 못하도록 자신을 가두게 된다.

당신은 아마 10대 자녀와 수많은 의견 충돌을 겪었을 것이다. 부모와 자녀 사이의 논쟁은 사춘기에 최고조에 이른다. 갈등의 빈도와 강도는 시간이 지나면서 줄어들겠지만 결코 사라지지는 않을 것이다. 일부 문제를 해결한 이후에도 전에는 다루지 않았던 문제로 의견 차이가 드러날 때마다 새로운 갈등들이 나타날 것이다. 예컨대 주택구입자금을 지원하는 최선의 방법이나 당신 가족과 자녀 파트너의 가족 사이에 휴가 시간을 나누는 방법 또는 자녀의 아이 양육 방법에 관해서 말이다.

부모와 성인 자녀 사이에 발생하는 갈등에는 몇 가지 원인이 있다. 둘 중 한쪽이 자신의 가치관이나 통찰력, 생활 방식, 공평성 또는 '영역'을 위협당한다고 느낄 때, 최종 목표에는 의견이 일치하지만 목표에 도달하는 방법에 대해서는 의견이 다를 때, 돈이나 공간과 같이 눈에 보이거나 시간이나 관심이나 애정과 같이 보이지 않는 '어떤 것'이 모두에게 돌아갈 만큼 충분하지 않을 때, 그리고 둘 사이의 의사소통이 단절되었을 때다.

원인만 제대로 매듭지으면 갈등을 통해 이러한 모든 상황을 개선할 수 있다. 갈등은 사람들이 서로를 더 잘 이해하고 긴장을 줄이는 방식으로 문제를 분명하게 밝히고 관련된 사람들이 모두 만족할 만한 새로운 목표를 세우도록 함으로써 관계를 활성화하도록 돕는다. 그런데 갈등이 인신공격과 힘겨루기의 형태를 띠면 관계를 망칠 수 있다. 부정적인 갈등은 분노와 적의로 이어지고 혼란과 불안과 자존감 저하를 초래해 앞으로의 문제와 행동에 대한 생산적이고 합리적인 논의를 매우 어렵게 만든다. 당신과 자녀가 전쟁하게 되면 승자는 없다.

부모와 성인 자녀가 갈등을 해결하는 데 사용하는 가장 흔한 네 가지 방법은 물러서지 않기, 항복하기, 문제 회피하기, 타협하기다. 물론 각각의 전략은 나름의 효과가 있지만 단점도 있다. 다음과 같은 상황에서 이러한 접근 방식이 어떻게 작용하는지 알아보자. 두 사람이 각자의 가족 사이에서 휴가 시기를 정해야 할 때 자주 발생하는 상황이다.

제이와 마이클은 결혼 전에는 각자 자신의 조부모, 이모, 삼촌, 사촌 등과 추수감사절을 보냈다. 약혼한 후에도 휴일을 따로 보냈고 휴일이 끝난 주말에야 만났다. 제이와 마이클은 시카고에 살고 있으며 그들의 가족은 각각 밀워키와 매디슨에 산다. 각 가족은 두 사람의 대가족이 모두 모여 하룻밤을 보낼 만큼 넓은 집에 살고 있지 않다.

10월 말, 제이와 제이의 어머니는 제이와 마이클이 결혼 후 첫 추수감사절을 어디에서 보낼지를 두고 화를 내며 말다툼을 벌였다. 제이의 어머니는 아들이 제이의 가족과 함께 추수감사절을 보내야 한다고 주장하며 제이가 어렸을 때부터 매년 해왔던 그대로 전통적인 식사를 준비하겠다고 했다. 어머니는 마이클이 함께하는 것은 환영하지만 아들이 결혼했다는 이유만으로 가족들이 30년 동안이나 이어온 전통을 깰 수는 없다고 말했다. 다음은 앞으로 펼쳐질 몇 가지 상황이다.

물러서지 않기 제이의 어머니는 어떤 대안도 고려하려 하지 않는다. 제이는 어머니가 배려하지 않고 고집을 부린다고 말하지만 그녀는 도무지 물러서지 않는다. 제이는 화가 난다.

항복하기 제이는 마이클에게 항복하는 것 외에는 해결책이 안 보인다고 말한다. 마이클은 제이의 부모님 댁에 같이 갈 것이며 올해의 상황을 자신의 부모님에게 설명하겠지만 내년에는 더 나은 해결책을 찾아야 할 것이라고 말한다. 그들은 마지못해 제이의 부모님 집에 가지만 식탁을 둘러싼 모두가 이미 어떤 일이 벌어졌는지 알고 있어 어색하고 불편한 분위기다. 마이클이 참석하지 않은 마이클 집의 추수감사절 역시 즐거운 모임이 아니다. 모두가 앞으로의 휴가에도 문제가 되지 않을지 걱정하고 있다. 그리고 이제 두 사돈 가족 사이에는 불화가 생긴다.

회피하기 제이는 마이클에게 이 상황을 벗어나 둘이서만 조용하고 로맨틱한 첫 추수감사절을 보내자고 말한다. 그러나 이내 그건 피할 수 없는 상황을 미루는 일일 뿐이라는 사실을 깨닫는다. 조만간 실행 가능한 해결책을 생각해내야 할 것이다. 회피는 일시적으로 문제를 해결하는 듯 보이지만 결국 아무것도 해결하지 못한다는 것을 명확하게 알게 된다.

타협하기 마이클이 제이에게 말한다.

"이러면 어떨까? 추사감사절 모임을 두 번 하는 거야. 점심은 너희 가족과 먹고 저녁은 우리 가족과 먹는 거지, 아니면 바꿔서 하든가. 어느 쪽이든 더 수월한 쪽으로."

"어떻게 될지 뻔히 알잖아. 부모님들은 어느 집에 점심 때 가고 어느 집에 저녁 때 가는지에 대해 불평하실 거고, 우리가 잠깐 있다 가니까 부모님들 모두 만족하지 못하실 거야. 그리고 너랑 나는 차 안에서 일곱 시간이나 견뎌야 하잖아. 온갖 음식과 와인을 들이부을 테니 고속도로에선 잠만 자게 될걸." 제이가 대답한다.

갈등을 해결하는 가장 좋은 방법이 타협이라고 교육받으며 자라왔지만, 타협이 항상 옳은 것은 아니다. 타협은 아무도 그 해결책에 전적으로 만족하지 않는다는 사실만 일깨워줄 수도 있다.

다섯 번째 방법은 위의 어떤 방법보다 효과적이다. 바로 **협력적인 문제 해결**이다. 이는 비즈니스에서 흔히 사용하는 방식이며 모든 이를 만족시키는 해결책을 찾는 것이 목표다. 이 방법은 그동안 설명한 다른 방법들보다 더 많은 시간과 에너지가 소요되지만 대체로 대립과 마음의 상처를 최소화하면서 걱정거리를 진정으로 해결할 기회를 극대화한다. 관련된 사람들 모두에게 좋은 해결책을 찾기 위해 협력해야 한다. 각 당사자는 상대를 존중하고(욕하거나 빈정대거나 비하하지 않고) 상대의 말에 귀 기울여야 한다. 같이 브레인스토밍하며 가능한 해결책 목록을 만들되 서로의 해결책을 비판하지 말아야 한다. 목록을 만든 다음 각각의 장단점을 솔직하게 논의한다.

제이와 그의 어머니가 둘 다 만족한 방법은 다음과 같다. 제이는 문제를 해결할 방법을 함께 찾아보자고 제안했다. 그는 선의의 표시로 밀워키에 있는 어머니 집으로 차를 몰았고, 어머니는 답례로 제이가 가장 좋아하는 쿠키를 구웠다. 따뜻한 쿠키와 차를 나눠 마시면서 그들은 일단 당분간은 추수감사절 식사를 목요일에 한 번 금요일에 한 번, 이렇게 두 번 하고 나중에는 양쪽 집에 번갈아 방문하는 것이 가장 좋은 해결책이라는 사실을 납득하게 되었다. 각 가족의 집에는 제이와 마이클이 하룻밤을 보낼 수 있는 손님방이 있기 때문에 그들이 하루 종일 운전할 필요가 없다. 그리고 나서 집에 돌아오면 토요일 밤에는 밖으로 나가 시카고에서 둘만의 낭만적인 저녁 식사를 즐길 것이다.

"좋아, 그런데 누가 첫해에 '진짜' 추수감사절을 보낼 수 있는 거니?" 제이의 어머니가 말했다.

"농담하시는 거죠?"

제이가 물었다.

"물론 농담이지. 하지만 내가 해결책을 찾도록 같이 도왔으니까, 우리와 보내는 게 맞는 것 같은데!"

어머니가 농담 반 진담 반으로 말했다.

가끔 성인 자녀와 의견이 다른 것은 불가피한 일이다. 그리고 그들을 어떻게 보살필 것인가에 대한 파트너와의 의견 차이도 마찬가지다.

배우자와 의견이 다를 때

당신과 파트너가 성인 자녀를 성공적으로 보살피기 위한 필수 요소는 자녀가 어렸을 때와 근본적으로 같다. 즉 파트너에게 지지와 보살핌과 도움을 제공하는 것이다. 어려움의 주요 원인 또한 같다. 두 사람 모두와 관련된 문제를 대응하는 방식이 다르다는 것이다. 물론 문제 자체는 시간이 지나면서 달라진다.

자녀가 성인이 되기 전에는 자녀의 잠재적인 배우자 선택에 관해 의견을 나눌 것인지, 자녀에게 어느 정도의 경제적인 도움을 줄 것인지, 자녀의 양육 방식에 대해 우려를 표현할 것인지를 논의할 필요가 없었다. 예상치 못한 문제가 발생한 후에야 그 문제를 처리하는 방식에 대해 당신과 파트너가 서로 다른 견해를 가지고 있다는 사실을 깨닫게 될 것이다.

자녀가 성인이 되면서 부모가 자녀와 맺고 있는 공동적이면서도 독립적인 역학 관계는 변한다. 아마도 대부분의 부모가 그렇듯이 자녀의 발달 단계마다 부모가 각자 다른 정도와 유형으로 개입하고 지원해야 한다는 사실을 알고 있을 것이다. 부모 중 한 명은 새학기 행사에 전시된 자녀와 반 친구들이 그린 그림을 보면서 즐거워했지만 다른 한 명은 즐거운 척만 했을 것이다. 부모 중 한 명은 자녀의 축구팀을 지도하면서 매우 신이 났겠지만 다른 한 명은 관심이 별로 없었을 것이다. 부모 중 한 명은 10대 자녀에게 운전하는 법을 가르쳤겠지만 다른 한 명은 자녀가 운전한다는 생각만으로도 겁에 질렸을 것이다.

자녀가 점차 성인기로 접어들면 부모가 자녀의 삶에 관여할 기회는 다양해지기 때문에 이러한 기회 중 일부는 파트너보다 당신의 마음에 더 자연스럽게 들어올 것이고 그 반대의 경우도 있을 것이다. 성인 자녀의 관심사에 흥미를 가지려고 노력하는 것은 괜찮은 방법이며 부모 중 한 명이 다른 한 명보다 더 관여해도 좋다. 다만 이러한 차이가 부모 중 누가 자녀를 더 좋아하는지를 나타내는 표시로 보이지 않도록 최선을 다해야 한다. 자녀는 부모 중 한 명이 특정 시기에 자신의 관심사에 더 능숙하거나 관심을 보여서가 아니라 그저 부모 각자를 있는 그대로 사랑하고 존경한다.

세 사람은 불편한 역학 관계에 놓이기도 한다. 당신은 관심이 거의 없거나 잘 알지 못하는 주제에 관해 파트너와 자녀가 신나서 떠드는 대화를 들으면서 마치 외톨이가 된 것 같은 시기도 겪게 될 것이다. 그들이 당신이 없는 사이 당신에 대해 얘기했다는 사실을 알게 될지도 모른다. 그러나 동맹관계가 역전될 때가 올 것이다. 당신이 자녀의 일에 더 많이 관여하고 파트너가 소외감을 느끼는 때가 반드시 온다.

당신이 애초에 별 관심도 없던 파티의 불청객이 되었다는 점을 슬퍼하기보다는 한발 물러서서 자녀와의 공통 관심사로 유대감을 형성하는 당신의 파트너를 칭찬하라. 부모와 자녀의 독립적인 관계는 제로섬 게임이 아니다. 만약 당신이 질투심과 소외감에 빠지지 않는다면 자녀와 당신 파트너와의 강한 유대감은 당신과 자녀와의 관계를 약화하는 것이 아니라 오히려 강화한다는 사실을 알게 될 것이다. 심리가 안정적인 사람은 파트너와 자녀가 함께 특별한 시간을 보내는 것을 바라보면서 질투가 아닌 기쁨을 느낀다. 만약 자녀와 당신의 파트너가 즐거워하는 모습을 보기가 괴롭다면 그것은 파트너 잘못이 아니라 당신 잘못이다.

부모가 자녀를 어떻게 대해야 하는지에 대해 당신과 파트너의 의견이 서로 다를 때 자주 드는 의문이 한 가지 있다.

'언제나 반드시 통일된 의견을 제시해야 하는 걸까?'

이 문제는 자녀가 나이 들어갈수록 덜 중요해진다. 자녀의 청소년기 전에는 통일된 의견을 보이는 것이 이치에 맞다. 부모의 통일되지 않은 의견은 어린아이를 불안하고 혼란스럽게 만들기 때문이다. 그러나 자녀도 10대가 되면 *가까운* 관계에 있는 사람들일지라도 의견이 다를 수 있다는 사실을 알게 된다. 청소년기에 이르면 어떤 문제에 대해 타당한 여러 의견이 있음을 이해할 만한 인지능력이 생긴다.

성인 자녀에게 통일된 의견을 제시하는 것은 무의미하다. 이제 자녀는 특정한 문제에 있어 대체로 누가 약한 사람이고 누가 자신의 입장을 고수하는 사람인지를 알기 때문이다. 그래서 자녀는 거짓으로 화합한 모습을 쉽사리 간파할 것이다.

"이 문제에 대해서는 네 아버지와 내가 의견이 다르지만 이번에는 내 직감을 따르기로 했단다."

이런 식으로 말하는 것은 괜찮다.

두 번째 결혼(또는 세 번째 결혼) 이후 발생하는 의견 차이를 다루는 일은 더욱 까다롭다. 육아 방식이나 육아관은 당신이 의붓부모가 되기 이전에 이미 확립되었기 때문이다. 자녀의 친부모에게는 완벽하게 합리적인 것 같은 방식이 의붓부모에게는 걱정스럽거나 상황을 더 악화시키거나 받아들이기 어려운 방식으로 보일 수 있다. 예상할 수 있듯이 이런 일은 대개 부모 중 한 명이 자녀를 매우 관대하게 혹은 엄하게 양육하고 나머지 한 명은 그 반대 철학을 갖고 양육할 때 발생한다.

피터와 마리아가 바로 이러한 상황에 처해 있었다. 그들은 50대에 샌디에이고에서 만났다. 둘 다 이혼했고 자녀가 있었다. 마리아의 두 딸은 20대 초반으로 대학에 다니고 있었다. 피터의 아들과 딸은 이미 대학을 졸업했고 각자 떨어져 살고 있었다. 연애한 지 1년이 조금 지난 후, 피터와 마리아는 결혼하고 각자의 집을 팔아 함께 집을 사기로 결심했다. 그들이 이사한 지 얼마 지나지 않아 마리아와 피터 그리고 마리아의 두 딸은 애리조나에 있는 마리아의 여동생 부부를 만나기 위해 일주일간의 여행을 떠났다. 피터가 마리아 가족의 집에 장기간 머무는 첫 여행이었다.

그곳에서의 첫날 밤, 마리아의 여동생은 그들을 위해 저녁을 만들었다. 모두 식사를 마친 후 마리아의 두 딸은 접시를 치우지도 않고 설거지를 돕겠다는 말도 없이 서로 소곤거리면서 식탁에 앉아만 있었다. 피터는 마리아의 여동생 부부에게 자신과 마리아가 식탁을 치우고 식기세척기에 그릇을 넣는 동안 쉬고 있으라고 말했다. 그가 이렇게 하면 그의 의붓딸들이 돕겠다고 나서리라 기대한 것이다. 하지만 그런 일은 일어나지 않았다. 그는 화가 났지만 소란을 피우고 싶지는 않았다. 그날 밤 잠자리에 들 때까지도 그는 짜증이 나 있었다. 그래서 불평하기 시작했다.

"걔들이 무슨 공주라도 되는 줄 알았어요. 그런 행동은 옳지 않다고 생각해요. 당신이 아침에 따끔하게 얘기 좀 해요. 정말 난처했거든.

사과해야 한다고 생각해요."

"난 상관없어요. 항상 그래왔는걸요. 학교에서 공부 잘하고 말썽 피우지 않는 것으로 난 만족해요." 마리아는 하품을 하며 대답했다.

피터는 다투고 싶지 않아서 그냥 내버려두었다. 딸들이 좀 더 나이가 들면 배려심도 더 많아질 것이라고 스스로를 위로했다.

그러나 딸들의 식사 예절은 시간이 흘러도 전혀 나아지지 않았다. 딸들이 20대 중반이 되었는데도 네 사람이 가족 모임을 할 때마다 어렸을 때와 마찬가지로 배려심 없는 모습을 보였다. 다 큰 딸들의 행동은 훨씬 더 못마땅했다.

피터의 가족과 휴일 만찬을 즐긴 어느 날 저녁, 딸들은 여전히 똑같이 행동했다. 피터는 다시 한번 아내에게 그런 행동이 짜증 난다고 얘기했지만 마리아는 자신도 어쩔 수 없다고 말했다.

그는 다투고 싶지 않았다. 그는 잠이 들면서 마리아가 옳을지도 모른다는 생각이 들었다. 의붓딸들에게 예의를 가르치는 것은 소용이 없을 것 같았다. 또한 그것은 자신의 책임이 아니며 그런 일에 화를 내면 결혼 생활에 해가 될 수도 있다는 결론을 내렸다. 결국 피터는 버릇없는 딸들의 태도에 짜증 났지만 이에 대해 다시는 마리아에게 언급하지 않았다.

당신의 첫 번째 결혼이든 두 번째 결혼이든 세 번째 결혼이든, 공동육아를 할 때는 두 사람이 파트너라는 사실을 기억하는 것이 중요하다. 서로의 관계를 관리하는 것은 자녀와의 관계를 관리하는 것만큼이나 중요하다. 당신과 파트너가 성인 자녀의 행동에 다른 의견을 갖게 된다면 앞에 설명했던 전략을 따르려고 노력하라. 바로 타협이다. 무엇이 최선인지 결정하기 위해 관련 경험이 가장 많은 사람의 의견을 따르거나 한 사람이 계획을 얘기하고 동의하느냐 동의하지 않느냐를 정하는 우호적인 토론을 하라.

아이와 당신의 정신 건강

. . . .

3장

20대는 가장 불안한 시기다

대부분의 심각한 정신 건강 문제는 10~25세 사이에 처음으로 나타난다. 여기에는 우울증, 불안장애, 약물사용장애, 섭식장애, 행동장애 등이 포함되며 조현병과 양극성장애 등과 같은 정신 질환도 포함된다. 자폐스펙트럼장애(ASD) 또는 주의력결핍 과잉행동장애(ADHD)와 같이 대체로 사춘기 이전에 발현되는 몇 가지 장애는 초기 성인기까지 지속되기도 한다.

정신 건강 문제는 성인기에 흔히 생긴다. 매년 미국 성인 인구의 4분의 1이 진단 가능한 정신 질환을 겪는다. 그러나 모든 발달 단계에서 정신 건강 문제에 가장 취약한 이들은 다름 아닌 청소년과 초기 성인이다. 코로나19(모든 연령층에서 심리적 문제 발생률이 현저하게 증가했을 때) 이전에 시행된 국가 조사에 따르면 18~25세 사이의 사람들이 다른 연령층보다 더 높은 심리적 장애 비율을 보였는데, 10대 때부터 갖고 있던 문제로 힘들어했거나 20대 초반에 처음으로 문제가 나타났다고 한다.

최근 수십 년에 걸쳐 초기 성인들 사이에 정신 건강 문제가 급격히 늘고 있다. 연간 조사에 따르면, 18~25세 사이의 사람들에게 발생한 정신 질환 비율이 2008~2017년 사이에 상당히 증가했다. 조사하기 전 지난달에 주요 우울증 증상이 있었다고 보고한 초기 성인의 비율은 10년간 두 배가 된 반면, 다른 연령대인 성인의 주요 우울증 증상의 비율은 변화가 없었다는 연구 결과도 있다.

심리적 고통을 호소하는 사람이 우울증의 주요 증상을 겪은 사람보다 훨씬 더 많다. 2017년에 약 13퍼센트의 초기 성인들이 지난달에 심각한 괴로움을 경험했다고 보고했다. 이 수치는 2008~2017년 사이에 거의 두 배나 증가했다. 그에 비해, 26~49세 사이의 성인들은 같은 기간 동안 심리적 고통을 겪은 비율이 아주 조금 증가했을 뿐이며, 50대 이상의 성인 사이에서는 변화가 없었다. 자살 충동은 20대 후반과 30대 초반에도 상당히 증가하긴 했지만, 18~25세 사이의 초기 성인들의 자살 충동이 더 극적으로 증가했다.

코로나19 동안 모든 연령대의 정신 건강 문제가 충격적일 정도로 증가했다. 우울증이나 불안 증세를 호소하는 미국 성인의 수는 코로나19 이전에 11퍼센트였던 것이 코로나19 동안 40퍼센트 이상으로 증가했다. 조사에 따르면, 13퍼센트 이상의 사람들의 약물 사용이 늘어났다고 했고 10퍼센트 이상의 사람들이 지난 30일 동안 자살을 생각해본 적이 있다고 말했다.

코로나19는 특히 초기 성인들의 정신 건강에 심각한 타격을 주었다. 최악의 고비를 지나는 동안 18~24세의 사람들 중 거의 3분의 2가 우울증 또는 불안 증세를 보였으며, 4분의 1은 전염병 관련 스트레스를 감당하기 위해 약물 사용을 늘렸고, 4분의 1은 자살을 심각하게 고려하고 있다고 보고했다.

코로나19 이전과 이후의 어떤 지표로든 10대 후반에서 20대 초반의 사람들이 다른 어떤 연령대보다 심각한 정신 질환 증상을 보고할 가능성이 높다는 사실을 알 수 있다. 25~40세 사이의 사람들이 그 뒤를 따르고 있다.

초기 성인기에 왜 정신 건강 문제가 흔하게 발생하는지 이해하기 위해서는 심리적 문제의 원인을 들여다보아야 한다. 대부분의 심리적인 문제는 내면의 취약성과 외부의 스트레스가 결합되어 발생한다. 내면의 취약성은 선천적(중독 성향을 물려받음)이거나 이전의 경험에서 습득(학대적인 양육)했거나 또는 신경 발달(뇌의 가소성이 뛰어난 연령일 때) 때문일 수 있다. 외부의 스트레스는 만성(빈곤)이거나 급성(전투상황에 노출)이거나 생물학적(질병)이거나 비생물학적(해고)이거나 관계적(이별)이거나 상황적(허리케인)이거나 주관적(눈보라로 인해 집으로 돌아가는 마지막 비행기를 놓치게 될까 봐 걱정함) 또는 객관적(공항이 재개하기를 기다리며 터미널에서 밤을 새움)일 수 있다.

심리적인 문제는 내면의 취약성과 외부의 스트레스 사이의 상호작용으로 만들어지기 때문에, 취약성(불쾌한 사건에 대한 감정적 반응이 선천적으로 더 강하거나 더 약하게 타고나는 경향)의 정도가 각기 다른 사람들이 같은 유형과 정도의 스트레스(예를 들어 어떤 지역의 범죄 급증 같은 스트레스)에 노출되어도 똑같이 영향을 받지는 않을 것이다. 예민한 기질을 가진 사람은 높아지는 불안감에 점점 쇠약해지는 반면, 침착한 기질의 사람이라면 영향을 받지 않을 수도 있다. 따라서 연애 관계가 끝났다거나 하는 스트레스 상황에서 보이는 자녀의 반응이 도가 지나치다고 언급하기 전에 이 점을 명심해야 한다. 자녀의 기질을 고려할 때 그것이 결코 과장이 아닐 수도 있기 때문이다.

같은 이유로 유전적으로 우울증 성향이 있는 사람이 매우 자애로운 부모 밑에서 성장한다면 우울증에 걸리지 않을 수 있는 반면, 똑같은 유전적 취약성을 갖고 있는 사람이 감정적으로 학대하는 부모 밑에서 자라면 우울증이 생길 가능성이 훨씬 더 높다. 이것은 코로나19 동안 모든 사람의 정신 건강이 손상되지는 않았지만 불안감의 비율은 극적으로 늘어난 이유를 설명하는 데 도움이 된다. 코로나19는 수백만 명의 사람들에게 객관적인 스트레스를 주었지만 그들 중 일부는 스트레스에 대한 취약성이 낮은 덕분에 괜찮았다.

이러한 모든 요인을 고려하면 왜 초기 성인의 정신 건강 문제가 그렇게 높은 위험성에 직면했는지 어렵지 않게 이해할 수 있다. 앞에서 언급했던 뇌의 높은 가소성으로 인해 이 연령대의 사람들은 환경에 더욱 민감하다. 높은 가소성은 긍정적인 경험에서 더 많은 유익을 얻도록 하지만 부정적인 경험에서 더 많은 상처를 받게도 한다. 이것이 청년들이 코로나19에서 나쁜 영향을 받았던 이유 중 하나다.

코로나19뿐 아니라 초기 성인들이 직면하는 환경적인 스트레스의 숫자만 따져도 다른 연령대보다 훨씬 더 많기 때문에 다른 연령대보다 정신적 고통에 시달리기가 더욱 쉽다. 고등학교를 졸업하고 대학에 진학하면서 부모님의 집을 벗어나 중요한 관계인 사람들을 두고 떠나는 시기가 있다. 대학 시절에 그들과 떨어져 살며 해방감을 느끼는 사람들도 많지만 누군가는 두려움을 느끼기도 한다. 대학에서는 고등학교에서보다 훨씬 많은 학업이 요구된다. 특히 오늘날 대학을 마친다는 것은 학자금 대출 상환이나 대학원 또는 전문 학교로의 진학이나 본가로 돌아오는 일 등은 말할 것도 없고, 직업과 주거 형태와 재정 그리고 연애 생활 등 미래에 대한 커다란 불확실성을 수반하는 경우가 많다.

이러한 생애 과정 동안 고조된 뇌의 가소성은 과학자들이 그것을 발견하고 기록하기 훨씬 이전부터 존재했다. 수백만 년에 걸친 인간의 진화는 사람들이 직접 위험을 무릅쓰기 전에 세상에 대한 유용하고 새로운 지식을 잘 습득하도록 초기 성인들의 뇌를 환경 조건에 특히 민감하게 반응하도록 만들었다. 그런데 앞서 언급했듯이 이러한 민감성은 초기 성인의 뇌를 특히 스트레스에 취약하게 만들기도 했다. 고조된 스트레스 반응은 아마도 최근 수십 년 동안 변하지 않았을 것이다. 진화의 영향을 받기에는 너무 짧은 기간이기 때문이다.

특히 최근 수십 년 동안 초기 성인들은 그야말로 스트레스가 더욱 심해졌다. 불확실한 경제, 경쟁력 있는 대학 입학을 위한 준비, 어려워진 취업 시장, 주거 비용과 교육 비용의 증가, 소셜미디어에 대한 과도한 관심 등의 결과다. 더구나 오늘날 많은 초기 성인이 기후 변화, 문화적·정치적 분열, 무서운 국제적 갈등, 총기 관련 사건 증가, 코로나19가 삶의 영구적인 부분이 될지도 모른다는 가능성 등이 만들어낸 실존적 불안감을 느끼기도 한다. 지난 20년간 초기 성인들 사이에서 증가한 우울증과 불안과 자살 충동을 되돌리기 위해서는 초기 성인기에 스트레스를 덜 받는 방법을 찾아내야만 한다.

성인 자녀가 정신 건강에 심각한 문제를 겪지 않도록 도울 수 있는 네 가지 방법이 있다. 그러나 최선을 다해 모든 노력을 해도 성공적으로 예방하지 못할 수 있다는 사실을 명심해야 한다. 자녀가 함께 사는지, 대학 입학 후 떨어져 사는지, 독립했는지에 따라 부모가 할 수 있는 일의 범위는 달라지겠지만 어떤 경우든 자녀가 스트레스를 덜 받도록 조치를 취할 수 있다.

첫째, 사랑과 지지와 안정감을 제공해야 한다. 다정하고 소통이 잘 되는 부모가 되는 것이 성인 자녀들의 정신 건강에 얼마나 중요한지 많은 사람들이 깨닫지 못하고 있다. 부모에게 언제든 정서적 지지를 받을 수 있다는 믿음은 자녀가 대학을 졸업하거나 직업을 찾거나 새로운 지역으로 이사하는 일과 같은 불안한 변화의 시기에 특히 중요한 정신적 기반이 된다. 이러한 변화의 시기에는 기대와 걱정이 동시에 생길 수 있다. 그런데 만약 자녀가 기대하고 있는 것에 관해서만 당신에게 이야기하거나 당신이 자녀의 새로운 생활의 긍정적인 측면에 대해서만 묻는다면, 당신은 자녀가 느끼는 불안을 눈치채지 못할 수도 있다. 이렇게 물어보길 바란다.

"그 일들 때문에 큰 변화를 느꼈겠구나. 어떻게 견디고 있니?"

자녀는 또한 실직이나 실연, 친구의 약물 과다 복용 등과 같은 고통스러운 사건이 일어나기 전, 도중 그리고 이후라도 부모에게 의지할 수 있다는 사실을 알아야 한다. 이러한 일들은 느닷없이 일어날 때도 있지만 신호를 보내는 경우도 종종 있다. 고용주가 한 달 동안 동료들을 해고해왔다거나 친구가 한동안 약물 남용 문제로 고심해왔다거나 지난 1년 동안 연인 관계가 위태롭게 흔들려왔다거나 하는 신호 말이다. 이러한 종류의 부정적인 경험은 인생의 어느 시점에 일어나든 스트레스를 주지만, 뇌가 특히 스트레스에 민감한 시기라면 그 영향력이 커지기 마련이다. 자녀에게 이러한 상황을 어떻게 다루고 있는지 묻고 당신은 언제든 대화할 의지가 있다고 안심시켜라. 다음과 같이 말을 꺼낼 수도 있다.

"지난주에 직장에서 누군가 해고될 때마다 긴장된다고 했었지. 요즘은 어떠니?"

깊은 대화까지 하진 않더라도 부모가 곁에 있다는 사실을 아는 것만으로도 자녀는 많은 위안을 받을 것이다. 특히 어려운 시기에는 자녀가 어떻게 지내고 있는지 알기 위해 가끔씩 상태를 확인하는 것이 좋다(그러나 사생활이 침해당한다고 느낄 만큼 자주 하면 안 된다). 당신이 너무 참견하고 있지는 않은지 주의를 기울여야 한다. 예를 들어, 다른 때라면 이야기를 잘하던 자녀도 부모가 사생활을 침해하고 있다고 느끼면 입을 닫아 버린다.

둘째, 자녀의 삶에서 정신 건강 문제를 일으킬 가능성을 높일 수 있는 스트레스를 최소화하도록 노력해야 한다. 이러한 노력에는 자녀가 경제적으로 어려운 시기에 돈을 주거나 빌려주기, 자녀가 특히 힘들게 일했다면 마사지를 받을 수 있는 상품권 보내기, 밤을 편안하게 보낼 수 있도록 베이비시터 보내주기, 기분 전환을 할 수 있도록 공연이나 스포츠 경기 티켓 또는 주말 휴가 같은 특별한 선물 마련하기 등이 포함될 수 있다. 만약 당신이 스트레스를 받고 있다면 그것을 완화할 수 있는 무언가를 하라. 그렇게 하면 자녀가 직장 문제나 친구 문제, 나이 들면 생기는 병 이야기 등 당신의 '장황한 불평'을 듣지 않아도 된다.

셋째, 자녀가 스트레스를 관리할 수 있도록 돕는다. 자녀는 지나치게 비판적인 상사나 예민한 아기 또는 집을 수리하겠다는 약속을 절대로 지키지 않는 집주인에 대응해서 할 수 있는 일이 별로 없다. 지금 당장 외부 환경을 바꿀 수는 없어도 그로 인한 스트레스는 관리할 수 있다. 스트레스에 대처하는 행위에는 건전한 방법과 건전하지 않은 방법이 있다. 자녀에게 운동하고 잘 자고 잘 먹고 요가나 명상을 하라고 부드럽게 권해보라. 이러한 것들은 스트레스를 줄여준다(이는 또한 모든 연령대에 효과가 있기 때문에 당신에게도 유용할 것이다). 만약 자녀가 알코올이나 약물을 대체 수단으로 의존하고 있다는 생각이 들면 이렇게 말해보라.

"요즘 회사 일이 여의치 않아서 네가 이전보다 술을 더 많이 마시는 것 같더구나. 퇴근 후에 술 한잔 마시는 거 말고 가끔씩 긴 하루의 피로도 풀 겸 가볍게 달려보는 건 어때?"

넷째, 지금껏 말하지 않았던 약물 남용이나 우울증에 대한 가족 내력을 이야기해준다. 대부분의 정신 질환은 어느 정도 유전성이 있으므로 자녀도 자신이 중독이나 다른 질환에 걸리기 쉬운지를 알 자격이 있다. 당신은 조부모님 중 한 분이 알코올 중독자거나 삼촌이 자살했거나 당신과 당신의 형제들이 모두 항우울제를 복용하고 있다는 사실을 밝히기를 주저할 수도 있다. 하지만 당신이 불편하다고 해서 자녀가 자신의 건강에 대해 더 나은 결정을 내리는 데 도움이 될 수 있는 중요한 정보를 알려주지 않으면 안 된다. 자녀가 피부암의 소인을 물려받았을 수도 있다는 사실을 안다면, 그 사실을 자녀에게 말하고 자외선 차단제를 사용하고 피부를 햇볕에 노출하지 않는 것이 무엇보다 중요하다고 강조할 것이다. 정신 질환에 대해서도 같은 방식을 취해야한다.

갑자기 말을 꺼내기보다는 약물 남용이나 자살 충동에서 벗어나 치유법을 찾은 유명 인사에 관한 소식 등으로 그 문제를 언급할 기회를 찾는 것이 좋다. 이런 주제는 가족의 비밀을 누설하는 것 같거나 자녀의 자신감을 떨어뜨리는 것 같아 꺼내기 곤란한 주제일 수 있지만 자녀를 잘 이해시키면 된다. 자녀는 당신이 그런 이야기를 해주어도 될 만큼 자신을 성숙하게 여긴다는 사실을 이해하고 고마워할 것이다.

성인에게 흔한 정신 건강 문제

임상의들은 대체로 우울증(depressive disorders)이나 약물 남용장애(substance abuse disorders)와 같은 심각한 정신 건강 문제를 설명하기 위해 '장애'라는 단어를 사용한다. '장애(disorders)'는 특정 기간 지속되며 사회적 관계, 학교 생활, 직장 생활, 일상생활에서의 기능을 원활하게 하지 못하도록 하는 특정 증상을 보이는 임상 진단을 기술적으로 이르는 말이다. 다시 말해서, 장애란 누군가가 특정한 증상을 가지고 있을 뿐만 아니라 그 증상이 일시적이지 않으며 삶의 여러 영역에서 그들의 기능을 손상시키기도 한다는 사실을 의미한다.

이 책에서 나는 '장애'라는 단어를 더욱 폭넓게 사용하고 있는데,

임상적으로 정의된 장애와 공식적인 진단 기준을 충족하지 않는 조건을 모두 포함하기 위함이다. 우울증 진단을 받지 않았더라도 삶의 즐거움을 거의 못 느끼거나, 불안장애 기준에 부합하지 않아도 늘 걱정에 시달리는 경우 이를 장애로 간주했다. 비정상적으로 체중에 집착하면서도 섭식장애를 가지지 않은 사람이 있고, 약물 남용 장애가 아닌데도 약물을 남용하는 사람이 있다.

이 책에서 다루게 될 우울증, 불안증, 폭식증, 약물 남용 등으로 힘들어하는 초기 성인의 문제는, 이별 후의 단기적인 슬픔, 새로운 직업에 대한 불안, 뚱뚱해 보이는 옷에 대한 걱정, 토요일 밤마다 친구들과 어울려 마시는 술 정도가 아니다. 그보다 좀 더 심각한 심리적 어려움을 겪고 있는 상황을 다룰 것이다. 중요한 문제는 이러한 어려움이 정상적인 생활을 방해할 정도로 자주 나타나느냐다. 자녀의 정신 건강이 걱정된다면 바로 그 부분에 집중해야 한다.

특정 장애에 대한 임상 기준에 부합하지 않는다고 해서 주의를 기울이지 않아도 된다는 의미는 아니다. 슬픔을 느끼는 것 자체로 우울증 진단을 내릴 수는 없지만 너무 자주 슬퍼서 치료받아야 하는 사람도 있다. 어떤 사람은 끊임없이 불안해해서 긴장을 푸는 것이 불가능하다. 어떤 사람은 체중에 대해 지나치게 걱정하고 건강하지 않은 식습관을 고치기를 원한다. 어떤 사람은 너무 자주 술을 마셔서 술을 줄이거나 맨정신을 회복하는 데 도움을 필요로 한다. 다시 말해서, 심리적인 문제는 그것이 진단 가능한 장애가 아닐지라도 도움을 받는 것이 적절하다.

만약 성인 자녀가 위에서 언급한 문제들로 2주 이상 고통을 겪고 있는 것 같다면 전문적인 치료가 필요한지 반드시 고려해보길 바란다. 일상적으로 진찰받는 것을 걱정할 필요가 없다. 여러 가지 다른 문제의 증상이 비슷할 수 있으며(예를 들어, 수면 문제는 많은 심리적 조건의 흔한 결과다) 많은 사람이 동시에 여러 증상으로 고통받는다. 예를 들어, 체중에 비정상적으로 집착하는 사람은 우울증에 걸리는 경우가 많고, 약물을 남용하는 사람은 불안해하는 경우가 많으며, 자주 우울해하는 사람은 극단적인 불안 발작을 경험한다. 만약 자녀가 걱정되고 의사의 도움을 받게 하고 싶다면 의사에게 자녀의 증상을 알려주어라. 자녀가 얼마나 오랫동안 우울 증상에 시달렸으며 그것이 자녀의 삶에 어떻게 영향을 끼치고 있는지를 설명하는 것이다.

초기 성인들 사이에서 가장 흔한 심리적 문제는 우울증, 불안, 섭식 장애, ADHD, 약물 남용이다. 모두 치료가 가능하며 일반적으로 약물 치료와 심리치료를 병행한다.

우울증 사람들이 이 용어를 슬픔이란 단어와 자주 바꾸어 사용하지만 우울증은 슬픔 그 이상이다. 우울증이 있는 사람은 낙담하거나, 재밌는 활동에서 즐거움을 잘 느끼지 못하거나, 자존감이 낮아지는 등 감정적인 증상을 보인다. 또한 비관이나 절망 같은 인지 증상, 무관심이나 지루함 같은 동기적 증상을 보인다. 마지막으로 식욕 감퇴와 수면 장애 그리고 에너지 저하와 같은 신체적인 증상을 보인다. 우울증은 젊은 남성보다 젊은 여성 사이에서 더 흔하지만, 성별에 상관없이 많은 초기 성인이 우울증을 앓고 있다.

어떤 사람들에게 우울증은 몇 년에 걸쳐 나타났다가 사라지기도 하는 만성 질환이다. 한 번 증상이 나타나면 두 달 이상 지속되지만 말이다. 만성 우울증이 있는 사람들은 과거에 즐겨했던 활동에서 즐거움을 느끼기 어려우며, 그래서 침울하다거나 감정적으로 밋밋한 사람으로 묘사된다. 우울증이 너무 심해져 죽음이나 자살을 생각하는 경우도 있다. 누군가가 자살을 생각하고 있다고 말한다면 절대 홀로 남겨두지 마라. 긴급재난신고를 하거나 가장 가까운 응급실로 데려가야 한다.

불안 모든 사람은 때로 불안을 느낀다. 긴장과 두려움은 무섭고 위협적인 상황에서 나타나는 정상적인 반응이다. 허리케인이 접근하고 있을 때나 늦은 밤 수상한 소리를 들었을 때는 불안을 느끼는 것이 당연하다. 대체로 이러한 불안은 위협이 지나가면 옅어지기 마련이다. 그러나 불안이 일상생활을 방해할 정도로 심각하거나 빈번하다면 전문가의 도움을 구해야 한다.

일반적으로 전문가라면 누군가가 도무지 사라지지 않는 극심한 두려움과 걱정에 사로잡혀 있을 때 불안장애라고 진단을 내릴 것이다. 불안장애는 피로, 수면장애, 두통이나 복통과 같은 신체적 긴장을 자주 동반한다. 초기 성인기에 보이는 가장 흔한 형태의 불안은 범불안장애(불안을 통제하기 어렵고 한 주제에서 다른 주제로 쉽게 이동하는 잦은 걱정이나 초조함을 느끼는 증상)와 **사회불안장애**(다른 사람들과 상호작용하거나 다른 사람들 앞에서 행동하는 것에 대한 극심한 두려움을 느끼는 증상, 부정적으로 평가받거나 난처한 일을 하는 것에 대한 걱정을 동반할 때도 있음) 그리고 **공황발작**(주로 식은땀과 심장 두근거림을 동반하는 갑작스러운 공포의 감정)이 있다.

섭식장애 신체적 매력을 높이 평가하는 미국과 같은 사회에서 수많은 초기 성인들이 자기 몸에 불만을 느끼고 식이요법이나 운동을 통해 체중을 조절하려고 애쓰는 현상은 놀라운 일이 아니다. 그러나 이러한 관심이 비정상적인 집착으로 변해 음식이나 체중 감량이 일상생활을 지배하거나 방해하는 지경에 이른다면 치료를 받아야 할 수도 있다.

섭식장애에는 네 가지 주요 유형이 있다. 거식증은 너무 적게 먹어서 위험할 정도로 야위었는데도 위험을 인식하지 못하는 것이 특징이다. 폭식증은 잦은 폭식, 즉 짧은 시간에 많은 양의 음식을 섭취한 다음 자발적인 구토나 단식 또는 강박적인 운동과 같은 활동으로 이를 상쇄하려는 것이 특징이다. 폭식장애는 폭식증처럼 반복적으로 폭식하지만 이를 상쇄하는 행위는 하지 않으며, 이는 자주 폭식에 대한 죄책감과 수치심으로 이어지기도 한다. 건강식품 탐욕증(오소렉시아)은 아직 정식으로 섭식장애로 분류되지는 않았지만 많은 의사들은 이를 하나의 섭식장애로 여긴다. 건강식품 탐욕증은 건강한 식사에 지나치게 집착해서 정상적인 일상생활을 방해한다. 건강식품 탐욕증이 있는 사람은 자신이 먹는 것에 너무 몰두한 나머지 강박적으로 식품의 영양 성분을 확인하고 곧 있을 친목 모임에서 먹을지도 모르는 음식에 대해 걱정하느라 많은 시간을 보낼 수 있다. 이런 사람은 자신이 먹도록 '허락되지 않은' 음식을 먹고 싶지 않아서 다른 사람과 어울리지 않으려 할 수도 있다.

ADHD(주의력결핍 과잉행동장애) 사람들은 모두 안절부절못하거나 집중하기 어려울 때가 있다. 그러나 그런 일들이 너무 자주 발생해서 일상생활에 지장을 주거나 학업이나 일에 방해가 된다면 성인 ADHD의 증상일 수 있다. ADHD는 대체로 어린 시절에 나타났다가 나이가 들면서 없어지는 경우가 많지만, 어린 시절에 ADHD를 진단받았던 초기 성인들이 계속해서 그러한 문제를 갖고 있는 경우도 많다. 어린 시절의 경우에서처럼 성인 ADHD도 주의력결핍이나 충동조절장애 또는 두 가지 문제가 모두 나타날 수도 있다. 주의력 문제는 건망증, 부주의한 실수, 장시간 집중하는 활동 회피, 쉽사리 산만해지는 것 등으로 이어진다. 성인의 경우 이러한 증상들이 마감 기한을 놓치거나 무질서하거나 시간 관리를 잘 못하거나 계획을 잊는 것 등으로 나타나기도 한다. 충동조절 문제는 성인보다는 주로 어린이한테 훨씬 흔하게 나타나며, 극도로 불안해하거나 안절부절못하고, 화를 조절하기 어렵고, 감정 기복이 심하고, 불만을 참기 힘들어하는 것으로 나타난다.

약물 남용 약물 남용은 심각성의 정도로 범위를 나눌 수 있다. 약물 남용(삶의 한 가지 이상의 측면에 부정적으로 영향을 미치는 방식으로 약물을 사용하는 상태)에서부터 **약물 의존**(똑같은 기분을 느끼기 위해 사용하는 약물의 양을 점차 늘려야 하고, 그에 따라 사용을 중단하거나 줄이기도 어려워진 상태)과 중독(약물에 대한 필요성이 너무 강력해서 생명을 장악하는 상태)에 이르기까지 다양하다. 알코올, 니코틴, 마리화나, 코카인, 각성제, 환각제, 진정제, 오피오이드(아편양 제제)를 포함한 모든 약물은 남용될 가능성이 있다. 술이나 담배는 성인이 구매할 수 있는 합법적인 것이고 광고와 미디어를 통해 활발하게 홍보되고 있다. 다만 이러한 합법 약물을 남용하는 것은 불법 약물 남용으로 이어질 수 있기에 특히 치명적이다.

미국에서 21세 미만의 사람들이 이러한 약물을 구매하는 것은 불법이지만, 조사에 의하면 대부분의 고등학생이 술을 마시고 거의 절반 정도의 학생들은 마리화나와 니코틴을 사용한다고 한다(주로 전자 담배를 통해서). 약물 사용이 청소년기에 증가하는 경향이 있다는 사실을 고려할 때, 동일한 여러 약물을 초기 성인이 사용한다는 사실은 새삼스러운 일도 아니다. 다른 약물(주로 '중독성 마약'으로 지칭되는 약물)들은 모든 연령의 사람들에게 불법이다.

약물 남용이 문제가 되는 이유는 이러한 약물이 뇌와 심장과 폐뿐만 아니라 다른 신체 기관에 직접적으로 영향을 끼치며, 사용자의 생명과 그 주변 사람들은 물론 사회에도 영향을 끼치기 때문이다. 약물 사용은 치명적인 자동차 사고 원인의 거의 절반을 차지하고, 재산 관련 범죄와 폭력 범죄(강간과 성폭행 포함)의 원인이 되며 가정 폭력, 학업 부진, 실직, 노숙 등 모든 종류의 불행을 유발하는 원인이 된다.

시험 삼아 마약을 해보거나 심지어 주기적으로 마약을 하는 모든 사람이 약물 남용자나 중독자가 되는 것은 아니다. 문제는 어떤 사용자가 남용자가 될지 그리고 어떤 남용자가 중독자가 될지 아무도 미리 알 수 없다는 사실이다.

자녀에게서 이러한 장애의 구체적인 증상을 찾기보다는 정신적인 고통에 대한 더 일반적인 징후를 살펴보는 것이 좋다. 일반적인 징후란 사회적 위축, 에너지 감소, 예전에 관심을 느꼈던 활동에 흥미 상실, 수면 문제(너무 많이 자거나 너무 적게 잠), 인지장애(기억력이 저하되거나 두뇌가 잘 돌아가지 않거나 집중하기 어려움), 비정상적인 식습관(지나친 소식이나 과식), 초조, 학교나 직장에서 책임을 다하지 못하는 것, 단정하지 못한 외모, 불성실함 등을 말한다. 이것들 중 어느 한 부분에라도 주목할 만한 변화가 있는지, 특히 2주 넘게 변화가 지속되었는지 생각해보라. 자녀와 함께 살거나 서로 자주 만나는 사이라면 변화를 알아채기가 더 쉽겠지만, 전화 통화를 하거나 잠깐 만나는 것만으로도 뭔가를 숨긴다거나 자주 깜빡한다거나 직장이나 인간관계에서 자주 문제가 생기거나 경찰과 엮이는 등 어떤 신호를 포착할 수 있다.

심리치료가 필요하다면

정신 건강 문제는 빠르게 진단하고 치료할수록 통제할 수 있는 가능성이 더 커진다. 이것은 스트레스로부터 사람들을 더욱 취약하게 만드는 신경 가소성이, 치료에도 마찬가지로 더욱 빨리 반응하도록 만들 가능성이 있는 초기 성인기에 특히 그렇다.

성인 자녀의 행동이 적어도 지난 2주 동안 현저히 변화하고 있다는 사실을 알아차린다면 관찰한 결과를 사려 깊고 비판적이지 않은 방식으로 자녀에게 전하며 무슨 일이 있는지 물어보라. 당신이 걱정하고 있다는 점을 강조하면서 부드럽고 동정 어린 방식으로 말을 꺼내야 한다.

"요즘 평소보다 훨씬 더 오래 자는 것 같은데, 괜찮은 거니?"

"네가 요즘 너답지 않아 보이는구나. 누군가에게 털어놓는 게 낫지 않겠니? 지난 몇 주 동안 약간 짜증을 내는 것 같았거든. 회사 일은 잘 되어가니?"

"최근에 네가 한밤중에 일어나 서성거리는 소리를 여러 번 들었단다. 잠 못 드는 이유가 뭐니? 뭔가 걱정되는 거라도 있니? 내가 불면증이었을 때 그랬거든."

성인 자녀의 정신 건강 문제가 심각하다고 생각하는가? 이때 어려운 일은 치료를 받으라고 자녀를 설득하는 일이다. 정신 건강 문제를 지닌 많은 사람은 다른 사람에게는 물론 자신에게까지 그 사실을 부정하거나 최소화하려고 한다. 문제를 부정하지 않는 사람들도 있지만 맞서 해결하는 것을 불편해하거나 두려워하는 사람도 있다. 우리 사회는 여전히 정신 질환에 낙인을 찍는다. 발목이 삐거나 목이 따끔거릴 때는 망설이지 않고 치료를 받지만 불안이나 우울증 때문에 병원을 찾는 일은 주저할 수도 있다. 가족과 다른 사람들이 어떤 반응을 보일지 걱정되기 때문이다.

정신 건강 분야가 많이 발전했지만, 정신 건강 문제가 도덕적 결함이 아니라 심장병이나 관절염이나 암과 같은 신체적 질병이라는 인식을 대중화하는 것은 쉽지 않았다. 정신 질환의 발병이 잘못된 선택의 결과임을 의미하지는 않는다. 섭식장애가 있다고 그 사람을 비난하는 것은 관절염이 있다고 그 사람을 비난하는 것과 같다.

도움 받기를 꺼리는 것 자체가 정신 질환의 증상인 사람들이 있다. 우울증은 치료에 필요한 자발성을 포함한 동기부여 자체를 상실시킨다. 사회불안장애가 있는 사람은 전문 상담사와 이야기하는 것 자체를 걱정할 수도 있다. 진료 예약을 위해 전화를 건다는 생각만으로도 공포에 휩싸인다. 거식증이 위험한 단계까지 진행된 사람은 자신의 신체를 왜곡해서 인식하기 때문에, 친구나 가족들은 그가 쇠약해지고 있다는 것을 분명히 알 수 있지만 정작 자신은 무엇이 잘못되었는지 깨닫지 못한다. 약물에 중독된 사람은 자신이 사용하는 약물이 문제가 되지 않는다거나 언제든 원하면 그만둘 수 있다고 스스로를 납득시켰을 수도 있고, 단지 어려운 시기를 버티기 위해 잠깐 사용하는 것이라고 믿고 있을 수도 있다.

때때로 사람들은 자신을 도울 방법이 아무것도 없다고 확신하기 때문에 치료를 원하지 않는다. 당신의 자녀는 초기 성인들 사이에서 흔하게 발생하는 정신 건강 문제에 대해 효과적이면서도 과학적으로 입증된 치료법이 있다는 사실을 알아야 한다. 그러나 치료에는 시간이 걸릴 수 있다. 사람에 따라 효과적인 치료법이 다를 수 있기 때문이다 (이는 약물 치료에 해당되는 경우가 많다). 의사는 환자에게 맞는 효과적인 치료법을 찾기 위해 몇 가지 약물을 따로 혹은 섞어서 처방하거나 심리

치료를 병행한다. 만약 자녀가 "아무런 효과가 없어요."라고 말한다면 시간이 걸리지만 반드시 효과가 있다고 안심시켜야 한다.

초기 성인은 이전에 치료받았던 정신 건강 문제를 다시 겪게 되기도 한다. 만약 자녀가 "문제가 재발한 것을 보니 치료될 수 없는 것 같아요."라고 말한다면 우울증이나 약물 남용처럼 과거에 성공적으로 치료되었던 문제들도 스트레스를 받으면 재발할 수 있다고 설명해주어라. 다른 육체적 질병과 마찬가지로 여러 정신적 질환 역시 만성적이다. 이러한 것들은 오랜 기간 관리되어야 하며 약물 치료와 정기적인 검사를 받아야 하는 경우가 많다. 제2형 당뇨병이나 고혈압처럼, 만성 우울증도 성공적으로 관리할 수 있다.

사람들이 치료를 받지 않는 또 다른 이유는 아픈 것은 인지하나 낫겠다는 의지가 강하지 않기 때문이다. 그러한 사람들에게 이런 상황은 고치기 어려운 습관이 된다. 이를 약물 남용과 관련지어 생각하는 것이 가장 이해하기 쉽다. 약물 남용자는 약물이 주는 쾌락을 맛보기 위해 약물을 사용하지만, 다른 정신 질환은 아무리 고통스럽더라도 다른 부분에서 그 나름대로 위안이 되는 안정감이나 피난처를 찾을 수 있기 때문이다.

나의 어머니는 만성적인 우울증에 시달리면서도 치료받기를 꺼렸다. 그녀가 예순 즈음이던 어느 늦은 밤, 진지하게 대화를 했는데 정신과 의사를 만나 항우울제를 처방받게 하려고 설득하는 나의 온갖 시도를 어머니는 거부했다. 나는 너무 화가 나서 결국 이렇게 내뱉었다.

"엄마는 벗어나려 하지 않고 오히려 더 우울해하고 싶어 하는 게 문제예요."

어머니는 기다렸다는 듯이 동의했다. 그녀에게 우울증은 일상적인 상태였고, 이미 친숙해져버린 우울함이 위안을 주는 것처럼 느꼈던 것이다.

정신 질환이 있는 많은 사람이 나의 어머니와 같은 감정을 느낀다. 그들은 끊임없이 걱정하지 않거나 자신의 체중에 몰두하지 않거나 마약에 취하기를 원하지 않는 상태에서 무언가를 기대한다는 것이 어떤 기분인지 상상하지 못한다. 행복하고 고요하고 만족스럽고 정신이 말짱하다는 것이 어떤 느낌인지 너무 오랫동안 잊고 있었던 것이다. 미지의 것에 대한 두려움이 너무 강력하기 때문에 병을 낫게 하기보다는 병을 유지하는 편이 더 낫다고 생각한다.

독립한 성인 자녀에게 정신 질환의 징후가 있는데도 정상적인 생활을 하기 어렵다는 사실을 스스로 인정하지 않는 경우라면 특히 알기 어렵다. 자녀가 당신과 함께 산다고 해도 당신이나 자녀 중 한 사람 또는 두 사람 모두 일이나 다른 약속으로 바쁘거나, 당신과 함께 있을 때 자녀가 병의 징후를 숨긴다면 문제를 알아채기 어려울 수 있다. 만약 자녀가 매일 밤 잠들기 위해 보드카를 마신다면, 당신은 그 문제를 눈치채지 못할 수도 있다. 만약 당신이 일 때문에 아침 일찍 집을 나서야 한다면, 자녀가 너무 우울한 나머지 정오 이전에는 침대에서 벗어나지 못하는 날들이 이어지고 있다는 사실을 모를 수도 있다. 만약 자녀가 요통을 오피오이드로 비밀리에 치료해왔다거나 직장에서 해야 하는 발표에 불안을 느껴 자낙스나 발륨과 같은 신경안정제를 복용하고 있다면, 자녀가 중독으로 가고 있을지도 모른다는 사실을 당신이나 자녀 스스로도 깨닫지 못할 수 있다.

심각한 문제가 의심된다면 신속하게 행동하는 것이 중요하다. 당신이 정신 건강 문제를 진단하고 치료하는 훈련을 받은 상태가 아니라면 개입하기 전에 자녀가 정신장애의 기준에 부합하는지 단정짓지 마라. 자녀의 삶이 어떤 종류의 정신 건강 문제로 부정적인 영향을 받는 상태로 보인다는 것, 그게 바로 핵심이다. 당신이 2주 동안 밤낮으로 기침을 한다면 감기에 걸린 것인지 아니면 기관지염이나 알레르기 또는 심장병이나 폐암에 걸린 것인지 알아내기 위해 진료받는 것을 미루지는 않을 것이다.

정신 질환이 있는 자녀는 부모와 스스로 거리를 두기도 한다. 우울증이나 약물 남용의 경우처럼 다른 사람에게서 멀어지는 증상을 보인다. 지원이 필요한 자녀가 지원을 제공할 수 있는 사람들로부터 멀어지려는 이유가 있는데 그중 하나는 부모에게 걱정을 끼친 것 같아 죄책감을 느끼기 때문이다. 부모가 자신을 돕는 데 시간이나 에너지를 쓰는 것이 싫어서 관계를 포기한다. 그런가 하면 심리적인 문제의 징후를 보이면 부모에게 더 의존하는 것처럼 보일까 걱정하는 사람들이 있는데, 자신의 자율성을 확립하고자 애쓰는 초기 성인이라면 충분히 할 법한 우려다. 어떤 사람들은 그것이 사실이든 아니든 부모가 자신의 고통을 유발했거나 고통에 기여했다고 믿기 때문에 화가 날 수도 있다. 만약 당신의 자녀가 이러한 이유 중 어느 이유로든 멀어진다면, 자녀가 감정적 여유를 가질 수 있도록 적당한 거리를 두고, 다시 교류할 준비가 된다면 언제든 곁에 있을 거라는 사실을 알려줘야 한다.

평소 우려하고 있던 이야기를 자녀에게 꺼냈지만 자녀가 그것을 부인한다면 자녀의 행동이 당신에게 어떻게 영향을 끼치는지에 초점을 맞춰야 한다. 자녀에게 죄책감을 주기 위해서가 아니라 당신의 걱정과 애정을 전달할 수 있는 말을 건네라.

"네가 술을 많이 마시고 운전을 할까 봐 걱정이 돼서 잠을 잘 수가 없구나."

"내가 다른 사람들한테 쉽게 공감하는 사람이라는 건 너도 알잖니. 네가 불안해하니 나도 불안해지는 것 같구나."

"네가 그렇게 우울해하니 나도 너무 슬프다."

"네가 너무 야위어지니까 두려워진다."

진심에서 우러난 부모의 말을 듣고 자녀는 도움을 받아볼까 하는 마음이 생길 수도 있다. 자녀가 아직 부모가 되지 않았다고 해도 당신이 자녀에 대해 이렇게 걱정하는 것이 어떤 느낌일지 상상할 수 있는 나이는 되었다.

자녀가 겪고 있다고 생각되는 어려움에 대해 자녀와 대화하거나 치료법을 찾도록 도와주고 싶을 것이다. 다만, 자녀가 미성년자가 아니기 때문에 논의하는 것 외에 당신이 해줄 수 있는 것에는 한계가 있다. 일단 법적으로 성인이 된 자녀가 도움을 원하지 않는다면 자녀나 그 외의 누군가가 급박한 위험(예를 들어 자녀가 자살을 하겠다거나 다른 누군가를 해치겠다고 위협하는 경우)에 처한 응급 상황이 아닌 이상 당신이 할 수 있는 일은 많지 않다. 우리는 치명적인 약물을 구하기 쉬운 세상에 살고 있으며 당신은 자녀가 그것들을 구할 수 있는지의 여부도 알기 어렵다. 자녀의 생명이 또는 누군가의 생명이 위태로운 순간에 과민반응하는 건 아닐까 걱정하는 마음은 접어두어라.

자녀에게 긴급한 조치까지는 아니어도 전문적인 주의가 필요하다고 생각한다면 몇 가지 방법 중 하나를 선택할 수 있다. 자녀가 대학교에 다니는 중이라면 초기 성인을 치료하도록 훈련받은 전문 직원이 있는 대학상담센터에 연락해보기를 권한다. 많은 대학 내 상담센터가 최근 몇 년간 청년들 사이에서 급격히 늘어난 정신 질환 때문에 업무가 많아졌지만 대기자 명단을 확인하면서 누구에게 긴급한 치료가 필요한지를 살펴보고 있다. 이것이 사실이라면 그들이 알아서 할 것이다.

자녀가 학교에 다니지 않고 치료에 관심이 있다면 의사에게 상담을 해보라고 제안하라. 만약 당신에게 정신 건강 분야에서 일하는 친구가 있다면 그에게 조언을 구하라고 자녀에게 제안할 수도 있다. 그러나 이해관계의 잠재적인 갈등이나 비밀 유지에 관한 우려 때문에 가족의 친구에게 치료를 받는 것은 좋은 생각이 아니다.

당신은 또한 자녀가 치료법을 알아보는 데 도움을 줄 수 있다. 실제로 거의 모든 정신 건강 문제, 특히 중독, 거식증, 자살과 같이 긴급하게 개입해야 하는 문제에 관해서는 숙련된 의사들이 직원으로 있는 전국적인 직통전화 서비스가 있으며, 인터넷에서 번호를 쉽게 찾을 수 있다. 덜 긴급한 문제의 경우, 특정 정신 건강 문제에 특화된 전문 기관의 연락처를 온라인에서 쉽게 찾을 수 있다. 무엇보다 공인된 자격을 갖춘 기관인지 확인해야 한다.

당신이 자녀를 도와주는 것과 자녀가 직접 도움을 받도록 돕는 것에는 차이가 있다. 자녀에게 아낌없이 지원하며 보호를 해주고 싶겠지만, 자녀가 당신의 도움 없이 제대로 지낼 수 없는 정도가 아니라면 자녀가 직접 도움 받을 수 있도록 놔둬야 한다. 만약 당신이 정신분석의에게 전화를 걸어서 스물일곱 살인 당신의 딸이 우울해 보인다고 얘기를 하면 정신분석의는 그녀에게 자살 시도의 위험이 있는지 판단하기 위해 몇 가지 질문을 할 것이고, 만약 위험이 있다면 즉시 구조 요청을 하라고 말할 것이다. 그러나 자녀의 허락 없이 진료 예약을 잡을 수는 없을 것이다. 만약 그가 당신이 설명한 문제를 치료할 자격이 있다면 자녀가 직접 전화를 걸도록 당신에게 권할 것이다. 아니면 자녀를 치료할 수 있는 다른 의사를 추천할 수도 있다. 자녀가 자신의 치료에 적극적이어야 치료도 성공한다.

당신은 자녀의 상황 때문에 극도로 고통스러워서 그 정신분석의에게 도움을 구할 수 있다. 하지만 그가 가족 치료법을 제시하는 것뿐 아니라 당신의 자녀를 환자로 맡고 싶어 할 거라고 기대하지는 마라(3장의 '부모의 정신 건강도 중요하다' 편을 보라). 이러한 경우에도 자녀에게 참여를 강요할 수는 없다.

자녀의 나이를 고려할 때, 당신이 치료에 직접 관여할 가능성은 낮다. 드물지만 자녀의 동의를 얻었다면 심리치료사가 당신을 만나고 싶어 할 수도 있다. 만약 자녀가 중독 재활센터와 같은 입원 시설에 들어갔다면 자녀와의 만남이 제한될 수도 있다. 이러한 제한 조치를 자녀의 중독 원인이 당신이라거나 당신과의 만남이 자녀를 더 위태롭게 한다는 신호로 해석하지 않길 바란다. 많은 재활센터가 효과가 입증된 매우 체계적인 환경을 갖추고 있다. 이 환경을 유지하기 위해 시설에 들어간 후 몇 주나 몇 달 동안 가족이나 친구들의 방문을 엄격히 제한하는 것이다.

마지막으로 비밀 유지에 대해 한마디 하겠다. 당신은 자녀의 행복에 관심이 있다. 당신은 자녀의 정신 건강 문제에 전문적인 치료가 필요하기 때문에 걱정한다. 당신은 자녀가 도움을 구하도록 격려했고 적절한 의사를 찾을 수 있도록 도왔다. 아마도 당신의 건강보험으로 자녀의 치료비 전부 또는 일부를 지불하고 있을 것이다. 보험이 적용되지 않는 일부 비용을 내주겠다고 했을지도 모른다.

그러나 일단 치료가 시작되면 자녀가 담당의와 논의하는 것은 전적으로 그 둘 사이의 일이다. 자녀가 치료법에 대해 당신과 논의하고 싶을 수도 있지만, 결정권은 자녀에게 있다. 당신은 그 시간 동안 무슨 일이 일어나는지 또는 치료가 어떻게 진행되고 있는지 물어서는 안 된다. 치료의 진행 상황을 알기 위해 담당의에게 전화해서도 안 된다(어쨌거나 그들은 당신에게 말해줄 수 없다). 만약 담당의가 당신이 치료에 참여하는 편이 도움되리라 판단한다면, 당신과 함께하도록 자녀를 설득할 것이다. 그렇게 할지 말지는 온전히 자녀가 선택할 일이다.

비밀 유지 원칙을 따르지 않아도 되는 예외적인 기관도 있는데, 바로 대학이나 대학상담센터다. 이곳은 자녀의 구체적인 정보는 숨긴 채 캠퍼스 내 서비스의 이용이 가능한지 물으면 기꺼이 답을 해준다. 이는 최근에 대학을 다니기 시작했거나 새 학교로 편입한 자녀를 둔 부모에게 도움이 될 수 있다. 만약 부모가 다양한 문제에 대해 어디에서 어떤 지원을 받을 수 있는지 궁금해한다면 말이다. 대학생 자녀가 기숙사 사감이나 학생보건센터에 문의해 직접 알아보도록 격려하는 것이 가장 좋다.

캠퍼스에서 어떤 서비스를 이용할 수 있는지 알아내는 방법을 자녀가 잘 모르는 경우도 있다. 이때 부모는 상담이나 개인 지도나 의료에 대해 누구에게 물어보면 좋을지 제안할 수 있다. 규모가 큰 대학은 절차가 복잡해서, 이제 막 캠퍼스 생활을 시작한 자녀가 그것들을 파악하기에는 역부족일 수 있다.

자녀가 대학에 갓 입학했고 아직 미성년자라면, 자녀가 성인이 되면서 겪을 수 있는 어려움에 대해 심리치료사가 부모와 논의하고 싶어 하는 경우도 있다. 물론 학생이 동의하는 한 가능하며, 부모에게 병력이나 가족력 등을 묻는 것이 왜 도움이 되는지에 대해 심리치료사가 학생에게 잘 설명할 것이다. 만약 초기 성인인 자녀가 상담이 필요한 상태임을 당신이 알게 되었다면(아마 자녀의 친구가 당신에게 전화해서 그의 정신 건강이 걱정된다고 말했을 것이다), 당신은 언제든 학교의 상담센터에 전화해서 알려야 한다. 당신이 요청하면 그들이 후속 조치를 취할 것이다.

대학은 어떤 학생이 자신이나 누군가에게 해를 가할 위험이 있다고 여겨지면 당사자 부모에게 그 사실을 알릴 법적인 의무가 있다. 대부분의 학교는 학생에게 정보공개허가서에 서명할 선택권을 주는데, 허가서에는 학교가 학생의 부모에게 연락할 수 있는 조건이 명시되어 있다. 자녀에게 정보공개허가서에 서명하도록 하는 것이 좋다. 비록 자녀가 법적으로는 성인이지만 여전히 부모의 개입과 지원을 통해 혜택을 받을 것이라고 설명해주어라. 학교가 당신에게 더욱 쉽게 연락을 취할 수 있도록 하는 것이 모두에게 더 좋다.

부모의 정신 건강도 중요하다

성인 초기에 들어선 자녀를 둔 많은 부모가 자녀의 문제를 알게 되면 중압감에 시달리며 자신도 전문적인 도움이 필요하다는 사실을 깨닫게 된다. 이러한 중압감은 불안에서부터 무력감과 우울 그리고 그 이상의 증상에 이르기까지 다양한 형태로 나타난다.

수전 또한 그랬다. 그녀는 두 자녀의 결혼 생활이 동시에 망가지는 상황을 지켜보았다. 아들 제러미는 스물일곱 살 때 베스와 결혼했다. 베스는 여섯 살 된 아들을 둔, 제러미보다 연상의 여자다. 제러미의 부모는 그 결혼이 탐탁지 않았다. 베스는 마음에 들지만 제러미가 아버지가 되기에는 너무 어리다고 생각했기 때문이다. 제러미와 베스가 결혼하기 전에, 수전은 제러미에게 책임을 질 준비가 되었는지 물었다. 음반제작자로서의 생활이 사실 순조롭게 진행되지 않고 있었는데 아버지 역할을 하느라 제러미의 일이 훨씬 더 지체될 것이 걱정되었다. 제러미는 베스를 사랑하고 있고 그녀의 아들을 키우는 것도 기대된다고 말했다. 베스와 사귀는 동안 그녀의 아들과 무척 친해졌다고도 했다.

그 무렵 베스의 전 남편이 결혼 사실을 알게 되었고 그들의 삶을 비참하게 만들기 시작했다. 그는 공동양육권 협의를 취소하고 아들의 단독양육권을 얻기 위해 소송을 걸었다. 베스에게 반복적으로 전화를 걸어 괴롭혔고 제러미의 집 앞에 테슬라 차를 세워놓고 몇 시간이고 집을 응시하곤 했다. 또한 음반업계에서 제러미의 평판을 훼손하기 위해 소셜미디어에 제러미에 대한 안 좋은 글을 올렸다.

이러한 상황으로 인해 제러미는 정신적인 부분뿐 아니라 일에도 영향을 받았고 법적 분쟁이 그의 빈약한 통장 잔액을 축내는 상황을 가까스로 버티다가, 결혼 생활을 더 이상 지속할 수 없다는 생각에 이르렀다. 그들은 마지못해 헤어졌고 6개월 후 이혼했으며 베스의 어린 아들은 슬퍼했다.

"죄책감 느낄 필요 없어."

제러미의 부모님은 이혼이 확정된 다음 날 저녁 식사 자리에 온 제러미에게 말했다.

"그 소름 끼치는 녀석은 너의 삶을 엉망으로 만들고, 너의 결혼 생활을 파괴하고, 네가 좋은 의붓아버지가 되는 것을 방해하기로 작정한 거야. 그 바람대로 이루어진 거지. 그건 어쩔 수 없는 상황이었고, 베스도 이해한다고 말했잖니. 게다가 그 모든 상황이 네 경력을 망칠 게 뻔했어. 그 녀석은 그걸 바랐겠지."

제러미는 식사 자리에서 일어나 욕실로 들어갔다.

"이게 최선일 거예요."

수전은 남편에게 말했다. 제러미가 돌아왔을 때 그가 울었다는 것을 분명히 알 수 있었다. 결혼을 끝내야 한다는 수전의 말이 맞을지는 모르지만, 아들이 그렇게 비통해하는 것을 보니 마음이 쓰려왔다.

수전은 딸 릴리의 결혼 생활 역시 끝났다는 사실을 전혀 알지 못했다. 서른 살인 릴리가 남편 블레이크에게 사랑하는 사람이 생겼다는 말을 들은 것은 결혼한 지 3년이 된 시점이었다. 릴리는 처음에는 황당했고 블레이크가 지난 1년 동안 다른 남자와 바람을 피웠다는 사실을 알았을 때 마음이 갈기갈기 찢어지는 것 같았다.

만약 남편이 다른 여자와 바람을 피우고 있었다면, 릴리는 결혼 생활을 잘 가꿔나가기 위해 기꺼이 커플 상담을 시도했을 것이다. 릴리의 친구가 남편의 외도 문제로 부부 상담을 했는데 결국 결혼 생활을 구원받은 데다가 심지어 더 돈독한 사이가 되었던 것이다. 그러나 릴리는 육체적으로 자신에게 매력을 못 느끼는, 그리고 아마도 앞으로도 절대 못 느낄 사람과 결혼 생활을 지속할 수는 없었다. 그녀는 남편에게 이혼하자고 했고 그도 동의했다.

릴리와 블레이크에게는 두 명의 어린 딸이 있었는데, 유아와 갓난 아기였다. 둘 중 누구도 돈을 많이 버는 직업을 갖고 있지 않았고, 두 명의 아이를 제대로 보살필 여유가 없었다. 그들은 번갈아 가며 누군가 항상 집에 있도록 업무 일정을 조정해서 공동으로 육아를 해왔었다. 그들은 이제 어떻게 해야 할까?

릴리와 두 딸은 새 집을 얻는 동안 잠깐 그녀의 부모님 집에 들어갔다. 수전은 릴리가 일하는 동안 두 딸을 돌보았다. 릴리는 부모님의 도움을 받으며 전업 베이비시터를 고용했다.

수전은 두 자녀의 이혼을 동시에 감당하려니 상당히 부담스러웠다. 자녀 둘은 모두 우울해했고, 그로 인해 그녀도 같이 우울해지는 것 같았다. 그녀는 이전에 상당 기간 우울증을 겪었었는데 현재의 스트레스는 새로운 증세를 촉발했다. 그래서 예전에 항우울제를 처방하고 상담을 해줬던, 오래 알고 있는 정신과의사를 만나기로 결정했다. 두 달간 치료를 받자 수전은 항우울제가 문제를 해결하기에 충분한 것 같은 생각이 들었다. 이전에 여러 번의 병치레를 통해 마침내 약이 효과를 보기 시작했을 때 어떤 느낌인지 알고 있었다. 약을 계속 복용하면서 몇 달에 한 번씩 정신과의사와 전화로 괜찮은지 확인했다. 우울증은 1년쯤 지나자 가라앉았다. 그 직후에 제러미와 릴리는 각각 재혼했고, 수전의 생활도 적어도 당분간은 정상으로 돌아왔다.

수전은 제러미나 릴리의 결혼 문제를 막기 위해 자신이 할 수 있는 일이 없다는 것을 알고 있었다. 그러나 문제를 알고 있다고 해서 그것을 감당하는 일이 더 수월해지지는 않았다. 옛말에 부모는 가장 불행한 자녀가 행복한 만큼만 행복할 수 있다는 말도 있지 않은가.

만약 당신이 자녀가 겪는 문제로 힘든 시기를 보내며 정신 건강이 2주 이상 위태롭다면 상담사나 정신과의사를 찾아가길 바란다. 과거에 상담이나 진료를 받은 적이 없다면 주치의, 친구, 동료 들에게 추천을 받아도 좋다.

누군가가 당신에게 상담을 받아보라고 말한다면 당황하지 않기를 바란다. 우리 대부분은 삶에 치여서, 문제를 다루기 어려운 지경에 이르기까지 도움을 구하지 않은 채 놔두는 경향이 있다. 심리적인 문제는 해결하지 않고 오래 방치할수록 치료하기가 더 어려워진다.

만약 당신이 자녀와의 관계 때문에 정신적으로 고통을 겪고 있다면, 고통을 없애기 위한 첫걸음은 둘이 관계에 대해 정직하고 열린 대화를 하고 관계를 개선하기 위해 각자가 할 수 있는 일이 무엇인지를 알아보는 것이다. 방어적으로 대하거나 비난하지 말고 자녀의 말을 끝까지 듣도록 최선을 다하며 당신 말을 들을 때도 똑같은 태도로 들어달라고 요청하라(2장의 '갈등이 상처가 되지 않도록' 편을 보라). 두 사람의 관계를 정상으로 되돌리기 위해서는 여러 번의 대화가 필요하고 몇 주가 걸릴 수도 있다. 하룻밤 사이에 상황이 바뀌리라고 기대하는 것은 비현실적이다. 꿋꿋이 버텨야 한다.

몇 번이나 대화했는데도 상황이 나아지지 않는다면 두 사람이 같이 상담사를 만나볼 것을 제안하라. 첫 번째 상담을 하고 나면 가족상담사는 둘을 각각 따로 만난 다음, 갈등의 근본 원인을 탐구해서 그것을 푸는 데 효과적인 일련의 공동 상담을 시작한다. 상담사는 문제의 성격에 따라 당신의 파트너 또는 자녀의 파트너 등 또 다른 가족 구성원이 함께할 것을 제안할 수 있다.

과거 당신의 주치의나 상담사 또는 친구나 동료에게 가족상담사를 추천해달라고 요청할 때는, 가족 치료 훈련을 받은 사람에게 상담받고 싶다고 분명하게 알려주어라. 모든 상담사가 가족 치료 훈련을 받은 것은 아니기 때문이다.

관계가 멀어질까 걱정된다면

부모의 정신 건강에 가장 끔찍한 위협이 되는 일 중 하나는 자녀와 연이 끊기는 것이다. 만약 당신이 자녀와의 의견 차이 때문에 멀어질 것 같아 걱정이라면 그런 일은 당신 생각보다 훨씬 덜 빈번하게 일어난다고 확신해도 된다.

최근 뉴스를 보거나 서점에 가보면 부모와의 갈등과 소통의 단절, 거리 두기, 손절 등이 유행인 것처럼 보인다. 그러나 기사나 책을 세세하게 읽고 이 책을 쓰면서 내가 했던 것처럼 저명한 학술지에 게재된 과학적 연구를 깊이 파고든다면 생각이 바뀔 것이다.

나는 '절연한' 자녀들을 '기꺼이 부모님과의 모든 연락을 끊은' 사람으로 생각했었다. 그리고 관계가 와해된 지점이 상당히 오래전일 것이라고 생각했다. 사실 '절연 혹은 단절(estrangement)'을 어떻게 정의할지에 대해서는 사회적으로 합의된 적이 없다. 나는 이 용어가 주변에서 아무렇지도 않게 사용되는 것에 놀랐으며, 이제는 왜 일부 언론이 이 상황이 점점 늘어나고 있다고 했는지 이해한다.

그런데 이렇게 특징 짓는 것은 오해의 여지가 있다. 일부 연구에서는 정기적으로 만나는 사이지만 갈등을 겪거나 감정적으로 거리가 있는 부모와 자녀 사이를 '절연한' 관계라고 칭한다. 몇 년이 아니라 몇 달 동안 서로를 보지 않는 부모와 자녀를 '절연한' 관계에 포함하는 연구도 있다. 일부 학자는 부모와 자녀가 서면이나 전화로 의사소통하더라도 물리적으로 서로를 보지 않는다면 '절연한' 관계라고 묘사한다. 부모가 사망한 지 오래되었는데(짐작건대 연락이 끊긴 상태에서) 자녀가 부모와 자신의 관계를 소원한 상태라고 말하는 연구도 접했다. 자녀가 이런 식으로 느끼는지 부모가 몰랐을 때조차 그 가족을 '절연한' 가족이라고 보는, 전적으로 아동 보고서에 기초하는 연구들도 있다(부모를 대상으로 조사한 연구는 자녀들을 조사한 결과보다 단절의 비율이 훨씬 낮은 것을 알 수 있다).

솔직히 가족 관계의 단절에 관한 연구는 활발하게 이뤄지지 않으며 언론에 제대로 보도되지도 않는다. 나는 미국의 성인 자녀 4분의 1 이상이 부모와 연을 끊고 있다고 추정하며, 널리 인용되고 있는 보고서가 지극히 사실을 과장하고 있다는 것을 알아냈다. 이 수치는 형제

자매와 조부모를 포함해서 가족과 소원해진 사람 모두 포함하고 있기 때문이다. 부모와 소원해진 사람들만 헤아린다면 이 숫자는 절반에도 훨씬 못 미치는 데다가, 심지어 이 숫자는 부모와 정기적으로 연락은 하고 있지만 사이가 그다지 좋지 않다고 말하는 사람들까지 포함하고 있다. 살면서 어느 순간에든 부모와 사이가 나빠질 수 있지만 나는 적어도 그 용어가 관습처럼 사용되는 방식으로 그들을 '부모와 연을 끊은' 사람들이라고 묘사하진 않을 것이다.

자녀와 사이가 멀어진 부모의 고통을 폄하하려는 의미가 아니다. 그것은 누구에게나 고통스러운 일이다. 그러나 당신이 소원해진 자녀를 기꺼이 부모와 오랫동안(몇 달이 아닌 몇 년) 관계를 끊은 사람으로 정의한다면, 그리고 현재 당신과 자녀는 소원하지 않다면, 부모 자식 간의 연이 끊길 가능성은 매우 낮다. 하지만 당신이 힘든 시기를 겪지 않을 것이라고 장담할 수는 없다.

미국의 언론이 부모와 자녀의 절연을 대유행처럼 묘사하며 언급하는 사람들은 어떤 사람들인가? 아마도 80퍼센트 정도를 차지하는, 단연코 가장 큰 범주는 어렸을 때 부모가 이혼한 가정의 자녀다. 자녀는 집을 나간 부모(대부분 아버지)와 소원해진다. 자녀를 맡아 키우는 부모가 전 남편 혹은 전 부인과의 연락을 원하지 않기 때문이다.

성인 자녀는 이에 대해 다양한 이유를 제시한다. 어떤 사람은 자라는 동안 자신을 학대했던 부모와 연락을 끊었다(미국의 거의 15퍼센트에 이르는 아이들이 18세가 될 때까지 학대당한다). 자녀와 더는 소통하지 않고 가족을 버리는 부모 때문에 관계가 소원해진다. 어떤 경우에는 어머니가, 폭력적이고 성적으로 부적절한 행동이나 범죄를 저지른 아버지를 내쫓기도 한다. 가끔 아버지가 재혼하여 새 가족과 새로운 삶을 시작하지만, 소원해진 자녀를 위한 정서적인 공간이 없는 경우가 많다. 그렇다. 엄밀히 말하면 자녀는 아버지와 소원하다. 그러나 이는 아마도 '절연'이 만연하고 있다는 말을 들었을 때 떠오르는 것과는 다를 것이다.

훨씬 규모가 작은 또 다른 범주의 사람들은 대체로 다섯 가지 이유 중 하나로 부모와의 소통을 끊는다.

- 부모가 자녀의 성적 지향이나 종교적 관점과 같은 정체성의 일부를 받아들이기를 거부한다.
- 부모와 자녀의 파트너 간에 화해할 수 없는 문제들이 존재한다.
- 자녀와 부모 사이의 관계가 오랜 시간에 걸쳐 악화되어왔고, 망가진 관계를 유지하기보다는 차라리 소통하지 않는 것이 정신 건강에 더 낫다는 결론을 내렸다.
- 자녀가 부모 중 한 명이나 두 명 모두의 약물 남용 같은 습관적인 행동을 참지 못한다.
- 자녀와 부모는 돈에 관해 격렬한 논쟁을 벌였고, 관계를 유지하기를 꺼리게 되었다.

티파니는 그녀의 부모님과 새 남편인 마틴 사이에서 빚어진 갈등으로 부모님과의 관계가 소원해졌다. 마틴과 티파니는 매우 다른 배경에서 자랐다. 티파니의 가족은 부유했고 마틴의 가족은 매우 가난했다. 그들의 교육 수준과 소득 수준도 차이가 났다. 그러나 그들은 오랜 기간 만나면서 서로가 얼마나 잘 어울리는지 알았고 약혼하기로 결정했다. 그러나 티파니가 부모님께 그 소식을 전한 순간부터 문제가 터졌다.

티파니의 부모님은 약혼 소식을 듣자마자 그렇게 근본이 다른 사람과 결혼하는 것은 위험하기 때문에 절대 찬성할 수 없다고 말했다. 그들은 티파니가 전문적인 직업을 가진 사람과 결혼하기를 기대했다. 그런데 마틴은 시청의 도로관리과에서 노동자로 일했다. 그들은 티파니의 남편감이 기본적으로 대학은 졸업하고, MBA 학위를 가진 딸만큼, 혹은 더 좋은 학위를 가지기를 기대했다. 그러나 마틴은 지역 전문대학을 1년 다닌 후 중퇴했다. 또한 그들은 티파니의 남편감이 티파니가 가정을 위해 휴직해도 그녀를 충분히 부양할 만큼 밥벌이를 하기를 기대했다. 그러나 마틴은 티파니가 헤지 펀드의 자산관리사로서 버는 돈의 10분의 1도 못 벌 것 같았다.

이 모든 것이 티파니에게는 중요하지 않았다. 그녀는 마틴이 친절하고 선하고 특히 그녀를 많이 사랑했기에 그를 사랑했다. 그녀는 마틴이 멋진 남편이자 아버지가 될 것이라고 확신했고, 시간이 지나면서 부모님도 이것을 알게 될 것이라고 믿었다.

티파니와 마틴은 부모님께 결혼 비용을 지원해달라고 부탁하는 대신, 시청에서 비공식 결혼식을 올린 다음 몇몇 친구들과 조용한 저녁 식사를 했다. 티파니의 부모님은 이 사실을 알고 더 격분했다. 이후 그들은 티파니에게 더 이상 연락하지 않았다.

몇 달이 지나자, 티파니의 부모님은 그녀가 어떻게 지내는지 궁금해서 전화를 했다. 마틴에 대해서는 절대 묻지 않았지만 적어도 티파니와 부모님 사이의 분위기는 한층 나아졌다. 티파니는 이것을 부모님이 마음을 바꿨을지도 모른다는 신호로 받아들였고, 다른 커플도 함께 있으면 분위기가 완화될 수도 있다는 생각을 하면서 언니 부부와 함께 부모님을 몇 번 만났다.

1년이 지나도록 부모님이 마틴을 냉담하게 대하자, 티파니와 부모님의 관계는 다시 급속도로 악화되었다. 부모님은 마틴을 하찮은 사람으로 언급했으며 딸의 형편없어 보이는 결혼 생활이 얼른 끝나기를 은근히 바랐다. 마틴은 유쾌한 사위가 되려고 최선을 다했지만, 그가 어떻게 행동하든 티파니의 부모님은 그를 가족으로 받아들이기를 거부했다. 부모님은 정형외과 의사인 티파니 언니의 남편을 늘 '닥터'라고 부르며 좋아했고, 이런 분위기는 상황을 더 나빠지게 했다.

이렇게 불쾌한 모임이 끝나면 티파니는 항상 마틴에게 부모님의 행동에 대해 사과했지만, 그는 그녀에게 사과할 것 없다며 안심시키곤 했다. 마틴은 그들을 설득해서 자기편으로 만들기 위해 계속 노력하겠다고 말했다. 하지만 티파니는 그것이 소용없는 일이라는 걸 알았다. 눈물 어린 대화, 분노에 찬 대화, 마지막엔 누군가가 연을 끊겠다고 위협하는 말이 오가는 대화를 포함해서, 부모님과의 관계를 유지하려는 온갖 시도에도 불구하고 티파니는 결국 남편과 부모님 중에서 선택해야 한다고 결정했다. 그녀는 마틴을 선택했고 부모님과 연락을 끊었다. 그녀의 아이들이 할아버지와 할머니를 절대 만나지 못할 것이라고 생각하니 슬펐다. 티파니는 부모님이 언니 부부에게 자신들을 만나지 말라고 하지 않기를 기도할 뿐이었다.

성인 자녀와 부모 사이의 소원함은 특히 자녀가 부모 양쪽이 아닌 한 명과 소원할 때 가족 전체에 괴로움을 줄 수 있다. 별 위안이 되지는 못하지만, 적어도 티파니의 부모는 서로 마틴에 대한 거부감을 공유했고 서로를 측은하게 생각했다. 만약 티파니 부모 중 한 명이 마틴을 가족으로 받아들이려 하는데 다른 한 명이 단호하게 반대한다고 상상해보라.

이런 경우, 처음에는 어느 정도 가능성이 있는 것처럼 보인다. 어쩌면 자녀와 소원하지 않은 부모 한 명이 나머지 한 명과 자녀 사이에 잠정적인 해결책을 이끌어낼 수 있을 것이라는 기대를 하게 된다. 만약 그렇게 된다면, 서로가 완전히 화해할 수도 있을 것이다. 그러나 반복적으로 시도해도 실패한다면, 자녀와 연락하는 부모는 파트너와 자녀 사이에 끼어서 무척 곤란한 상황에 놓이게 된다. 자녀의 편에 서게 되면 결혼 생활이 위태로워지고, 파트너의 편에 선다면 자녀와의 유대감이 사라질 수 있기 때문이다.

나는 이런 상황이 속시원히 해결되지 못한 채 몇 년 동안 지속되었던 수많은 가족을 알고 있다. 이런 감정적 삼각관계에서는 누구도 편안할 수가 없다. 가족 치료는 처음에 분위기를 바꾸는 데 도움이 될 수 있지만, 자녀나 소원해진 부모 중 한 명이 입장을 고수한 채 완강하게 버틴다면 그들이 아무리 많은 상담 치료에 참여한들 절대 만족스러운 해결책을 얻을 수 없다. 소원하지 않은 부모 한 명이 해결책을 이끌어내려는 시도는 거의 효과가 없으며 이내 그 상황이 양측 커플의 결혼 생활에 타격을 주기 시작한다. 내가 알고 있는 대부분의 경우, 자녀가 결국 부모 모두와 멀어지게 된다.

소원해진 자녀가 아이를 갖게 되면 그 손주를 부모에게 힘을 행사하는 수단으로 사용하는 경우가 있다. 손주와 만나지 못하게 함으로써 부모에게 벌을 주려 하거나 호의를 끌어내려고 하는 것인데 이는 부모에게 상처를 줄 뿐만 아니라 어린아이에게도 해를 끼친다(8장의 '손주와 더 깊은 유대감을 형성하기 위해' 편을 보라). 만약 당신이 이러한 상황에 놓인다면 이 사실을 반드시 짚고 넘어가야 한다. 당신과 자녀의 관계가 껄끄러울 수 있지만, 당신과 손주가 오랜 시간 가까이 지낸다면 당신과 소원해진 자녀 사이의 긴장감이 손주와의 따뜻한 관계를 방해하지는 못한다는 사실이다. 당신과 당신의 자녀 모두는 그럴 자격이 있으며 그럴 필요가 있다.

관계의 단절이 만연해진 원인에 대한 연구가 많지 않고 명쾌한 결론에 이르지 못하고 있기 때문에, 어떻게 해야 화해할 수 있을지 대책을 찾기는 어렵다. 자녀가 연락을 끊은 직후, 슬픔에 빠진 부모가 자녀에게 연락을 취하려고 계속 시도해봤자 효과는 거의 없다. 전화는 받지 않고, 편지는 개봉되지 않은 채 반송되고, 이메일과 문자는 열어보지도 않는다. 절연이란 원상태로 돌리거나 잊히거나 용서받을 수 있는 어떤 한 가지 행동의 결과가 아니기 때문에 쉽게 치유될 수 없다. 이런 종류의 균열을 메우기란 지극히 어렵다.

물론 희망적인 소식도 있다. 부모나 자녀의 의도적인 노력 없이도, 손주가 태어나거나 가족 중 누군가가 심각한 병에 걸려 아프다면 부모와 자녀가 재회하게 되고 몇 년이 지나면서 갈등이 희미해지기도 한다. 그저 시간이 지남에 따라 갈등과 단절이 저절로 희미해지는 경우도 있다. 소원해진 채로 지내는 게 오히려 감정적으로 너무 소모적이라고 느끼는 성인 자녀들도 있다.

이러한 상황에서는 인내심을 진정한 미덕이라고 하기 어렵다. 무리하지 않고 주기적으로 연락하며 지내는 것이 부모가 할 수 있는 최선의 방법일 것이다.

심각한 갈등으로 완전히 절연하는 사례는 드물지만, 사실 거의 모든 부모가 자녀와 거리감을 느끼는 시기를 겪는다. 자녀들은 각자 발전하고 변화하고 있으며, 한 사람의 심리적 상태는 다른 사람들과의 관계에 의해 얼마든지 변할 수 있기 때문이다. 예를 들어, 자녀가 결혼 생활 문제로 상담치료를 받고 있을지도 모르며, 그 치료로 인해 그들과 당신과의 관계의 어떤 부분이 밝혀질 수도 있다. 자녀는 이에 관해 당신과 논의할 필요는 없다고 생각하지만, 문제를 완전히 처리할 때까지는 시간을 함께 보내고 싶지 않을 수 있다. 또는 당신이 직장에서 힘든 시간을 보내느라 자녀나 다른 누구와도 만나고 싶지 않을 수도 있다. 관계가 균형을 이루는 시기와 모든 상황이 뒤틀리는 것처럼 보이는 시기가 번갈아가며 나타나는 것은 자연스러운 일이다.

힘든 시기를 보내는 동안, 한발 물러서서 어려움의 근원이 무엇인지 자문해보라. 파트너나 친구나 자녀에게 당신의 감정을 털어놓는 것이 도움이 되는 경우도 많다. 서로에게서 떨어져 잠시 휴식을 취하는 것이 도움이 될 수도 있다. 때로는 적당한 거리를 두는 것이 당신과 자녀 모두가 힘든 시기를 이겨내는 데 필요하다. 당신과 자녀가 이야기를 나누었는데도 둘 사이의 긴장이 풀어지지 않았다면 이렇게 말해보자.

"허심탄회하게 이야기를 나눌 수 있어서 기쁘지만 우리가 막다른 골목에 선 것처럼 느껴지는구나. 물론 극복할 수 있다고 생각하지만 막무가내로 부딪치기보다는 잠시나마 함께 있는 시간을 줄여보도록 하자. 그렇게 하면 아마 우리 관계가 예전처럼 돌아갈 수 있을 거야."

성인 자녀의 교육 문제

· · · · · · ·

4장

대학은 가치가 있을까

고등교육 비용은 치솟고 있고, 대학 학위 없이도 막대한 부를 이룬 빌 게이츠나 마크 저커버그 같은 억만장자들 이야기를 들으면서, 많은 부모와 아이들이 과연 대학에 시간과 비용을 들일 가치가 있는지 의문을 품고 있다. 그런 의문이 드는 것은 당연하다. 만약 당신이나 당신의 성인 자녀가 '대학은 과연 가치가 있을까'에 대한 답을 찾고 있다면 나의 대답은 바로 "그렇다."다.

대부분의 억만장자 중퇴자들은 학생이었을 당시 시작했던 사업을 일구기 위해 대학을 떠났다. 이미 성공한 뒤에 자퇴한 것이다. 더구나 이러한 성공 사례는 극히 드물다. 세계에서 가장 부유한 사람들의 상당수는 대학을 졸업했으며, 그들 중 절반 정도는 석사 학위나 전문 학위를 취득했다. 여러분이 대학을 중퇴하고도 억만장자가 될 수 있다고 믿는 것은, 예전에 고등학교 농구팀이나 연극팀에서 유망주였으니까 NBA의 인기 선수가 되거나 할리우드의 전설적인 스타가 될 수 있다고 생각하는 것과 같다.

　더 가난한 사람들에게 대학의 가치에 대해 판단할 수 있는 실용적인 질문은 '무엇과 비교할 것인가'다. 만약 당신의 자녀가 대학에 진학하지 않거나 학위를 받기 전에 그만두면 자녀는 그 시간에 무엇을 할 것인가? 전기 기술자, 배관공, 목수 같은 숙련된 직종으로 진출하거나 (이제는 고등학교 이상의 교육을 필요로 하는 경우가 더 많아졌지만) 데이터베이스 관리 같은 특정 전문기술 직업을 갖지 않는 한, 고등학교 이상의 교육을 받지 않은 사람은 일반적으로 기술 교육이 필요없는 낮은 임금의 직종에 종사하게 된다. 그러므로 대학에 가는 것이 고등학교 졸업 후 바로 일을 시작하는 것보다 더 낫다. 입학을 미루는 것은 이 장의 뒷부분에서 다루게 될 또 하나의 주제다. 이것은 고등학교를 졸업한 즉시 대학에 입학한다는 것의 합리적인 대안이다. 하지만 중요한 것은 그 '갭이어(고교 졸업 후 대학 생활을 시작하기 전에 일을 하거나 여행을 하면서 보내는 1년-옮긴이)' 동안 무엇을 하느냐다.

　요점은 이렇다. 순수하게 경제적인 관점에서 대학이 가치가 있다는 것은 확실하다. 이것은 경제학에서 여러 번 확인한 연구 결과이며 신중하게 수행된 어떤 분석도 이와 다른 결론에 도달하지 못했다. 재정적인 이익을 거두기 위해서는 학사 학위가 필요하다.

만약 당신이 자녀를 전문학교나 4년제 대학에 보낸다면, 자녀가 실제로 학위를 취득할 거라는 확신을 가져야 한다. 사실 대학 신입생의 40퍼센트 정도가 졸업을 하지 못하기 때문이다. 그리고 학위가 없이는 그들의 직업 전망이 대학에 전혀 다니지 않았을 때보다 나아질 수 없다.

대학을 중퇴한다는 것은 당신과 자녀가 수익이 거의 없는 것에 상당한 돈을 투자한다는 의미이므로 많은 희생을 치르는 셈이다. 이는 특히 대출이 누적되고 대출금 이자를 지불해야 하는 많은 학생에게 해당되는 이야기다. 따라서 자녀가 학사 학위를 마칠 수 있는 자금이 충분하지 않다고 생각한다면, 당신의 재정 상황이 나아질 때까지 기다리거나 자녀에게 지역 전문대학에서 학업을 시작하도록 권할 수도 있다. 4년제 학교에서 학사 학위를 받기 위해 필요한 학점들을 지역 대학에서 2년 동안 쌓을 수 있다. 대부분의 주에 있는 지역 전문대학의 2년 학비가 주립 대학 시스템에서 처음 2년을 보내는 비용보다 훨씬 싸다. 게다가 많은 지역 전문대학에는 우수한 학생들이 4년제 대학에 3학년으로 편입할 수 있는 프로그램이 있다. 이런 프로그램이 있는 대학은 홈페이지에 홍보할 것이다.

대학은 또한 경제적 보상과는 관계없이 여러 가지 이유로 '가치 있는' 곳이다. 자녀는 평생 친구가 될지도 모르는 사람들을 만날 것이다. 전혀 관심이 없던 어떤 분야에 열정을 불러일으키는 교수를 알게 될 수도 있다. 자녀는 자신에게 존재하고 있었는지조차 몰랐던 것들, 즉 있는 그대로의 자신을 더 행복하게 하는 것들 그리고 어쩌면 있는 그대로의 자신이 행복하게 해주는 것들도 발견할 것이다. 만약 당신이 대학을 졸업했다면, 그 경험에서 얻은 것들을 생각해보라. 그 목록엔 당신이 얼마를 버는지와 상관없는 것들도 많을 것이다.

대학은 직업이나 대학원 진학을 위해서만 누군가를 준비시키는 곳이 아니다. 그것과 똑같이 중요한 목적은(아마도 훨씬 더 중요한) 자녀의 직장뿐 아니라 인생의 성공에도 기여하는 자기 인식, 자립정신, 단련, 성숙도를 발전시키도록 돕는 것이다. 사실 대학에서 가르치는 '비학문적인 역량'이 바로 고용주들이 원하는 것이다. 그러한 역량들은 다른 사람과 협력하고, 결정을 내리고, 정보를 찾고, 쓰기와 말하기 모두 유창하게 의사소통하고, 비평적으로 생각하고, 자신의 일에 책임감을 갖도록 도와주기 때문이다.

자녀의 대학 생활에 관여해도 될까

내가 한 대학 심리학과 대학원 학과장이었을 때, 한 여성에게 박사 과정 지원에 대한 문의 전화를 받았다.

"이렇게 이야기하게 되어 반갑습니다. 본인에 대해서나 관심 있는 부분에 대해 조금 말씀해주시겠어요?"

"아, 제가 아니라 제 딸 때문에 전화드렸는데요."

지원자의 부모에게 전화를 받은 것은 내가 대학원 과정을 지도한 이래 10년 만에 처음이었다.

"알겠습니다. 그럼, 따님에게 전화하라고 말씀해주시겠어요? 그래야 따님의 이력이나 경쟁력 있는 지원서를 갖추기 위해 할 것들을 저와 논의할 수 있으니까요. 선발 인원 수보다 훨씬 더 많은 학생들이 지원하거든요. 솔직히 말하면, 들어가기 매우 어려운 프로그램입니다."

"제 딸이 매우 바빠요. 그래서 딸 대신 연락드린 거랍니다."

나는 그녀의 딸과 직접 통화하는 것이 가장 좋다고 설명했다. 그래야 중요한 세부사항을 작성하고 질문에 대답할 수 있기 때문이다. 나는 그녀의 어머니를 믿을 만한 중개자라고 생각해야 한다는 게 탐탁지 않았다. 그것은 그녀의 딸을 위해서라도 옳은 일이 아니었다.

"그냥 제게 말씀해주시면 돼요. 제가 그 정보를 딸에게 전하면 되니까요."

"죄송합니다만, 이 정도의 일에도 시간을 낼 수 없다면 따님이 대학원에 갈 준비가 되었는지도 우려가 됩니다."

그 어머니는 전화를 끊었다.

어머니가 딸의 이름을 언급하지 않은 것은 딸을 위해서라도 다행이라고 생각한다. 만약 그녀(또는 그녀의 어머니)가 지원했다면 그 전화 때문에 편견을 가지고 지원서를 봤을 수도 있다.

나는 최근에 전국의 많은 동료들에게 이메일을 보내 비슷한 경험을 한 적이 있는지 물었다. 거의 모두가 그런 경험이 있다고 했다.

"당연히 있죠, 장난해요?" 어떤 사람이 대답했다.

"면접에 어머니와 같이 나타난 학생도 있었어요. 학생 어머니가 엄청 당당하게 면접 자리에 앉아 있더라고요!"

나는 약 45년 동안 세 개의 다른 대학에서 박사 과정 학생들을 면접 보고 가르쳐왔다. 한 세대 전에는 이런 식의 전화가 걸려온 적이 없었다. 내 세미나의 학생들도 지난 몇 년 동안 그렇게 많이 변하지 않았다. 그들은 수십 년 전의 대학원생들에 비해 능력이나 성숙도나 의욕에 있어 별 차이가 없다. 하지만 그들의 부모가 변했다.

나는 물론이고 전국 대다수의 교수가 동의하는 의견은, 부모가 자녀의 대학 교육에 너무 많이 관여하고 있으며 이는 자녀의 심리 발달에 좋지 않다는 것이다.

부모들이 왜 그렇게 개입하게 되었는지 이해한다. 그리고 그들의 동기를 의심하지는 않는다. 그러나 자녀가 무엇을 전공하고 무슨 과정을 수강해야 하는지 관여하고, 자녀가 논문을 제출하기 전에 검토하거나, 시험공부를 도와주거나, 자녀의 기숙사 방이나 룸메이트를 바꾸려고 하거나, 성적에 대해 불평하기 위해 담당 교수에게 전화하는(그렇다. 이 모든 일이 실제로 벌어진다) 등 부모의 도움이 득보다 실이 많다는 사실을 깨닫지 못한다. 그 이유에 대해 곧 설명할 것이다.

부모의 개입이 늘어난 이유는 여러 가지다.

첫째, 요즘 부모는 자녀의 모든 생활에 더 많이 관여한다. 이미 언급했듯이, 그들은 과거에 비해 자녀와 훨씬 더 자주 소통한다.

둘째, 요즘 부모는 자녀의 대학 성적을 더 많이 걱정한다. 자녀가 졸업한 후에도 학업을 이어가거나 좋은 직업을 찾아 생계를 유지할 능력이 있는지 걱정하기 때문이다.

셋째, 자녀의 대학 생활에 부모가 관여하는 것은 종종 자녀의 고등학교 시절 동안 부모가 해왔던 행동의 연장선이며 부적절한 경우가 많다.

마지막으로, 요즘 부모는 '헬리콥터 부모'일 가능성이 높다. 어떤 부모는 너무나 실천적이어서 '잔디 깎기 부모'라고 불린다. 그들은 더 이상 1,000피트 상공에서 맴돌지 않고 지상으로 내려와서 자녀가 어떤 장애물도 맞닥뜨리지 않도록 길을 닦아놓는다.

자녀가 태어난 이후로 부모는 자녀의 삶의 다양한 측면에 얼마나 관여할 것인지 결정해야 했다. 자녀가 잘 자랄 수 있도록 돕고자 하는 마음과 자녀가 독립적이고 유능하며 자신감 있는 사람이 되기를 원하는 마음 사이에서 균형을 맞춰야 했다. 좋은 부모는 첫 번째 마음이 너무 강하면 두 번째 마음을 방해할 것이라는 사실을 알고 있다.

부모는 특히 자녀 교육과 관련해서 균형을 잘 이루는 것을 어려워한다. 그들은 자녀가 바라던 기술을 습득하고, 알맞은 수업을 듣고, 좋은 점수를 받고, 표준화된 시험을 잘 치르고 있는지 확인하고 싶어한다.

대부분의 부모는 자녀가 초등학교에서 중학교로, 고등학교로 진학함에 따라 뒤로 물러나 자녀가 직접 자신의 공부를 더 많이 관리하도록 해야 한다는 점을 잘 알고 있다. 자녀가 대학에 입학한 현재, 부모의 주된 역할은 가능한 한 많은 경제적 지원을 하는 것이다. 중퇴하는 대학생의 40퍼센트는 경제적인 이유로 학업을 그만둔다. 갚아야 할 학자금 대출금을 한가득 안고 학위도 없이 학교를 떠나는 것은 사실 부모를 향한 재정적 의존 기간을 연장할 뿐이다.

재정적인 도움을 주고 한두 번 정도 캠퍼스를 방문하는 것 외에는 자녀의 대학 공부에 관여해서는 안 된다. 자녀가 무엇을 하고 있는지, 즉 자녀가 무엇을 읽고, 수업 시간에 친구들과 무엇을 토론하고, 자신에 대해 무엇을 발견하고 있는지에 관심을 보이는 것은 훌륭한 일이다. 그러나 자녀의 공부까지 관리하려고 하지 마라. 자녀의 고등학생 시절에 했던 방식대로 해서는 안 된다. 이제 헬리콥터를 착륙시키고 잔디 깎는 기계를 다시 차고에 넣을 때다.

당신이 자녀의 전공과 학교의 특정한 필요조건을 면밀하게 알지 않는 한, 수강 과목과 순서를 어떻게 조언해야 할지 전혀 알 수 없다. 학위를 따는 데 필요한 조건은 학과마다 다르며 심지어 학과 내에서도 집중해야 하는 분야가 서로 다르다. 신경과학을 전공하고자 하는 심리학 전공자는 심리치료사가 되기를 원하는 심리학 전공자와는 완전히 다른 졸업 요건이 필요할 것이다.

학위 요구조건이 너무 복잡하고 자주 바뀌기 때문에 대부분의 대학은 학생들이 6월에 졸업해야 하는데 4학년 4월이 되어서야 놓쳐버린 과목을 발견하지 않도록 필수 과목을 미리 찾아 들을 수 있게 총력을 기울이고 있다.

부모는 정확하고 빠른 조언을 제공할 만큼 정보를 잘 알기도 어렵다. 30~40년 전 당신의 대학 경험은 적어도 오늘날의 졸업 요건과는 상관이 없다. 또한 자녀가 수업을 잘 듣고 있는지 확인하기 위해 뭔가를 할 필요도 없다. 학교는 학생들이 얼마나 잘하고 있는지를 관찰하고 사전에 학업을 지원하는 광범위한 학생 서비스 네트워크를 가지고 있다. 매 학기 초에 배포되는 과목 시간표에는 으레 캠퍼스에서 이용가능한 서비스와 그 서비스에 접근하는 방법도 친절하게 안내되어 있다. 미국 내 대학 교수들은 학기 내내 각 학과 학생들이 어떻게 지내고 있는지 자동적으로 보고하게 되어 있으며 누구든 어려움을 겪고 있다면 대학 측에 알려서 학생 서비스 센터에서 적절하게 조치할 수 있도록 한다.

그러니 걱정이나 불만이 있다고 해서 자녀의 교수에게 전화하지 말길 바란다. 만약 자녀의 학업에 대해 걱정이 된다면 캠퍼스에서 적절한 도움을 찾도록 자녀를 격려하는 것이 가장 좋다. 도와줄 방법이 분명 그곳에 있기 때문이다. 심지어 학생들이 모르고 있던 서비스를 찾도록 돕는 전담 사무실도 여러 개 있다.

이러한 지원 외에도 대학은 학생에게 건강관리와 상담을 무료로 제공한다. 따라서 부모가 걱정하지 않아도 자녀의 신체적·정서적·학문적 성취와 행복을 잘 보살피고 있으니 안심하길 바란다. 학교는 학생들이 성공하기를 원한다. 단지 인도주의적 차원에서만이 아니다. 중퇴는 학생과 부모는 물론 학교 입장에도 금전적인 손실이 크다. 학교는 숙식을 대가로 받는 수입도 비중이 큰데, 학생들이 중퇴하면 기숙사와 식당을 채울 수가 없다.

그리고 제발 자녀가 대학원, 로스쿨, 경영대학원이나 의대에 지원하는 것에 관여하지 마라. 부모와 자녀 모두에게 좋지 않다. 더욱 중요한 점은 부모의 도움 없이 삶을 관리하는 능력에 대해 자녀 스스로 자신감을 가져야 하는데, 당신이 무심코 이러한 능력을 손상시킬 수도 있다는 것이다.

자녀의 대학 교육을 세세하게 관리한다면 독립심을 길러주는 자질을 습득할 때의 심리적 성장을 방해할 것이다. 한 발짝 물러나서 자녀가 학교에서의 삶을 직접 관리하도록 두지 않으면 자립심을 갖지 못하게 될 위험에 처하게 된다. 자녀의 일과 삶 전반에서 성공할 기회를 빼앗는 것일 수도 있다.

부모들은 자녀에게 이런 질문을 하곤 한다.

"그거 전공해서 뭐하려고 그래?"

"그렇게 연봉이 낮은 분야에서 일하려고 이 많은 돈을 쓰니?"

"졸업에 필요하지 않은 과목인데 왜 듣고 있어?"

이 질문들은 잘못되었으며 자녀에게 이 질문들을 지겹도록 되풀이

하고 있다면 피해를 주고 있는 셈이다.

나는 싫어하는 과목을 전공하면서 첫 2년을 괴롭게 지낸 대학생들을 수없이 보았다. 그들은 대체로 성적도 좋지 않았는데, 부모가 대학을 고임금 직업군을 위한 디딤돌로 사용하도록 부추겼기 때문이었다. 최근 그 어느 때보다도 이런 이야기들을 더 많이 듣는다. 이러한 학생들이 마침내 부모를 마주할 용기를 내서 자신이 진심으로 흥미를 느끼는 과목으로 전공을 바꾼다면 어깨에서 어마어마한 무게의 짐을 내려놓은 느낌을 받을 것이다.

대학은 자녀가 흥미와 호기심만으로 뭔가를 공부할 마지막 기회일 수도 있는 곳이다. 그것이 자녀가 졸업하기 전에 당신이 줄 수 있는 졸업 선물이다.

4년제 대학이 유일한 길은 아니다

고등학교에서 바로 대학으로 진학하는 것이 모든 자녀에게 맞는 결정은 아니다. 자녀가 대학에 갈 준비가 안 되었거나 진학으로 많은 것을 얻지 못할까 봐 걱정이라면 몇 가지 다른 선택지를 고려해보자. 고등학교 졸업 후 바로 대학에 진학하는 것 외에 다른 것을 고려해야 할 고등학교 3학년 학생의 네 가지 유형이 있다.

첫 번째 유형은 경제적으로 어려운 가정의 학생이다. 이 장의 앞부분에서 설명했듯이, 대학 공부를 끝까지 마칠 여유가 없어서 중퇴할 것이라면 의미가 없다.

두 번째 유형은 경제적 여유는 있지만 학문적으로 준비가 되어 있지 않은 학생이다. 대학에 입학하는 학생의 거의 절반은 적어도 하나 이상의 보충수업이 필요하고, 보충수업이 필요한 학생은 또래 학생들보다 중퇴할 가능성이 더 높다. 고등학교에서 배웠어야 했던 것들을 대학에서 배우기 위해 돈을 지불하고 있는 셈이다. 4년제 대학에 등록하기 전에 훨씬 더 저렴한 비용으로 지역 전문대학에서 필요한 보충수업을 수강하는 것이 더 나을 것이다. 대학에 다닐 때 내는 돈만큼의 가치를 얻을 수 있도록 말이다.

세 번째 유형은 학교를 별로 좋아하지 않는 학생이다. 그러나 대학에 흥미가 없다고 확신하는 고3 학생 중 일부는 나중에 대학에 흥미를 갖게 되기도 한다. 그런 학생들은 대학에 바로 입학하거나 중퇴하는 것보다는 입학을 늦추는 것이 더 좋다.

마지막 유형은 '갭이어'를 가지려는 학생이다. 갭이어를 보내는 매우 흥미롭고 교육적인 방식은 많다. 흥미를 끄는 분야에서 인턴을 할 수도 있고 여행을 하거나 사업을 시작하거나 열정을 느끼게 만드는 자원봉사를 할 수도 있다.

갭이어는 어쩌면 당신이 계획했던 것보다 더 오랫동안 자녀를 지원해야 한다는 뜻일 수도 있다. 그러나 자녀가 원하지 않는 대학에 돈을 쓰는 것보다는 더 현명한 투자다. 자녀가 대학 생활에 심드렁해하거나 지루해한다면 대학에서 많은 것을 배우거나 해내지 못할 테고 심지어 중퇴할 수도 있을 것이다.

자녀가 대학 입학을 미루다가 혹여 대학에 대한 생각을 완전히 접을까 봐 걱정이 되기도 할 것이다. 따라서 '갭이어'가 무엇인지 당신과 자녀가 완전히 이해하고 최대한 활용할 계획을 세워야 한다. 갭이어를 어떻게 보낼 것인가에 대해 심사숙고해서 계획을 세운 사람에게는 그 시간이 대학 생활을 준비하는 중요한 휴식기가 되어줄 것이다. 갭이어는 틱톡을 계속 보고 비디오 게임을 하면서 보내는 시간이 아니다.

'직업 대학'은 4년제 대학을 기피하는 사람에게 실용적인 대안이다. 이전에는 '실업학교'로 알려졌던 이 기관은 특정 직업을 위한 훈련만 원하고 그 외의 관련 없는 수업은 원하지 않는 사람들을 위해서 고안되었다. 일반적인 대학에서 학위를 받기 위해서는 대체로 전공 외 과목들도 수강해야 하니 상대적으로 효율적일 수 있다. 그러나 직업 대학은 자신이 삶에서 무엇을 하고 싶은지 확실하지 않은 사람에게는 좋은 선택이 아니다. 직업 대학에서 제공하는 교육이 직업에 따라 다르기 때문이다. 만약 나중에 방송국에서 일하고 싶어진다면 요리법이나 형사 행정학 전공으로 1년짜리 프로그램을 이수하는 것이 별로 도움이 되지 않을 것이다.

많은 직업 대학이 높은 품질의 직업 훈련을 제공하지만 자기 학교에 다니면 보수가 좋은 직업을 가질 수 있다며 학생들을 현혹하는 대학도 많다. 값비싼 등록금을 받고, 경제적인 지원을 거의 또는 전혀 제공하지 않으며, 학생이 졸업 후에 무엇을 할지에 대해 과장된 약속을 하고, 합법적인 전문 기관의 인가를 받지 않은 영리 목적의 학교들은 피해야 한다. 일부 학교는 인가를 받았다고 주장하지만 사기 조직이나 존재하지 않는 조직에서 받은 인증서일 수도 있기 때문에 등록하기 전에 정확하게 알아보도록 하라. 주(州) 교육부에 학교가 합법적인지 아닌지를 알아내는 데 도움을 줄 정보가 있을 것이다. 합격률이 의심스러울 만큼 높거나 프로그램을 이수한 입학생의 비율과 훈련받은 직업의 취업률에 대한 정보를 제공하지 않는 학교는 피하라.

이제 많은 학생이 이미 4년제 대학의 새로운 대안인 온라인 수업에 익숙해졌다. 코로나19 기간 동안 온라인 수업이 일반적이고 고립된 방식이라고 생각했던 사람들도 있지만, 다양한 이유로 잘 맞았던 사람들도 있다. 여러 대학에서 전면 온라인으로 운영되는 강의를 제공하기도 한다. 일부 대학은 온라인으로만 운영된다. 일부 온라인 강의는 대면 강의처럼 정해진 시간대로(이를 동기식 강의라고 한다) 운영되며 다른 학생들과 실시간으로 토론할 수 있다. 또 다른 온라인 강의들은 언제든(이를 비동기식 강의라고 한다) 수강할 수 있고, 두 가지를 결합한 강의(이를 하이브리드 강의라고 한다)를 수강할 수도 있다.

온라인 강의에도 장단점이 있는데, 장점은 탄력적이라는 점이다. 어디서든 공부가 가능하고, 자신의 생활 방식에 맞춰 비동기식 수업을 받을 수 있다. 반면 대부분의 학생은 스스로 수업을 들을 훈련이 안 되어 있기 때문에 교수나 동기들과 직접 수업을 듣는 것이 더 도움이 된다. 따라서 온라인 과정은 특정한 기술이나 지식을 습득하는 데 더욱 도움이 될 수 있다.

직업 대학과 마찬가지로 합법적인 온라인 대학과 신뢰할 수 없는 온라인 대학이 있으므로 자녀가 온라인 대학에 등록하기 전에 교수진의 자격과 평판을 신중하게 조사해야 한다. 지역이나 국가의 인증을 받고, 공식적으로 학점을 인정받아 타 대학으로 편입할 수 있는지도 확인해야 한다. 실제 캠퍼스가 있는 대학교에서 운영하는 온라인 대학을 찾는 것도 좋다.

지금까지 언급한 것들은 일반적인 대학을 대체할 수 있는 방법이다. 그러나 자녀가 고등학교를 졸업하고 바로 취업하는 것은 추천하지 않는다. 현실적으로 대학 학위가 없으면 보수가 좋은 안정적인 직장을 가질 기회가 거의 없으며, 최저임금도 받지 못하는 직업을 가질 수밖에 없다. 자녀에게 좋은 일자리를 보장해줄 친척이나 친구가 있다면 상관없을지 모르겠다. 그렇다 해도 나는 당신의 자녀가 고등학교 졸업장만 손에 쥔 채 일자리를 구하러 다니지 않기를 바란다.

방학 동안 머물 때 생각해야 할 것

자녀가 일반적인 대학에 다니든 대안적인 방식을 따르든 상관없이, 집을 떠나 살고 있다면 방학 동안 돌아와 집에서 지내는 게 부모에겐 신경 쓰이는 일일 것이다.

매디슨은 몇 시간이나 운전을 해서 드디어 부모님 집 앞에 차를 세우고는 안도의 한숨을 내쉬었다. 그녀는 집에서 보낼 봄 방학을 기대하고 있었다. 수영장 옆에서 바비큐를 즐기고, 음식이 잔뜩 들어 있는 냉장고 문을 온종일 여닫으며, 이른 오후까지 늦잠을 잘 생각이었다. 오랫동안 만나지 못했던 고등학교 친구들도 만나 파티를 벌일 상상을 하니 신이 났다.

 에모리 대학교의 기숙사 친구들도 애틀랜타에서 차를 몰고 내려와 매디슨의 집에서 멀지 않은 데이토나 비치에 머물고 있었다. 그녀는 대학교 친구들과 고등학교 친구들을 한데 모을 생각에 흥분했으며 특히 이번에 남자친구인 제임스를 모두에게 소개할 계획이라 기대에 부풀었다. 제임스는 봄 방학의 마지막 주말을 매디슨과 함께 지낼 것이다. 그들은 대형 더블 침대에서 함께 자는 호사를 누리기를 간절히 고대했다.

하지만 매디슨의 부모님에게는 다른 계획이 있었다. 그들은 1월 이후로 딸을 보지 못했기 때문에 방학 동안 매디슨과 더 많은 시간을 보내려고 일정을 조정했다. 매디슨이 어머니와는 테니스를 치고, 아버지와는 가끔 오후에 달리기를 하러 가고, 수영장 주변에서 빈둥거리다가, 저녁 식사 후에 함께 영화를 보면서 가족끼리 많은 시간을 보낼 것이라고 생각했다.

매디슨은 현관문을 들어서자마자 어머니와 포옹을 한 후, 자신이 집에 있었을 때와 다름없이 그대로 꾸며진 자기 방으로 올라갔다. 그녀는 가방을 침대 위에 던지고 수영복으로 갈아입은 후 테라스로 나갔다. 그곳에서는 아버지가 그릴을 닦고 있었다. 그들은 포옹을 했고, 그는 딸이 수영장으로 뛰어들어 몇 바퀴 헤엄친 다음 튜브에 드러누워 눈을 감는 모습을 흐뭇하게 웃으며 지켜보았다.

한 시간 정도 지난 후 가족 모두가 야외 저녁 식탁에 모였고, 매디슨은 늘 그래왔듯이 식사하기 전에 부모님 사이에 앉아 손을 잡고 기도를 했다.

그녀의 아버지는 잡았던 손을 놓다가 매디슨의 손목을 응시했다.

"그게 뭐니?"

"작은 새 문신이에요. 새는 자유롭고, 멀리 날아 원하는 곳이면 어디든 갈 수 있다는 걸 상징해서 문신으로 새겼어요."

아버지는 조롱하듯 웃었다.

"자유라고, 응?"

그가 와인 잔을 다시 채우고 대학 비용에 대해 잔소리하기 시작하자 어머니가 말을 끊었다.

"아, 잊어버리기 전에 말해야지. 매디, 다음주 목요일 밤에는 아무 계획도 세우지 마라. 친구들하고 술 한잔하기로 했어. 너를 빨리 보고 싶은가 보더라."

"글쎄요, 그날은 제임스가 오기로 한 날인걸요. 일주일 만에 만나는 건데."

"제임스도 오면 좋지. 모두가 그 애를 만나고 싶어 할 거야."

그녀의 아버지가 말했다.

매디슨은 오랜만에 제임스를 만나는 기념으로 동네에 있는 낭만적인 작은 식당에 단둘이 가려고 예약을 해둔 상태였다. 그날은 파티에 대해 부모님과 언쟁을 하기에는 너무 피곤해서 다음 날 다시 이야기하기로 했다.

거기서부터 상황이 악화되었다. 매디슨의 부모님이 파티 일정을 조정하지 않겠다고 해서 그녀는 저녁 예약을 옮겨야 했다. 부모님은 매디슨이 해가 중천에 뜨도록 늦잠을 자고 밤에는 친구들과 외출하는 통에 얼굴을 볼 수가 없다며 불평했다. 가끔은 밤에 함께 놀던 친구 몇몇과 집으로 돌아와 새벽 두세 시까지 술을 마시곤 했다. 그녀의 친구들은 술에 취해 커다란 목소리로 부모님의 잠을 깨웠고 그로 인해 더욱 짜증이 났다. 오후 다섯 시쯤, 매디슨은 몇 번 정도 무심결에 부모님께 그날 밤 집에서 식사하지 않을 것이며 자기를 늦게까지 기다리지 말라고 말했다.

며칠이 지나자, 어머니는 매디슨과 이야기를 나눠야겠다고 마음먹었다.

"너는 네 마음대로 나타났다 사라졌다 하는구나. 마치 네 집에서 휴가를 보내는 손님인 것 같아."

"엄마, 일정대로 따르고 어디 가는지 일일이 보고하는 건 익숙하지 않아서 그래요. 어린애 같고 좀 이상하잖아요."

"지금은 기숙사에 있는 게 아니잖니. 아빠와 나는 네가 우리를 조금 더 존중해주고 형제들한테 관심도 좀 보여주면 고마울 것 같다. 일주일 내내 걔들하고 말도 안 했잖아. 네가 자고, 친구들 만나고, 온갖 사람들과 문자를 주고받고, 제임스와 대화하는 데 쓰는 시간을 생각하면 그리 놀랄 일도 아니지만."

매디슨은 얼굴을 잔뜩 찌푸렸다. '내 방학 아닌가?' 하고 속으로 생각했다.

"제임스 얘기가 나와서 말인데, 내가 제임스를 위해 손님방을 아주 편안하게 꾸며놨단다."

"아, 고마워요. 그렇지만 그럴 필요는 없었는데. 내 방에서 같이 잘 거거든요."

"아니, 그렇게는 안 된다. 이 집에서는 안 돼."

"엄마가 좀 전에 내 집이라고도 말했잖아요. 어쨌든 우리가 학교에서 같이 자는 건 아시잖아요. 다를 게 뭐죠?"

"학교에서는 네가 규칙을 만들지 몰라도, 여기에서는 아빠와 내가 규칙을 만든다는 게 다른 거야."

매디슨은 따지지 않았다. 부모님이 잠들고 나면 자신이 손님방으로 몰래 가든지 제임스가 자기 방으로 몰래 왔다가 부모님이 일어나시기 전에 다시 빠져나가면 그만이니까. 몰래 다니는 것은 싫었지만 남자친구와 함께하지 못한 채 일주일을 더 보낼 생각은 없었다.

대학생 자녀와 부모는 학교에서 지내다가 오랜만에 집에 오는 것에 대해 다르게 기대하는 경우가 많다. 서로 다른 관점을 갖는 것은 지극히 정상적이다. 자녀는 거의 독립적으로 살아왔다. 어떤 자녀는 집에서 나가 살아본 적이 없어 약간 긴장하면서 학교로 떠나기도 한다. 그러나 일단 자녀가 수업에 대한 불안감을 극복하고 새로운 친구들을 사귀고 자신의 일을 스스로 처리할 수 있다는 것을 발견하고 새로운 독립을 맛 본다면 과거의 생활로 돌아가기는 어려울 것이다.

자녀는 또한 자신이 얼마나 성숙해졌는지 부모에게 보여주고, 깊은 인상을 남기고 싶은 욕구를 의식적이든 무의식적이든 갖고 있다. 자녀가 새로운 헤어스타일, 피어싱이나 문신, 새로운 버릇, 마티니를 마시는 것처럼 새롭게 배운 어른 같은 습관 또는 재즈나 인디 영화나 이국적인 음식에 대한 새로운 취향을 갖고 돌아오는 것은 흔한 일이다. 자녀는 10대에 집을 떠나 어른이 되어 돌아온 자신을 부모가 봐주기를 원한다. 그리고 어른으로서 대해주기를 기대한다.

부모는 그러한 변화를 보고 충격을 받는다. 아마도 자신의 대학 시절의 변화를 돌이켜보며 이런 일이 일어날지도 모른다고 예상은 했을 것이다. 그러나 예상과 그것을 직접 맞닥뜨리는 것은 엄연히 다르다. 자녀 입장에서 어른이 된다는 것은 오랫동안 고대해오던 일이다. 그러나 많은 부모가 그것을 두려워해왔다.

오랜만에 집에 왔으니 그동안 어른으로 취급받기를 원하는 자녀의 욕구와 그렇게 하는 것을 꺼리거나 완전히 거부하는 부모의 태도가 부딪혀 갈등이 발생하는 것은 충분히 일어날 수 있는 일이다.

대체로 고등학생 때는 잘 적응하던 규칙들이 초기 성인이 되어 생각해보니 터무니없이 부적절하다고 여겨져서 갈등이 생기기도 한다. 통금 시간 지키기, 온 가족이 저녁 식사에 참석하기(또는 충분히 시간을 두고 사전에 통지하기), 자신의 일정이나 행방에 대해 부모님께 계속 알리기 등이다. 부모는 자녀가 한 지붕 아래 있는 한 이러한 규칙들이 여전히 적용된다고 생각할지 모른다. 이는 부모가 권위적이어서가 아니다. 자녀가 대학생이 되어도 부모는 여전히 아이와 함께한다고 생각하며 자녀의 안전과 행복에 대해 걱정한다. 자녀가 집에 무사히 도착했다는 사실을 확인하지 않고 그냥 잠을 잘 수 있는 부모는 많지 않다.

섹스, 음주, 마약 같은 문제도 있다. 자녀는 대학생이라는 새로운 지위가 어른들의 행위를 거리낌 없이 할 자격을 준다고 여길 수도 있다. 미국에서는 21세 미만인 사람이 술, 담배, 마리화나를 사는 것이 법적으로 허용되지 않지만 이 법이 대학 내에서 지켜지는 경우는 거의 없다. 주거와 사회 활동을 공유하는 전체 학생 중 절반에게는 불법이지만 나머지 절반에게는 합법인 활동을 금지하기가 너무 어렵기 때문이다. 학생들은 테일게이트 파티(운동 경기장의 주차장 등에서 자동차 뒷문을 열어놓고 음식과 술을 차려놓은 가운데 벌이는 파티-옮긴이)나 하우스 파티에서 신분증을 보여달라는 요청을 받지 않는다.

부모는 자녀가 이제 어른이라거나 적어도 어른이 되어간다는 것을 아직 받아들이고 싶어 하지 않는다. 자녀가 성인이 되었다는 사실이

자랑스러우면서도 한편으로 자신이 늙었고 자녀와 무관해졌다는 것 같아서 슬퍼진다. 부모는 자녀가 성적으로 왕성하다는 사실을 완전히 인식하고 있지만 옆 침실에서 그 소리를 듣고 싶지는 않다. 부모는 자녀가 술을 마시는 것은 알지만 취해서 비틀거리는 모습은 보고 싶지 않다. 자녀 입장에서는 이러한 모든 것이 위선적으로 보일 수도 있지만 매우 이해할 만하다.

자녀가 부모와 함께 휴가를 보내기를 원하고 부모 역시 그렇다고 가정한다면, 어떻게 조화롭게 지낼 것인지 알아내는 것이 중요하다. 이 상황에 열린 마음과 융통성, 그리고 당신과 자녀가 성장에 대해 느끼는 감정이 중요하다는 이해를 가지고 다가간다면 자녀가 집을 머무르는 시간이 훨씬 덜 험난할 것이다. 이러한 갈등은 특별한 문제가 아니라 성장에 대해 느끼는 감정의 차이에 관한 것이라는 점을 이해하는 것이 중요하다.

방학이 끝나는 날, 매디슨은 부모님을 포옹한 다음 차에 올랐다. 그녀가 진입로를 벗어나 거리로 접어들자마자, 모두가 안도의 한숨을 내쉬었다.

"휴, 좀 살 것 같네요."

집으로 걸어 들어가면서 매디슨의 어머니가 냉소적으로 남편에게 말했다. 같은 시각, 매디슨은 그날 아침 먼저 떠난 남자친구와 전화를 하고 있었다.

"나 방금 탈옥했어. 솔직히 다들 방학이 끝나서 기쁠 거야."

그녀는 깔깔대며 말했다.

매디슨이 학교로 돌아간 후 누구도 그 방학에 대해 말하지 않았다. 그러나 그해 6월, 그녀가 여름방학을 보내기 위해 집에 도착한 지 며칠이 지난 어느 날 부모님은 대화를 하고 싶다고 말했다.

"이번 여름 네가 집에 머물 동안 우리가 서로에게 기대하는 바를 얘기하는 게 도움이 될 것 같구나. 두 달 전처럼 오해가 생기지 않도록 말이야."

그녀의 어머니가 말했다.

"물론이죠, 제 기대도 말할 수 있다면요. 괜찮죠? 저도 하고 싶은 얘기가 있어요."

"좋아, 먼저 얘기할래?"

그녀의 아버지가 말했다.

"사실은 한 가지 제안이 있어요."

매디슨은 미소를 띠며 말했다.

"이번 학기 경영 수업에서 그룹 의사결정과 갈등 해결에 관해 몇 주 동안 배웠는데 갈등 상황에서 어떻게 협력할지에 대한 내용이었어요. 교수님은 학생들을 세 그룹으로 나누고, 현실에서 비롯된 문제들을 이야기할 수 있는 시나리오를 주었어요. 우리 그룹은 식당 종업원들끼리 팁을 어떻게 나누는가에 대해 논쟁을 하는 시나리오를 받았어요. 웨이터, 테이블 서빙 직원, 호스트, 바텐더들이 각자 몫으로 정당하다고 생각하는 몫을 받아야 하는 거예요."

그런 다음 매디슨은 이 책에서 언급했던 것과 유사한 접근 방법인 '협력적 문제 해결'(2장의 '서운한 감정이 생길 때' 편을 보라)을 설명했다.

"교수님은 가족들 사이의 논쟁을 해결하는 데도 이와 똑같은 기술을 사용할 수 있다고 말씀하셨어요. 우리 한번 해볼래요?"

매디슨의 부모님은 한번 해보자고 동의했다.

"그런데 구체적인 이야기를 시작하기 전에 할 말이 있어요. 지난봄에 있었던 일에 대해 생각을 많이 했어요. 제 생각에 제가 독립적이고 어른이 되는 것에 익숙해졌다는 것도 문제고, 그 사실을 엄마 아빠가 받아들이기 힘들어하는 것도 문제인 것 같아요. 저는 여전히 엄마 아빠 딸이에요. 하지만 이제 더 이상 10대는 아니죠. 그리고 이 점이 엄마 아빠를 기겁하게 만드는 거 같고요."

"심리학 수업에서도 뭔가 배웠나 보네."

그녀의 아버지가 소리 내어 웃으며 말했다.

"심리상담실에서 하는 것처럼 긴 소파에 눕기라도 할까?"

"농담 아니에요, 아빠. 그리고 방금 말한 건 심리학 수업에서 배운 게 아니라 친구들과 이야기하면서 알게 된 거예요. 이런 문제를 겪는 게 우리 가족뿐만이 아니더라고요."

매디슨이 과정을 설명했고, 아버지는 노트를 준비해서 세 사람은 식탁에 둘러앉았다. 각자 한 가지씩 구체적인 문제를 언급했다. 매디슨은 부모님이 요령을 터득해야 하므로 조금씩 해보자고 제안했다. 어머니는 가족 저녁 식사에 대해 논의하기를 원했다. 아버지는 매디슨과 친구들이 밤늦게까지 노는 문제에 대해 언급했다. 매디슨은 남자친구와 같은 방에서 자는 문제를 꺼냈다.

그들은 가능한 해결책들을 생각해 노트에 적으면서 각각의 문제를 차례로 논의했다. 그리고 각각의 딜레마를 해결할 네다섯 가지의 해결 방안을 얻었다. 이후 그 해결 방안의 장단점에 대해 이야기했다.

약 한 시간에 걸쳐 계획이 만들어졌다. 매디슨은 매주 일요일과 다른 날 적어도 일주일에 이틀은 가족과 저녁 식사를 하기로 했고, 약속이 생긴다면 그날 정오까지 어머니께 미리 알리기로 했다. 또한 수영장 파티를 금요일과 토요일 밤으로 정하고 자정 즈음에는 음악을 낮추기로, 그렇지 않으면 파티 자체를 다른 곳에서 하기로 했다. 다만 술을 마시지 않은 사람이 운전자로 있는 경우로 제한했다. 부모님은 매디슨과 남자친구가 신중하기만 하다면 그녀의 방에서 함께 자도 된다고 말했다.

그해 여름 다른 갈등이 일어났을 때, 매디슨과 부모님은 실행 가능한 해결 방안을 내기 위해 같은 과정을 반복했다. 시간이 지나면서 그들은 딸이 집에 와 있는 동안 서로가 기대하는 바를 더 잘 이해하게 되었고 함께하는 시간 동안 덜 다투게 되었다.

자녀가 처음 몇 번 집에 머무를 때 당신이 바라던 대로 순조롭게 흘러가지 않았더라도 계속 그럴 것이라고 속단하지 마라. 갈등을 건설적으로 해결하기 위해 협력적인 문제 해결 방식을 사용하도록 하라. 처음에는 인위적으로 느껴지겠지만 하면 할수록 덜 인위적으로 느껴질 것이다.

갈등을 건설적으로 해결하는 방법을 알면 도움이 많이 된다. 게다가 사춘기에서 성인기로 넘어가는 자녀의 변화에 부모가 더욱 익숙해질수록 자녀는 자신이 얼마나 성장했는지 당신에게 보여줄 필요성을 덜 느낄 테고 그렇게 되면 당신은 자녀의 변화한, 그리고 변하고 있는 성격을 더 잘 수용하게 될 것이다. 대부분의 부모는 대학생인 자녀가 방학 동안 머물 때의 상황을 매년 더 잘 예측하고 덜 혼란스러워할 수 있을 것이다.

경제적 지원

. . . .

5장

경제적으로 지원할 때 4가지를 명심하라

오늘날의 청년(초기 성인)들은 이전 세대보다 학업을 마친 후에도 부모에게 경제적인 도움을 받아야 할 필요성이 더 높아졌다. 주로 주거비가 월급보다 훨씬 빠르게 오르기 때문인데, 특히 청년들이 매력을 느끼는 도시 중심지의 주거비는 더욱 가파르게 오른다. 또한 많은 청년들이 대학을 마친 이후에도 학업을 이어가고 있으며, 이로 인해 부모에게 계속해서 경제적으로 의존하는 경우가 많다. 초봉이 높은 일자리를 얻기 위한 경쟁도 심해지면서 많은 청년이 생활비를 충당하지 못하는 급여를 받으며 일하고 있다. 또한 졸업생의 상당수는 매달 학자금 대출을 갚아야 한다. 이 모든 것을 고려할 때, 당신은 자녀가 경제적인 도움을 요청하더라도 놀라지 말아야 한다.

자녀의 대학 생활이 길어지면 당신과 자녀 사이에 돈에 의한 긴장 감이 생길 수 있다. 1장에서 언급했듯이 30세 전후가 되면 부모에게서 독립하려는 욕구가 다시 강해진다. 이 나이에 부모에게 경제적으로 의존하게 되면 자신이 완전한 성인이 되었다고 느끼기 어렵기 때문이다. 자녀를 돕는 부모라면 분명히 자녀가 그렇게 느끼지 않기를 바랄 것이다. 하지만 그러한 상황은 불가피한 경우가 많다.

오늘날 자녀가 성인이 되어가는 과정은 더 길어지고 비용이 더 많이 든다는 점을 반드시 기억하기 바란다. 당신 자녀의 궤적이 오늘날의 표준이다. 여러 번 반복하고 강조하지만, 재정적인 면이나 다른 면에서 당신의 경험을 바탕으로 자녀의 상황을 판단하지 말아야 한다. 당신이 지금 자녀의 나이였을 때는 자급자족하는 성인이 되는 데 시간과 돈이 훨씬 덜 들어갔던 시대였다.

모든 부모가 자녀를 재정적으로 도울 수 있는 것은 아니다. 그러나 당신이 재정적 지원을 고려하고 있다면, 앞으로 괜한 오해를 피하기 위해 반드시 명심해야 할 네 가지 요점이 있다.

- 당신이 감당할 수 있는 금액까지만 지원하라. 경제적 지원이 당신의 건강이나 복지나 은퇴를 위태롭게 해서는 곤란하다.
- 경제적 지원의 용도를 미리 정한 후, 자녀가 돈을 지정된 곳에 사용

할 것이라고 믿는다고 말하라.

- 경제적으로 지원할 수 있는 기간을 분명히 알게 하라. 그 기간이 변경될 수 있지만, 당신은 자녀의 재정이 시간이 흐르면서 어떻게 바뀔지 고려해야 한다. 로스쿨을 마치는 동안 도움을 받던 자녀가 로펌에 취직한 후에는 더 이상의 도움이 필요하지 않을 것이다.
- 자녀에게 더 이상 당신의 도움이 필요 없어지면(또는 많이 필요하지 않아지면) 반드시 당신에게 알려달라고 말하라.

경제적으로 도움을 주는 것은 예산편성, 지출, 저축 같은 금융 조언과는 다르다. 경제적 도움에 있어서 당신이 준 돈으로 자녀가 엄청나게 어리석은 일을 하려고 하지 않는 한, 당신의 의견을 물을 때까지 기다려야 한다. 이런 경우 당신이 준 돈을 어떻게 사용할지는 자녀의 선택이라고 얘기해도 좋다(5장의 '자녀는 당신을 돈줄로 생각하지 않는다' 편을 보라). 그러나 자녀가 낸 손실을 당신이 책임져주리라고 기대하게 해서는 안 된다.

당신이 도울 수 있는지 그리고 얼마나 도울 수 있는지는 분명히 당신의 재정 상황에 달려 있다. 그러나 당신의 수입이나 저축에서 얼마를 지원할지 결정하는 일 외에도 고려해야 하는 문제들이 있다. 즉 당신이 돈을 그냥 주는 건지, 빌려주는 건지, 얼마나 오래 지원해줄 것인지, 그리고 돈을 어떻게 사용할지에 따른 지원 여부 등의 문제들이다.

만약 도움이 필요한 자녀가 둘 이상이라면, 자녀의 필요에 따라 각각 얼마를 그냥 주거나 빌려주어야 하는지도 달라진다. 여러 명의 자녀를 공평하게 대하도록 노력해야 하지만 공평하다는 것이 동등한 것을 의미하지는 않는다는 사실을 기억하라. 초등학교 교사는 아마 기업 컨설턴트보다 더 많은 도움이 필요할 것이다.

만약 당신과 재정을 공유하는 파트너가 있다면 그가 자녀의 부모이든 아니든 의사결정의 모든 과정에 함께해야 한다. 자녀에게 지원을 제시하기 전에 당신의 파트너가 동의하는지 확인해야 한다. 자녀에게 파트너가 동의하지 않아 도와주지 못할 것 같다는 말만은 하고 싶지 않을 테니 말이다.

한편 자녀가 요청하기 전에 도움을 줘야 하는지, 도움을 요청할 때까지 기다려야 하는지, 명확한 요구는 없었어도 도움이 필요하다는 암시가 보일 때까지 기다려야 하는지 정확하게 알기가 어려울 것이다. 어떤 자녀는 생활비가 얼마나 많이 드는지 월급이 얼마나 적은지에 대해 자주 불평하며 간접적으로 도움을 요청할 것이다. 이러한 잠재적인 요청에는 주의를 기울여야 한다.

누가 대화를 먼저 시작했느냐가 아니라 대화를 시작한 후 당신이 무엇을 말하느냐가 중요하다. 당신이 먼저 도움을 제안했든 자녀가 요청을 하거나 암시를 주었든 상관없이 지금은 재정적 책임에 대해 잔소리할 때가 아니다. 나중에 어느 시점에 자녀가 당신에게 조언을 요청할 때, 말하자면 당신이 하는 말을 자녀가 자신의 성숙함이나 능력이나 책임감에 대한 의심으로 오해하지 않을 시점에 말하는 것이 좋다. 지금은 감정 표현 없이 사실만 이야기해야 자녀가 당황스러움이나 자기 회의감 또는 미래에 대한 불안을 느낄 가능성이 낮아진다.

만약 당신이 이전에 종종 자녀가 돈을 요구하기를 기다리거나 그것을 어떻게 사용할 것인지에 대한 논의를 하지 않고 그냥 돈을 주었다면, 그리고 당신에게 도움 받는 것을 자녀가 기분 나빠하지 않을 것이라고 확신한다면, 별다른 논의 없이 돈을 지원해도 된다. 그것은 자녀에게 주는 일종의 선물이다. 마찬가지로 자녀가 필요하지 않으면 요청하지 않을 것이라는 점을 당신이 알고 있다면 유난스럽게 굴지 말고 돈을 주어도 된다.

그것이 아니라면 당신은 더욱 자녀와 교감하며 신중하게 고민해야 한다. 우선 스스로에게 물어야 할 몇 가지 사항이 있다.

- 자녀가 당신에게 돈을 요청할 때 항상 불편해했는가?
- 자녀가 자신감을 잃은 것처럼 보이는가?
- 자녀가 재정적으로 어려움을 겪고 있는가?

만약 이 중 하나라도 해당된다면, 그리고 당신이 자녀를 도울 여유가 있다면, 자녀가 요청하기를 기다리지 말고 조용히 말하라.

"최근에 돈이 좀 부족해 보이는 것 같은데. 우리가 약간 도울 수 있는지 얘기 좀 해보자."

당신은 그런 상황이 일시적('최근에')이고 규모를 작게('약간') 생각하고 있다는 것을 암시하는 단어를 사용하라. 이러한 단어는 충격을 완화시키는 용어다.

자녀가 암시를 주고 있는데 이것이 일종의 도움을 요청하는 방식이라고 생각한다면, 진짜 그런지 물어보는 것도 괜찮다. 다음과 같은 식으로만 표현하지 않도록 하라.

- 분노
  "돈이 필요하면서 왜 바로 우리에게 요청하지 않니?"
- 입증
  "넌 이런 상황을 감당할 수 없을 거라고 내가 말했었잖아?"
- 자녀가 낙담하거나 성공하지 못할 것이라고 느끼게 만드는 말
  "네가 하는 걸 봐서는 이 도시에서 안락하게 살기는 어려울 것 같구나."

대신에 자녀가 요청하는 것을 이해하고 그들이 하는 것을 간접적인 방식으로 지지한다는 것을 보여주어라.

"얘야, 얘기 들었는데, 우리가 도울 수 있는 게 혹시 있을까?"

이는 자녀가 스스로 해낼 수 있다고 생각한다거나 또는 어떤 도움이든 고맙게 여긴다고 말할 선택권을 자녀에게 남겨두는 방법이다. 어떤 경우든 당신은 자녀가 아마도 가장 하기 싫었을 말을 직접 할 상황을 없애준 셈이다.

상황을 덜 불편하게 만드는 또 다른 방법은 돈을 빌려주는 형태로 도움을 주는 것이다. 이는 당신이 지금의 상황은 일시적이고 자녀가 장래에 경제적 안정을 제공할 직업 경력을 쌓는 중이라고 생각하고 있으며, 자녀가 당신에게 돈을 갚을 책임과 능력이 있다고 믿는 것이다. 돈을 빌려주는 것은 자녀의 자율성을 성장시키는 데 도움이 된다. 자녀의 경제적 의존이 오래 지속되지 않을 것이라는 사실을 확인시켜주기 때문이다.

자녀에게 돈을 빌려주기로 결정했다면 그리고 그것이 매우 소액(예상치 못했던 비용 때문에 월말에 빌려주는 돈처럼)이 아니라면, 모두가 명확히 알 수 있도록 서면으로 작성하는 것이 현명하다. 만약 자녀에게 이자를 청구할 생각이라면 너무 부담스럽지 않은 금액으로 책정하라. 그렇지 않으면 나중에 자녀가 찾아와서 다른 방안을 요청할지도 모른다. 이미 경제적으로 고군분투하고 있는 자녀에게 적은 금액을 빌려주고 이자를 요구하는 것은 의미가 없다. 이 상황은 돈을 빌리는 것에 대한 인생 교훈을 가르치기에 적당하지 않다.

만약 당신이 임대료와 같은 고정적인 비용을 위해 재정을 지원한다면 한꺼번에 주는 것이 나은지 정기적으로 주는 것이 나은지 의논하라. 예를 들어, 임대차 계약 초기에 임대료를 한번에 내는 것이 아니라 매달 지원하는 것처럼 말이다. 만약 부모 둘 중 한 명이라도 예산을 고수하는 자녀의 능력이 걱정된다면 후자의 방식이 더 좋다. 그러나 어느 경우든 당신이 얼마나 오랫동안 도움을 줄 것인지에 대해서는 명확히 해야 한다.

마지막으로 고려해야 할 사항이 있는데 그것은 어렵고 복잡해 별도의 논의가 필요하다. 바로 당신의 돈이 어떻게 사용되는지에 대한 통제권을 가지고 있는지에 대한 것이다.

자녀는 당신을 돈줄로 생각하지 않는다

존과 미셸은, 딸 버네사와 그녀의 파트너인 소피아가 살고 있는 보스턴 보다는 시원한 뉴욕 북부에 있는 호숫가 집에서 함께 긴 여름 휴가를 보내기를 고대하고 있었다.

대학 졸업 후, 버네사는 디저트 가게를 준비하고 소피아는 이민자들이 저렴한 주택을 찾도록 돕는 비영리 단체에서 일하며 보스턴에서 살기로 했다. 버네사는 매주 평일 밤에는 창업을 준비했고 대부분의 아침과 오후 그리고 주말에는 도시의 4성급 호텔 주방에서 일했다. 비록 보조제빵사였지만 자신의 사업에 대한 계획을 다듬으면서 디저트에 관한 귀중한 지식을 많이 배우고 있었다.

호텔과 비영리 단체의 일로는 많은 돈을 벌지 못했기 때문에, 버네사는 부모님께 가게가 수익을 창출할 때까지 재정적으로 도와줄 수 있는지 물었고, 그들은 이것이 몇 년은 걸리리라 예상하며 돕기로 결정했다. 존과 미셸은 재정적으로 넉넉했고 젊은 커플이 얻을 수 있는 집보다 더 넓은 집에 살도록 도울 수 있어서 행복했다. 덕분에 버네사도 제품 개발에 집중할 수 있는 넓은 주방을 갖게 되었다.

존이 그들을 초대하기 위해 전화했을 때 소피아가 전화를 받았다.

"너희 둘 다 시간을 낼 수 있는 8월 주말이면 우리는 언제든 좋다."

"아, 잘 모르겠네요. 버네사에게 물어볼게요. 8월에 같이 스칸디나비아를 여행하기로 해서요. 날씨도 좋고 낮도 꽤 길어서 방문하기에 일 년 중 가장 완벽한 시기거든요. 티켓을 바꿀 수 있는지 버네사에게 물어볼게요. 두 분만 괜찮으시면 7월 중에 주말에 뵈러 갈 수 있을지 알아볼게요."

"버네사에게 비행기를 알아본 다음 우리에게 전화해달라고 해주렴." 존이 말했다.

존이 전화를 끝내고 돌아왔을 때, 그의 아내는 호수가 내려다보이는 베란다에서 책을 읽고 있었다.

"어느 주말이 괜찮대요?" 그녀가 물었다.

"못 온대요. 8월에 스칸디나비아를 여행한다더군."

"유럽 여행이라고요? 걔들 돈 없는 줄 알았는데."

"아닌 것 같던데. 아니면 우리가 걔들 휴가를 보내주는 셈이겠지. 부모님 돈으로 코펜하겐이나 스톡홀름을 돌아보면 매우 즐겁겠군. 스칸디나비아 물가가 싸지도 않을 텐데."

"버네사가 그곳에서 제품 아이디어라도 얻으려나 봐요."

"꽤나 비싼 쿠키네."

존은 집으로 들어가며 중얼거렸다.

부모가 성인 자녀에게 재정을 지원할 때 직면하는 가장 어려운 문제 중 하나는 그 돈의 사용에 관여해야 하는지 여부다. 특히 부모가 준 돈이 자동차 수리비나 치과 진료비 같은 일회성 지출 또는 새 텔레비전이나 새 매트리스 같은 특별 지출이 아니라 임대료나 유치원비같이 매달 들어가는 비용에 쓰인다면 특히 골치 아픈 문제가 된다. 당신이 도움을 계속 주고 있다면 그것이 어떻게 쓰이는지 정확하게 확인할 방법은 없다.

주택구입 같은 특정한 목적을 위해 당신의 돈을 어떻게 쓸지 정해줄 수는 있겠지만 그렇다고 해서 강요할 수는 없다. 버네사의 부모는 임대료를 지원했고, 이는 버네사가 요청한 것이었다. 만약 부모가 그 돈으로 휴가 가는 것을 불평한다면, 버네사와 소피아는 쉽게(그리고 정직하게) 그렇지 않다고 말할 수 있을 것이다. 휴가비는 그들이 식료품이나 옷에 쓸 비용을 줄여서 모은 여행 자금이었지만 버네사의 부모는 알 도리가 없다.

경제적인 도움을 제공하기 전에 자녀가 생각보다 돈을 헤프게 쓴다는 것을 알았을 때 어떤 기분일지 그리고 그것을 털어놓을지 또는 어떻게 말할지에 대해 생각해보라. 만약 아무런 조건 없이 지원하기로 했다면, 그들의 지출 때문에 당신이 괴롭더라도 어떤 말도 하지 않길 바란다. 설령 그 돈이 기본생활비로 쓰일 것이라고 예상했더라도 말이다. 그러나 자녀가 생계를 유지하기 위해 도움을 요청했는데 '먹고 사는' 일에 낭비가 심하다면 그것에 대해서는 물어봐도 좋다. 당신을 걱정하게 만든 지출 내역에 대해서는 언급하지 않고 이런 식으로 말할 수 있다.

"너에게 계속 우리의 도움이 필요한지 이제 괜찮은 건지 궁금하구나. 이제 네가 잘 지내고 있는 것처럼 보이는데."

부모가 자신의 재정적인 지원이 어떻게 쓰이기를 원하는지 표현한다고 해서 문제가 될 것은 없다. 어떤 부모는 그 돈을 주택구입이나 육아나 교육과 같은 특정한 항목에 쓰라고 미리 말하기도 한다. 그러나 돈이 실제로 어떻게 쓰이는지는 부기(자산, 자본, 부채에 관련된 수입과 지출, 그에 따른 자산, 자본, 부채의 증가와 감소 등을 장부에 정리하는 방법으로 단식 부기와 복식 부기로 나뉜다-옮긴이)의 문제이고, 자녀가 집세가 올라서 도움이 필요하다거나 아이의 보육 기관 비용이 오르거나 다시 학교에 다니고 싶다고 말한다면 당신은 그저 자녀가 정직하다고 믿어야 한다.

만약 당신이 자녀의 지출이 너무 헤프고 자녀에게 준 돈을 당신이 정말로 필요로 하는 어떤 일, 말하자면 기다려 마지않던 집 리모델링에 쓰고 싶다고 생각한다면 이렇게 말해도 괜찮다.

"나는 네가 여전히 우리 도움이 필요한지 아닌지 궁금하구나. 네가 먹고살기에 문제가 있는 것처럼 보이지 않고, 우리는 실제로 그 돈을 부엌을 개조하는 데 사용할 수도 있거든."

당신을 신경 쓰이게 하는 특정 지출에 대해 깐깐히 캐묻거나 월간 예산을 보여달라고 요청하기보다는 대체로 이런 식으로 표현하는 것이 좋다. 당신이 자녀에게 재정적으로 도움을 준다는 이유만으로 자녀가 외식을 할 수 없다거나 당신의 승인 없이 가끔 돈을 헤프게 쓸 수 없다는 것을 의미하지는 않는다.

다음은 미셸이 제안한, 그녀와 존이 버네사와 소피아의 여행을 바라보는 방법이다.

"북유럽 여행이 사치스럽게 보일 수도 있지만 둘 다 열심히 일하는데다가 2년 만에 가는 휴가인데 우리가 못마땅하게 여기면 안 될 것 같아요. 더구나 우리는 걔네가 여행 자금을 저축하려고 무엇을 아꼈는지 어쨌는지도 모르잖아요. 매주 식비를 줄여서 저축한 돈으로 비행기 표를 샀다면 당신은 다르게 느낄 건가요? 아니면 1달러를 절약할 때마다 우리가 준 돈을 조금씩 돌려줘야 한다고 생각해요?"

"그건 아니지. 당신이 말하는 요점은 알겠어요. 그렇지만 우리도 어딘가에 쓸 돈이 필요했다면요? 그때는 뭐라고 할까요?"

"글쎄요. 우리가 정말로 돈이 필요했다면 애초에 도움을 주지 말았어야죠. 다행히 그럴 일은 없었죠. 물론 예상치 못했던 일이 생기면, 말하자면 이 오두막의 지붕을 고쳐야 한다는 사실을 알게 된다면 지원을 줄여야 한다고 말할 수는 있다고 생각해요. 걔들이 먹고살기 위해 무엇을 할지는 잘 모르지만 분명히 이해할 거예요. 그때는 걔네가 시간을 충분히 가지고 계획을 세울 수 있도록 미리 말할 거고요."

알고 보니 버네사와 소피아도 그들의 여행 소식을 듣고 부모님이 어떻게 반응할지 걱정하고 있었다. 그래서 버네사는 부모님 집에 방문할 날짜를 의논하기 위해 다시 전화를 걸었을 때 그 이야기를 꺼냈다.

"방문 날짜를 정하기 전에, 우리가 어디서 여행할 돈을 마련했는지 설명하고 싶었어요."

그녀는 아버지에게 말했다.

"굳이 설명할 필요 없단다."

"물론 설명하지 않아도 된다는 건 알아요, 아빠. 하지만 소피아와 얘기해봤는데 말씀드려야 한다고 생각이 들어서요. 우리가 두 분이 주신 집세로 비싼 휴가를 떠난다고 생각하시지 않기를 바라요. 소피아의 엄마가 생일 선물로 비행기 표를 주셨고, 우리는 예산을 짜서 숙박비와 식비를 저축하려고 필요하지 않은 것들은 사지 않기로 했고요.

하루에 두 번씩 마시는 스타벅스 라테 값을 모으면 얼마가 되는지, 아빠가 들으면 깜짝 놀라실걸요."

"소피아 어머니가 그렇게 해주셨다니 매우 다정하시구나."

"이렇게 너그러운 부모님이 계시다니 우린 정말 운이 좋아요. 솔직히 아빠 엄마 없이 우리가 뭘 할 수 있겠어요."

자녀가 집을 살 때 해줄 수 있는 일

부모와 자녀 사이의 금융 거래 중에 자녀의 생애 첫 주택구입을 돕는 것만큼 큰 일은 없다. 이는 관계에도 큰 부담이 된다. 자녀가 집을 살 수 있도록 돕는 일은 경제적으로도 심리적으로도 서로에게 큰 영향을 미친다. 사실 경제적인 것보다 심리적으로 어려운 경우가 더 많다.

경제적인 부분에서는 계약금을 지불할 돈을 주거나 빌려주기, 매달 대출금, 재산세, 보험, 공공요금 등 지불할 수 있는 비용과 필요한 비용 계산 방법 알려주기 등이 포함된다. 또한 다양한 주택융자 옵션, 부동산 매매 수수료 계산, 제안서와 수정 제안서 계획에 대한 질문에 답변 제공하기가 있다. 자녀의 첫 번째 주택구입이기 때문에 자녀는 이러한 문제들을 대충 이해만 하고 있을 수도 있다. 그러나 분류해야 할 세부 정보가 많은 상황이고, 첫 번째 보았을 때 놓쳤던 부분을 두 번째 볼 때 잡아낼 수도 있다. 이것은 당신의 제안이 받아들여질지 확실하지 않은 경우에 당신이 도움을 제안하는 이유를 설명하는 완벽한 방법이다.

부동산 중개인, 주택융자 중개인, 은행 직원과 같은 다른 사람들이 이러한 문제에 대해 자녀에게 조언하겠지만 그들은 자녀의 소득에 맞춰 이자를 조정하지 않아도 되는 특권을 갖고 있다. 당신은 자녀보다 더 경험이 많고 현명한 사람이자 처음 집을 구입하려는 사람에게서 어느 정도는 감정적으로 거리를 둘 수 있는 사람으로서, 자녀를 이용하려는 사람들로부터 자녀를 보호할 수 있다.

계약금을 내도록 경제적 도움을 주는 것은 간단하다. 당신의 재정 상태를 점검하고 마음이 내키면 감당할 수 있는 금액을 주거나 빌려주면 된다. 자녀에게 미리 당신이 제공할 수 있는 최대 금액을 알려주어 자녀가 부동산 구입을 고려하기 시작할 때 이 점을 유념할 수 있도록 한다. 자녀를 위해 주택담보대출에 보증을 서는 것을 고민한다면 주의해야 한다. 자녀가 대출을 받을 수 없는 경우, 당신이 대출을 인수하거나 대출금을 상환해야 한다는 사실을 명심해야 한다.

만약 판매자가 유리한 시장이고 입찰 경쟁 이후에 호가보다 비싸게 집을 사는 것이 관례라면, 재정 지원의 금액을 결정할 때 이 점을 고려해야 한다. 당신은 이렇게 말할 수 있다.

"우리는 계약금으로 이 정도 금액을 줄 계획이다. 네가 초기에 제안할 금액을 높여야 한다면 이만큼 더 줄 수는 있겠지만, 이게 우리가 줄 수 있는 가장 큰 금액이다."

이런 식으로 자녀는 받을 수 있는 한계 금액을 알고 다른 잠재 구매자들과 경쟁할 수 있다.

부모가 제공하려는 금액에 따라 그냥 주기보다는 빌려주는 게 더 타당할 수도 있다. 세금 전문가와 상의하면 더 좋은데, 부모가 세금을 내지 않고 자녀에게 증여할 수 있는 금액은 법적 한계가 있다. 이 한도 내에서 당신은 세금 걱정 없이 자녀의 배우자에게 돈을 증여할 수도 있다. 당신이 결혼한 경우라면 본인과 배우자가 각각 자녀와 자녀의 배우자에게 증여할 수도 있는데, 당신과 배우자가 집을 사는 부부에게 줄 수 있는 금액을 합하면 둘 중 한 사람이 자녀에게 단독으로 증여할 수 있는 금액의 네 배에 이른다.

그러나 당신이 자녀에게 빌려줄 수 있는 금액에는 제한은 없다. 자녀에게 계약금으로 상당한 금액을 빌려줄 계획이라면 구체적인 계획을 짜기 전에 전문가와 상의하라. '가족 간 대출'의 규모, 기간, 이자율 등의 법적 요건이 있다. 이에 대해서는 국세청 웹사이트에서 확인할 수 있다. 일단 구체적인 사항을 결정했다면 서류로 작성하여 증빙을 받아 문서를 보관해야 한다. 세금 목적으로 필요할 수 있기 때문이다.

만약 당신이 자녀에게 많은 돈을 빌려줄 수 있다면 그 돈이 계약금 이상으로 도움이 될 테니 주택담보대출을 대체하거나 보완할 수 있다. 그렇다면 자녀가 많은 돈을 절약하게 될 것이다. 가족 대출의 이자율이 시중 은행이나 주택담보대출 회사의 대출 금리보다 낮을 수 있기 때문이다(우리나라에서는 가족 간 금전대차의 경우 적정이자율 4.6%를 적용해야 한다 - 옮긴이). 게다가 당신은 자녀에게 돈을 대출해주었으므로 매달 자녀가 지불하는 이자소득이 발생한다. 이는 당신이 저축 계좌에 돈을 넣어둘 때보다 이익이 훨씬 클 것이다. 다시 말해서, 가족 대출을 설정함으로써 자녀는 낮은 이자를 지불하고, 당신은 저축 계좌에 넣어놨을 때보다 높은 이자수익을 낼 수 있다. 자녀가 당신에게 지불하는 이자에 대한 세금 공제를 원한다면 대출을 주택담보대출로 문서화하는 방법을 전문가와 상담하라.

켄과 어맨다는 딸 애니와 그녀의 남편 더글러스를 이런 식으로 도왔다. 캔자스시티에서 일하던 애니와 더글러스는 유치원생 아이가 있으며 아이를 한 명 더 낳을 계획을 갖고 있었다. 코로나19 동안 그들은 집에서 일해야만 했는데 애니는 주방 식탁에 노트북을 펴놓고 더글러스는 침실에서 일했다. 그들은 이렇게 재택근무를 계속할 경우 침실 두 개짜리 아파트로는 모자랄 것이라고 생각했다. 그래서 재택근무

사무실로 사용할 방이 있고, 마당이 있고, 아이들을 키우기 좋은 커다란 집을 교외에서 찾기 시작했다. 부부는 계약금으로 10만 달러를 저축했고 잔금을 치르기 위해 주택담보대출을 받을 계획이었다. 그들은 마음에 드는 40만 달러짜리 집을 찾았다. 그 당시 주택담보대출 금리는 이자만 상환하는 대출의 경우 약 5%였다.

애니의 부모님은 5만 달러를 증여하여 딸 부부를 돕기로 계획했다. 이후 가족 대출에 대해 알아보니, 딸 부부에게 줄 돈을 하나로 합치는 것이 좋을 것 같았다. 당시에 그들은 예금의 대부분을 이자가 1%밖에 안 되는 은행 계좌에 넣고 있었고, 그 돈을 급하게 빼서 쓸 일은 없었다(물론 저축 계좌의 이자율은 시간이 지나면서 증가할 가능성은 있다. 절차가 어떻게 진행되는지 설명하기 위해 이 숫자를 사용한 것이다. 만약 당신이 대출 자금을 마련하기 위해 투자 상품을 처분해야 하는 경우, 그 투자 상품으로 인한 소득의 세금을 지불해야 할 수도 있다는 사실을 명심하라).

당시 장기 가족 대출에 대한 국세청의 이자율이 3%였기 때문에 애니의 부모는 은행의 주택담보대출 이자보다 더 낮은 이자로 25만 달러를 추가로 빌려주겠다고 제안했다. 그리고 애니와 더글러스가 그 집을 팔 때 25만 달러를 상환하는 것에 동의했다. 애니와 더글러스는 주택담보대출을 받았다면 매달 지불해야 할 이자 1,042달러가 아닌 625달러를 그들이 집을 소유하는 한 부모님께 매달 지불할 것이고, 이로써 그들은 매년 5,000달러를 절약하게 된다. 애니의 부모는 은행에서 연

간 2,500달러의 이자(25만 달러의 1퍼센트)를 받는 대신 연간 7,500달러의
이자를 받게 될 것이다. 그들은 이런 조건을 서면으로 작성하고 서명
했다.

　자녀가 마련할 수 있는 주택구입 금액, 다양한 주택담보대출 옵션,
부대비용, 구입 세부사항을 협상하기 위한 전략과 같이, 집을 구입할
때 발생하는 다른 문제들과 관련해서 당신의 주요 역할은 자녀가 간
과한 부분이 없는지 확인하는 것이다. 집을 소유해본 적이 없는 사람
은 주택구입 시 지불해야 하는 세금이나 미리 알아봐야 할 부동산 서
류에 대해 잘 모를 것이다.

　부동산 매매 수수료도 마찬가지다. 나중에 대출자가 세부사항을
제공하겠지만 자녀는 주택구입을 알아보기 전에 이에 대해 생각하지
않을 수도 있다. 비싼 집을 구입할 경우 이러한 비용이 놀랄 만큼 많이
들 수 있다. 때로는 집을 구입하기 전 선금이 부부의 빠듯한 예산으로
감당하기 힘든 경우도 있다.

　이러한 모든 문제를 수학적으로 계산하라는 것이 아니고 단지 상
기시키는 것뿐이다. 당신의 자녀가 사지 못할 집을 찾느라 낭비하는
시간을 당신이 절약해줄 수 있다. 그들이 집값을 제안할 준비가 되
었다면 협상 전에 혹시 조언이 필요한지 물어보라. 만약 당신의 조언을
거절한다면 굳이 애쓰지 마라.

주변 동네에 대한 가치평가나 특정 주택의 장단점 파악하기처럼 주택 구입에 있어 돈과 관련 없는 측면에 당신이 관여할 것인지 결정하는 것, 주택을 살기 좋게 만들거나 수리하기 위해 해야 할 것들을 생각하는 것, 그리고 제안할 집값을 최종적으로 결정하는 것 등이 구매자금을 처리하는 것보다 훨씬 까다롭다. 자녀는 아마도 당신이 재정적으로 도와주기를 바랄 것이다. 하지만 어떤 집을 사야 할지에 대한 의견을 듣는 것은 원하지 않을 수 있다. 그들의 기준이 있을 것이기 때문이다.

당신이 주택구입자금에 관여한다고 해서 주택 선정에 관여해야 하는 것은 아니다. 그 두 가지를 분리해야 한다. 자금을 지원한다고 해서, 돈을 어떻게 쓰라고 지시할 권리는 없으며 최종 결정에 대한 거부권도 없다. 당신이 지원한 돈의 액수는 중요하지 않다.

만약 당신이 최종 결정에 대한 발언권 없이는 계약금 지급을 도울 마음이 없다면, 지원을 다시 생각하거나 지원하면 발언권을 갖겠다고 미리 분명히 밝혀야 한다. 당신이 어떤 결정을 내리든, 일단 결정하면 자녀가 실수한다는 생각이 들더라도 집을 선택한 후에는 지원을 철회해서는 안 된다. 당신이 부동산을 공동 소유하지 않는 한, 당신은 그들의 사업 파트너가 아니라 후원자다.

시중에 나와 있는 가격대에 맞는 집을 찾는 데 도움이 필요한지 자녀에게 물어봐야 한다. 어떤 자녀는 일이나 육아로 너무 바쁘기 때문에 누구의 도움이든 반길 수도 있다. 물론 어떤 자녀는 자신이 직접 싼 값의 매물을 찾는 것을 즐기거나 부동산 매물 보는 것을 좋아해서 스스로 찾는 것을 선호할 수 있다. 만약 당신이 신규 매물이 공고되기 전에 소식을 듣거나 분양을 막 앞둔 집에 대해 알고 있다면, 이런 정보는 전달해도 괜찮다.

다양한 부동산 정보가 온라인에 올라와 있기 때문에 자녀는 관심 매물의 링크를 당신에게 쉽게 보낼 수 있다. 그러나 자녀가 링크를 보내면서 당신에게 의견을 요청하지 않는 한, 의견 제시는 하지 않기를 바란다. 자녀는 자신이 고려하고 있던 동네에서 팔리는 매물을 보여주거나 자신의 드림하우스를 보여주기만 해도 즐거울 수 있다. 그 집들이 너무 비싸서 자녀가 구입할 수 없더라도 말이다. 마찬가지로 그들이 집을 둘러볼 때 동행하고 싶다면 초대받을 때까지 기다리되 가능하다면 그들이 한 초대에 선뜻 응하지 마라. 부모와 함께 가기 전에 자신들이 먼저 매물을 보고 싶어 하는 부부도 있다. 다른 사람에게 집을 보러 가자고 말하기 전에 집을 선별하기 위해서다.

이는 집을 찾는 과정에서 당신이 아무 의견도 낼 수 없다거나 경제적 지원을 해야만 의견을 말할 수 있다는 뜻이 아니다. 나의 경험상 잠재적 재난을 예방하기 위해 필요할 때만 당신의 생각을 말하는 것이 최선이라고 계속 말해왔지만, 주택구입에 한해서는 이 원칙을 완화해도 좋다. 자녀의 수입에 비교했을 때, 주택구입은 아마도 자녀가 할 수 있는 가장 큰 투자일 것이기 때문이다.

만약 자녀가 당신의 의견을 듣고 싶지 않다고 말한다면 그것을 존중해야 한다. 그러나 그들이 중대한 상황을 초래할 중요한 결정을 하고 있다는 점은 지적해도 좋다. 어떤 상황은 그 집을 팔지 않는 한 변하지 않을 수도 있다. 예를 들어 자녀가 다닐 학교가 있는 곳이라거나 또는 집 마련에 돈이 너무 들어 가난해져서 스트레스를 받고 비참해진다거나 하는 상황들이다. 당신이 집을 직접 구입하거나 판매해봤다면 당신의 조언이 특히 유용할 수 있다.

자녀가 당신에게 관여하지 말라고 분명히 요구하지 않는다면 의견 표현을 잘해야 한다. 가장 좋은 방법은 당신이 날카로운 질문을 던지고 자녀가 생각을 전환할 수 있는 방식으로 틀을 짜는 것이다.

"배치는 훌륭해 보여. 하지만 너희 퀸 침대가 들어갈 만큼 안방이 넉넉하니? 줄자를 갖고 다시 재봐야 하는 건 아닐까?"

"안내 책자에는 주방용품이 신상품이라고 강조되어 있는데, 부동산 중개업자가 준 사진을 보면 조리대 공간이 터무니없이 부족해 보여. 너처럼 요리를 자주 하는 사람은 살기 힘들겠다. 수리할 생각이니?"

"근처에 식당과 클럽이 많네. 주말 밤에 다시 와서 소란스럽지 않은지 살펴봐야 할 것 같은데?"

주택구입 경험이 부족한 사람은 첫눈에 끌리는 한 가지 특성에 관심을 집중하게 된다. 예를 들면 방충망이 설치된 베란다, 스테인드글라스 창문, 멋진 현관, 전문적인 가스레인지 등이다. 흥미는 덜 하지만 좀 더 근본적인 것들에는 관심이 잘 가지 않는다. 그물 모양 난간이 설치된 베란다는 거부하기 힘들 수도 있지만 배관 문제, 낡은 배선, 허물어지는 기반, 비가 새는 지붕 등이 있는 집을 구입하면 여름에 베란다에서 산들바람을 맞으며 아이스티를 즐기는 건 고사하고 이러한 문제들을 해결하느라 더 많은 시간과 돈을 소비하게 될 것이다. 당신 눈에는 잠재적인 문제들이 보이지만 자녀가 그 말을 듣기 싫어한다면 중립적인 의견을 줄 전문가를 고용하자고 제안하라. 또한 경험이 부족한 구매자는 쉽게 수리할 수 있는 하자 때문에 너무 빨리 집을 포기해버릴 수도 있다. 처음 주택을 구입하는 사람은 자신이 좋아하는 집에서 보이는 결함들이 고치기 어렵지 않거나 수리 비용이 비싸지 않다는 사실을 알게 되면 매우 기뻐한다.

이것이 당신이 다른 상황에서보다 더욱 적극적으로 나서서 자녀가 첫 번째 집을 살 수 있도록 도울 수 있는 이유다. 당신은 자녀가 충동적이고 근시안적인 결정으로 집을 사거나 또는 포기하지 않도록 하면서도 사기당하지 않도록 보호해야 한다.

당신의 재산에 대해 구체적으로 알려주어라

당신은 자녀가 집을 사는 것을 도울 수도 있고 돕지 않을 수도 있지만 미래의 재정 문제에 대해서는 반드시 자녀와 이야기해야 한다. 아직 이 말을 꺼내지 않은 사람에게 내가 자주 권하는 조언은 '40-70' 규칙을 따르라는 것이다. 자녀가 마흔 살이 되기 전, 그리고 당신이 일흔 살이 되기 전에 대화를 나눠야 한다는 말이다. 물론 자녀가 20대일 때 그 부분에 대해 대화하지 못할 이유는 없지만, 그 전에 당신 스스로 미래의 재정적 상황을 확실히 예측할 수 있을 때까지 기다려야 한다.

다룰 내용이 많기 때문에 자녀와 재정 문제를 이야기할 때는 집중력이 흐트러지지 않도록 짧지만 다양한 관점에서 대화하는 것이 가장 좋다. 첫 번째 대화 주제는 매우 일반적이어야 한다. 목적은 자녀에게 세 가지를 알려주는 것이다.

- 당신이 은퇴 후 편안하게 살 수 있을 만큼 충분한 돈이 있는지.
- 자녀로부터 어떤 종류의 경제적 지원이 필요한지.
- 자녀가 당신에게서 재산을 물려받을 수 있는지.

이런 대화는 직접 나누는 것이 좋지만 가능하지 않을 경우, 전화나 화상 회의를 통해 할 수 있다. 그러나 문자나 이메일로 대화하지는 말기를 바란다. 글은 솔직한 대화보다 제한적이고 덜 세밀하기 때문이다.

만약 자녀가 자신의 파트너도 참석하기를 원하고 당신이 그들과 같이 있어도 편안하다면 그것도 좋다. 당신에게 두 명 이상의 자녀가 있는 경우에는 그들과 함께 만나도 좋고 각자 따로 봐도 좋다. 어떤 것이든 가장 편리한 방법을 택하라. 설명하겠지만, 첫 번째 대화에서는 재산의 실제 금액이나 누가 무엇을 상속받을 수 있는지와 같은 민감한 문제를 피해야 한다. 당신이 격한 감정이나 노골적인 갈등을 피할 수 있도록 말이다.

당신의 파트너도 대화에 참여할지 말지는 당신과 자녀에게 달려 있다. 당신과 파트너는 미리 둘의 공동 계획에 대해 철저하게 이야기해야 한다. 그리고 자녀와 함께 앉았을 때 무엇을 전달할지 합의해야 한다. 만약 당신과 파트너가 특정한 세부사항에 동의하지 않는다면 자녀와 얘기하기 전에 그것들을 해결해야 한다. 만약 이 논의를 파트너 없이 한다면 당신이 얘기할 모든 세부사항에 당신의 파트너가 동의했다는 사실을 처음부터 분명히 알려줘야 한다.

앞서 자녀가 질문을 하거나 도움을 청할 때까지 기다리라고 조언했지만 이 상황에서는 당신이 먼저 움직여야 한다. 자녀는 당신의 은퇴 계획과 장기적인 재정 상태와 관련된 문제들에 대해 알아야 하지만 당신에게 직접 질문하기를 꺼려할 수도 있다. 민감한 문제이기도 해서 굳이 물으려 하지 않는다. 그런 질문들이 당신이 나이 들어가고 있다는 사실을 자녀에게 상기시키기 때문이다. 이는 자녀를 불편하게 하고 심지어 불안하게 만든다. 당신의 자녀는 당신과 당신의 파트너가 일을 그만둔 후에 어떻게 지낼지에 대해 질문하거나 걱정할 수 있다. 또한 의료비와 장기요양비에 대한 충분한 보험이 있는지 궁금해할 것이다. 이 두 가지 보험에 가입하지 않은 상태라면 그 비용이 그들을 포함한 가족 전체에 영향을 미칠 수 있기 때문이다.

아직 마흔이 되지 않은 사람에게는 은퇴가 아득히 먼일로 여겨지겠지만, 당신이 은퇴 후의 삶을 생각하고 준비하는 데 많은 시간을 보냈다면 자녀와 함께 나눌 지식이 많을 것이다. 또한 자녀가 은퇴할 무렵이면 당신이 없을 수도 있다. 은퇴 후의 삶에 대한 당신의 생각을 자녀가 아는 것은 좋은 일이다. 그리고 자녀가 아직 자신의 재정적 미래에 대해 계획할 생각이 없다면 이제부터는 생각해야 한다고 말해주는 것이 좋다. 은퇴 후에 편안하게 살기 위해서는 일을 시작하자마자 저축해야 한다는 것을 자녀에게 잘 확립시켜주어라.

당신은 또한 당신이나 당신의 파트너가 아프거나 재정을 관리할 수 없게 되면 자녀는 자신이 내려야 할 결정에 대비하기를 원할 것이다. 어느 시점에 자녀 중 한 명 이상이 이 문제에 관여할 가능성이 꽤 높다. 그리고 필요한 경우 자녀가 어떻게 해주기를 원하는지 자녀가 아는 것이 중요하다. 당신에게 계획이 있다면 당신은 자녀에게 그 계획이 무엇인지, 계획을 어떻게 실행해야 하는지 알려주어야 한다. 만약 당신이 심각한 질병을 앓고 있다면 빨리 자녀에게 알려주길 바란다. 자녀에게는 비상사태가 벌어지기 전에 당신의 재정 문제에 대한 기본적인 정보가 필요하다. 여기에는 최소한 회계사나 변호사 또는 재정고문의 연락처와 당신의 유언장, 사망 선택 유언장(식물인간이 되기보다는 자연사를 원한다는 유언장 - 옮긴이), 위임장이 포함된다.

자녀는 또한 당신의 금융 계좌 번호와 접근 방법을 알고 있어야 한다. 자녀를 위해 기록해두되 계좌 번호, 로그인 ID, 비밀번호 등은 별도의 문서나 전자 파일에 보관하는 것이 좋다. 자녀에게 다양한 재무 및 세금 기록을 출력할 장소, 컴퓨터에 있는 중요한 정보에 접근하는 방법을 알려주고, 이러한 정보들을 주기적으로 업데이트하는 습관을 들이고 자녀에게 그 정보를 지속적으로 알려주어라. 만약 당신에게 어떤 일(가령 당신이 너무 아파서 직접 돈 관리를 할 수 없다거나 하는 일)이 일어나서 자녀가 재정에 관여해야 하는 일이 생긴다면, 당신은 자녀가 가능한 한 쉽게 그 일을 할 수 있기를 바랄 것이다. 매달 누구에게, 어떤 계좌에서, 어떤 방법(수표, 신용카드, 온라인 이체 등)을 통해 납부해야 하는지에 대한 안내가 적힌 서류를 준비하고 그것을 어디에서 찾을 수 있는지 자녀에게 알려주어라. 특히 당신의 파트너가 이러한 문제에 관여하지 않을 경우, 필요하다면 자녀가 도울 수 있도록 반드시 이렇게 해두는 것이 중요하다.

당신이 처음 당신의 재정적 미래에 대한 이야기를 꺼낼 때 자녀는 당신에게서 물려받을 것이 있는지 만약에 있다면 무엇을 받을 수 있는지 궁금해할 것이다. 만약 자녀가 그것에 관해 처음으로 물어본 것이라면 당신은 이 질문에 정직하지만 일반적인 표현("나도 그렇게 생각한다.", "아마 그렇지 않을 거야." 또는 "나는 아직 모르겠다.")으로 대답해야 한다. 당신이 계획을 세운 후 구체적인 내용에 대해 따로 대화를 나누고 싶다고 자녀에게 말하라. 말하기 꺼려질 수도 있지만 그래도 당신이 자녀에게 무엇을 물려줄 수 있는지 자녀에게 알려줘야 한다. 그래야 자녀가 돈은 물론 귀중품과 부동산을 포함해서 상속받을 수 있는 것과 그렇지 못한 것을 고려해 단기적이고 장기적인 계획을 세울 수 있다. 만약 당신에게 자녀가 둘 이상 있다면 그들 모두 무엇을 상속받을 수 있는지 알아야 한다.

종종 매우 부유한 가정에서 상속을 두고 벌어지는 갈등을 다룬 영화나 드라마를 본 적이 있을 것이다. 현실적으로 상속에 대해 자세하게 논의하면 당신이 얼마나 부유한지와는 관계없이 민감하고 감정적인 문제가 생길 수 있다. 당신에게 상속받을 사람이 여러 명 있다면 특히 더하다. 물려줄 돈이 많지 않은 가족들도 보석이나 가보와 같이 금전적 또는 정서적 가치가 있는 귀중한 재산이 있을 것이다. 당신은 집을 한 명 이상의 상속자에게 물려줄 것인지 아니면 그것을 팔아 수익을 나눠줄 것인지 결정해야 할 수도 있다. 당신은 자녀들이 애착을 가지는 집을 팔겠다고 하면 그들이 속상해할까 봐 걱정된다는 이유로 집을 소유할 필요가 없다.

아직 많은 생각을 해보지 않았다면, 지금이 자녀나 다른 잠재적 상속자들에게 자산을 어떻게 나누어 물려줄 계획인지 임시로 결정하기에 좋은 때다. 이미 유언장을 작성했을 수도 있지만 수년 전에 작성한 것이라면, 유언장이 마지막으로 수정된 이후의 가정생활이나 자산 변화를 고려하여 갱신해야 할 수도 있다. 만약 당신이 규모가 있거나 복잡한 재산을 가지고 있다면 한 명 이상의 전문가에게 조언을 구해야 한다.

일단 당신이 마음을 정했다면 가족과 함께 상속에 대해 두 번에 걸쳐 논의하는 것이 가장 좋다. 한 번은 예비 계획과 그에 대한 근거를 설명하고, 그다음엔 첫 번째 대화에서 논의한 새로운 문제에 대해 생각할 시간을 가진 후 최종 계획을 제시하는 것이다. 당신은 첫 번째 대화를 통해 짐작했던 것보다 자녀들이 특정 귀중품에 대해 신경을 덜쓴다거나, 자녀들끼리 이미 상속 재산에 대해 이야기를 나누었고 그들 사이에서 당신의 자산을 어떻게 나눌지 합의가 있었음을 알게 될지도 모른다. 자녀들이 이미 부동산을 팔아 그 수익금을 균등하게 나누기로 합의한 마당에, 어떤 자녀에게 부동산을 상속할지에 대한 생각을 붙잡고 있는 것은 의미가 없다.

첫 번째 대화는 당신이 왜 특정한 물품을 특정한 사람에게 주는지 또는 왜 그 사람을 당신의 유언을 관리하는 데 핵심적인 역할을 하도록 정했는지를 설명하는 기회다. 잠재적으로 이뤄질 수 있는 주제에는 당신이 다른 가족 구성원에게 자산을 어떻게 나눠줄 것인지, 가족이 아닌 다른 사람들이나 자선 단체에 자산을 남길 것인지, 그리고 당신이 당신의 파트너보다 먼저 사망할 경우(특히 파트너가 당신 자녀의 친부모가 아닐 경우) 상속을 어떻게 처리할 것인지가 포함된다. 많은 자산 관리사들은 재무고문이나 변호사가 합석할 것을 제안하는데 까다로운 질문에 답하고 걱정스러운 반응과 상호작용을 최소화할 전문적인 분위기를 조성하기 위해서라고 한다.

자녀는 자신이 불공평한 대우를 받고 있다고 생각하면 실망감이나 억울함, 분노를 느낄 수밖에 없다. 상속받을 재산이 예상했던 것보다 훨씬 더 적다는 것, 당신이 유산을 자녀들에게 균등하게 나눠주지 않는다는 것, 또는 양부모가 자녀 재산의 상당 부분을 상속받을 것이라는 사실을 알게 되면 격한 감정을 불러일으킬지도 모른다. 그 점이 바로 이러한 주제들을 특별히 주의 깊게 다루어야 하는 이유다. 아마도 대화의 시작은 이런 식일 것이다.

"우리 계획 중 일부는 너희를 놀라게 할 수도 있지만 우리의 생각을 이해할 수 있도록 잘 대화해보자. 그리고 언제든 궁금한 점이 생기면 질문하렴."

실망한 자녀라도 당신에게 그 이유를 듣고 나면 화가 누그러질 수도 있다. 최종 결정은 당신과 당신의 파트너가 내려야 하지만 상속자들에게 질문하게 하고 당신이 이유를 말해주면 갈등과 오해가 줄어들 것이다.

당신은 재산을 분할하는 방법을 설명하는 것 외에도 자녀가 무슨 역할을 할 수 있는지에 대해서도 논의해야 한다. 여기에는 건강 및 재정에 대한 위임장을 가진 이가(만약에 있다면) 당신 재산의 집행자 역할을 할 것인지도 포함된다. 비록 당신이 이러한 책임을 질 파트너를 지정하더라도, 당신은 자녀 중 어떤 자녀가 그다음 순서가 될지 또는 자녀 중 일부와 공유할 것인지를 결정해야 한다. 자녀의 기술과 능력에 따라 이러한 결정을 내려야 한다. 자녀 중에는 의학이나 금융에 대한 전문지식을 지니고 있는 사람이 있을 수도 있고, 더욱 체계적이고 세

부적인 것을 지향하는 사람이 있을 수도 있다.

당신에게 두 명 이상의 자녀가 있다면 자산을 균등하게 나눠주는 것이 공평하며 자녀들 사이의 갈등을 피할 좋은 방법일 것이다. 이것이 대다수의 부모가 이 전략을 따르는 이유다. 그러나 때로는 가장 도움이 필요한 사람에게 가장 많은 도움을 주는 것이 더욱 중요할 때가 있다. 예를 들어 자녀 중 한 명에게 아픈 아이가 있어 의료비가 많이 든다면, 이를 고려하는 것이 타당하다. 가치 있는 가보는 항상 그것을 칭송했던 자녀에게 남기는 것이 동전을 던져 이긴 사람에게 주는 것보다 더 이치에 맞는다. 자산을 배분하는 방법을 결정할 때, 공평함이 항상 균등한 자산 분할을 의미하는 것은 아니라는 점을 기억하라. 자녀의 개인적인 필요에 따라 각각 다른 방식으로 자녀들을 대하는 것은 괜찮다. 다만 당신의 결정이 타당하다는 사실과 그 결정의 근거를 자녀가 잘 이해하도록 하라. 당신은 자녀의 넓은 이해심에 놀랄지도 모른다.

자녀는 경제적인 영역에서 당신의 요구와 선호도와 목표에 적응해야 할 것이다. 연애 영역에서는 그 반대의 일이 일어나야 한다. 즉 당신이 자녀의 요구와 선호도와 목표를 고려해야 할 것이다. 그것이 다음 장의 핵심이다. 다음 장에서는 초기 성인기 연애의 전형적인 진행 과정, 말하자면 성적인 활동에서부터 장기적인 파트너 선택, 결혼식(또는 그에 상응하는 축하), 결혼 후 자녀와의 관계 변화, 자녀의 배우자와의 유대감 형성 그리고 별거나 이혼으로 이어지기도 하는 신혼부부의 갈등이 발생하는 경우와 발생 시점을 다루는 것까지 알아볼 것이다.

사랑과 결혼

· · · · · · · · ·

6장

자녀도 성적 주체임을 기억하라

삶에서 누군가의 성 생활, 성적 지향 그리고 성정체성보다 더 개인적인 것은 거의 없다. 자녀가 자신의 성 생활의 여러 면을 당신에게 드러내거나 논의하는 것은 자녀에게 달려 있다. 당신에 대한 정보를 공유할지가 전적으로 당신에게 달려 있는 것처럼 말이다. 가족들이 성에 대해 얼마나 편안하게 이야기하는지에 따라 다르며, 이 주제에 관해서는 유일하게 올바른 방법이란 없다.

대부분의 경우, 자녀가 당신에게 무언가를 묻거나 말하기 위해 다가오지 않는 한, 또는 자녀가 낯선 사람들과 무방비한 성관계를 하는 식의 잠재적으로 위험한 행동을 하고 있다고 확신하지 않는 한, 당신은 자녀의 성 생활에 관여하지 않아야 한다. 그리고 만약 자녀와 함께 산다면 자녀의 사적인 관계를 파악하고자 기웃거려서는 안 된다.

당신과 자녀의 친밀도에 따라 두 사람은 성 생활의 질에 대한 걱정, 현재 연인과 겪고 있는 성적 문제, 의도하지 않은 임신과 같은 민감한 문제에 대해 편안하게 이야기를 나눌 수 있다. 당신은 인내심 있게 경청하고, 조언을 요청받지 않는 한 조언을 삼가고, 대화 내용의 비밀을 지켜야 한다. 당신이 자녀가 얘기한 내용에 대해 당신 파트너의 의견을 듣고 싶다면 자녀에게 먼저 허락을 구해야 한다.

자녀가 성폭력이나 성희롱 또는 부적절한 성행위의 피해자라는 사실을 알게 되면 자녀에게 이 문제에 대해 당신과 이야기하고 싶은지 물어봐야 한다. 만약 그렇다고 한다면 공감하며 경청하고, 일어난 일은 네 책임이 아니라고 자녀에게 확실히 말하고, 자녀가 그 일에 대해 무엇인가 행동할 수 있는 위치에 있는 사람에게 알리도록 격려하라. 우리가 지난 10년 동안 배웠듯이 성적 피해가 이전에 생각했던 것보다 훨씬 더 흔해져서 직장과 대학에서는 이를 예방하고 대응하기 위한 정책들이 시행되었다. 사건이 자녀에게 심리적으로 영향을 미쳤다면 상담 전문가와 이야기해보라고 제안하라. 그리고 만약 당신도 젊었을 때 그런 일을 겪었다면 자녀에게 그 일과 당시의 감정에 관해 얘기하는 것을 고려해보라. 자녀가 혼자가 아님을 알게 하는 데 도움이 될 것이다.

자녀가 피해당한 사실이 있든 없든 자녀의 성적인 부분에 대해 아는 것을 많은 부모가 불편해한다. 자녀가 성적으로 활발하다는 사실에 대해서도 마찬가지일 수 있다. 점점 더 많은 성인 자녀가 집으로 다시 돌아오면서 부모들이 마주하게 된 현실이다(이 논쟁의 목적을 위해, 나는 자녀가 미혼이라고 가정하겠다. 당신은 결혼하지 않고 하는 성행위를 도덕적으로 반대하지 않는다. 아마도 당신은 자녀가 어디서 성행위를 하든 상관없이 동일하게 느낄 것이다. 마찬가지로 결혼한 자녀와 그 배우자가 당신 집으로 이사를 온다고 해도 그들이 성적으로 활발하다는 사실은 걱정할 필요가 없다).

만약 자녀가 집을 떠나 살면서 활발한 성 생활을 즐긴다면 이를 지속하고 싶어 하는 것은 당연하다. 당신이 다른 부모와 같다면 당신의 집이 아닌 어딘가에서 자녀가 성 생활을 하고 있다는 사실을 알아도 마음이 불편하진 않을 것이다. 당신이 그것을 지적할 수 없으며 지적하는 것이 말도 안 된다는 것도 알고 있다. 그저 당신은 자녀의 성 생활에 더 많은 거리를 두고 싶을 것이다.

이는 당신이 자녀를 성적인 존재로 생각하고 싶지 않다는 것을 보여준다. 그래서 당신이 얼굴을 마주치지 않아도 되는 곳에서 자녀가 섹스하는 것은 용인할 수는 있지만, 복도를 사이에 두고 가까이 있을 때는 곤란하다고 생각한다. 위로가 되는 점이 있다면 자녀 역시 아마도 당신과 가능한 한 멀리 떨어져서 성 생활을 하고 싶어 한다는 점이다.

이는 인내와 상호 존중이 필요한 상황이다. 다른 어떤 연령대보다 20대와 30대에 더 성적으로 활발하며, 따라서 자녀가 성 생활을 원하는 것이 자연스럽다는 사실을 받아들여야 한다. 자녀의 성 생활을 가까이에서 감당하기가 너무 힘들다는 이유만으로 부모님과 살 수밖에 없는 성인 자녀에게 금욕하라고 하는 것은 불합리하다.

만약 문제가 자녀의 활발한 성 생활이 아니라 그것을 당신이 떠올리고 싶지 않은 것이라면 당신과 자녀가 몇 가지 조치를 취해 상황을 더 쉽게 만들 수 있을 것이다. 해결책은 금욕을 고집하는 것이 아니라 자녀가 자신의 성 생활을 사적인 영역으로 지키기 위해 자신이 할 수 있는 일을 하리라고 기대하는 것이다. 그러나 사적이라고 해서 비밀을 의미하는 것은 아니다. 서로의 사생활을 존중하는 한 20대나 30대 자녀가 당신과 함께 산다고 해서 성 생활을 금할 이유는 없다.

당신은 자녀가 몰래 다니게 만들어서는 안 되지만 신중하게 행동하라고 말해야 한다. 만약 당신이 보기에 자녀가 신중하지 못한 것 같다면 다음과 같이 말해도 무방하다.

"네 성 생활은 네 일이다만 여긴 작은 집이야. 벽은 네가 생각하는 것보다 더 얇고. 좀 더 신중하게 행동하길 바란다. 아니면 걔네 집으로 가든가."

초기 성인기는 또한 자녀가 부모에게 자신의 성적 지향이나 성정체성을 밝히는 시기이기도 하다. 그런데 이 둘을 혼동하는 사람들이 많다. 성적 지향은 다른 이에게 지속적으로 감정적·낭만적·성적 매력을 느끼는 패턴(게이, 이성애자, 양성애자 등)을 나타내는 반면, 성정체성은 자신의 성별[남성, 여성, 양성 또는 제3의 성(남성도 여성도 아님)]에 대한 내적 감각을 나타내며, 이는 태어날 때 부여된 성별과 같을 수도 다를 수도 있다. '트랜스젠더'는 성정체성이 태어날 때 부여받은 성별과는 다른 사람들로 대개 그들의 성기를 기준으로 한다. '시스젠더'는 출생 시 부여된 성별과 일치하는 사람들을 말한다.

어떤 사람의 성적 지향은 그의 성정체성과는 관련이 없다. 자신의 성정체성을 남성이라고 밝힌 사람이 이성애자이거나 게이, 레즈비언, 양성애자 또는 무성애자일 수 있으며, 여성이라고 밝힌 사람도 마찬가지다. 게다가 누군가의 성적 지향과 성정체성은 그들이 자신의 성을 표현하는 방식(전형적으로 남성적인 방식이나 여성적인 방식, 또는 각각을 혼합한 방식)과 반드시 일치하는 것도 아니다. 당신은 외모나 행동으로 누군가의 성적 지향이나 성정체성을 구별할 수 없다. 대중 매체에서 여성스러운 게이 남성이나 심하게 남성스러운 레즈비언을 묘사하는 것은 고정관념에 불과하다.

성적 지향이나 성정체성은 둘 다 선택이 아니다. 누군가의 성격을 바꿀 수 없는 것과 똑같이 그들의 성적 지향성이나 성정체성을 바꿀 수 없다. 사람의 성적 지향이나 성정체성을 '전환'하려는 시도는 비도

덕적이고 잔인하며 비효율적일 뿐만 아니라 우울증이나 불안이나 자살과 같은 심리적으로 해로운 영향을 미친다. 마찬가지로 누군가의 성적 지향이나 성정체성에 대한 근본 원인이나 이유를 발견하려는 노력은 무의미하다. 왜냐하면 대부분의 인간의 성은 유전적 요인과 호르몬 요인 그리고 환경적 요인에 복합적으로 영향을 받기 때문이다. 그중 일부는 출생 전부터 존재한다. 우리는 누군가가 왜 이성애자인지 절대 묻지 않는다. 따라서 누군가가 왜 동성애자인지 물어볼 이유도 없다. 이성애자가 아닌 다른 성적 지향이나 출생 시 부여된 성별이 아닌 성정체성은 질병이나 장애 또는 문제가 아니다. 문제는 다른 사람들이 누군가의 성적 지향이나 성정체성을 받아들이지 못할 때만 발생한다.

성적 다양성을 바라보는 사회적인 시선이 조금 나아지긴 했지만 성적 지향이나 성정체성이 '부적합'한(즉 사람들은 이성애자이고 정체성은 태어나면서 부여받은 성이라고 믿는 일반적인 예상과는 다른) 많은 사람들은 여전히 가족과 학교, 직장과 공동체 내에 잘 수용되지 못한다. 그리고 이러한 편협함은 정신 건강 문제로 자주 이어진다. 부모가 자녀의 성을 수용하기를 거부하거나 꺼리는 것은 특히 파괴적이며 자녀와 부모 사이에 돌이킬 수 없는 소원함을 유발한다(3장의 '관계가 멀어질까 걱정된다면' 편을 보라).

마지막으로, 누군가의 부적합한 성적 지향이나 성정체성이 그들이 결혼할 수 없다거나 부모가 될 수 없다는 것을 의미하지는 않는다. 오늘날 동성 커플들은 결혼하고 아이를 입양하고 대리모나 체외 수정의 도움으로 아기를 낳는다. 부모는 게이나 레즈비언 자녀를 두었다고 해서 할머니 할아버지 노릇이라는 즐거움을 누릴 수 없을 것이라고 걱정할 필요가 없다. 트랜스젠더 자녀를 둔 부모도 마찬가지다.

부모는 자녀가 성적 지향이나 성정체성을 밝힐 때 어떻게 느끼느냐에 따라 다양하게 나뉜다. 몇몇 부모는 그 사실을 얼마 전부터 알고 있었는데, 자녀가 그들에게 이야기할 만큼 안정감을 느꼈다는 사실에 안심한다. 다른 부모는 그러한 폭로에 놀라긴 했지만 자녀가 이런 측면에 대해 개방적이고 정직해졌다고 하면서 기뻐한다. 또 다른 부모는 조용히 불행해하면서 이것은 지나갈 단계라고 스스로에게 말한다. 또 어떤 부모는 괴로워하면서 자녀의 폭로가 사실이 아니길 바란다고 말한다.

자녀는 부모에게 자신의 성적 지향이나 성정체성을 밝히기 위해 성인이 될 때까지 수년 동안 기다렸을 것이다. 대부분의 사람은 청소년기에 자신의 성적 지향과 성정체성을 이해하게 되기 때문이다. 부모가 어떻게 반응할지 확신하지 못할 때, 특히 부정적으로 반응할 것이라고 두려워한다면 자신에 대한 심오한 무언가를 말하기 위해 엄청난 용기가 필요하다. 당신이 자녀의 폭로에 어떤 감정을 느끼든지 상관없이 반드시 비판적이지 않은 방식으로 반응해야 한다. 당신은 이 사실을 자신에게 공유해줘서 얼마나 고마운지 그리고 그것이 얼마나 어려웠을지 잘 알고 있다고 자녀에게 말해야 한다.

만약 당신이 자녀의 말을 듣고 혼란스럽거나 속상하거나 실망하거나 화가 나더라도 자녀가 당신에게 성적 지향이나 성정체성을 설명하는 동안 이러한 감정들을 참고 조절해야 한다. 자녀가 새롭게 알게 된 자신에게 적응하는 데 시간이 걸렸듯이, 당신도 적응하는 데 시간이 걸릴 것이다.

당신의 감정과 상관없이 당신은 자녀가 여전히 예전과 같은 사람이라는 사실을 기억해야 한다. 자녀가 갑자기 낯선 사람이 된 것이 아니다. 달라진 것은 당신이 예전에 몰랐거나 확신하지 못했던 것을 이제는 알게 되었다는 것뿐이다. 이제 당신은 자녀를 이전보다 더 잘 알게 되었다. 이는 기쁜 일이다.

당신이 놓친 신호를 곱씹거나 알아채지 못한 자신을 자책하려고 하지 마라. 누군가의 성적 지향이나 성정체성이 그 사람의 겉모습이나 행동에 반드시 반영되는 것은 아니라는 사실을 기억하라. 당신은 어떤 숨길 수 없는 신호를 놓친 것이 아니다. 그 사람의 행동이나 관심사로부터 그 사람의 성적 지향이나 성정체성을 추론할 수 없다. 그리고 자녀에게 이와 같은 말은 하지 않길 바란다.

"네가 그렇다는 것을 알고 있었어."

그런 말은 당신에게 미리 말하지 않은 것을 어색하게 만들 뿐이다.

자녀가 깊숙이 묻어놓았던 얘기를 마치고 나면 조용히 자녀를 안아주고 있는 그대로의 모습으로 사랑하며 항상 지지하고 돌보기 위해 곁에 있을 것이라고 안심시켜라. 만약 자녀가 현재 누군가와 알아가고 있다고 한다면 그 사람을 만나보고 싶다고 말하고 자녀와 파트너가 마음 내킬 때면 당신은 언제든 환영이라고 말하라. 당신과 자녀 모두 다음 단계를 밟을 준비가 되려면 시간이 걸릴 수 있으므로 당신이나 자녀 또는 자녀의 파트너가 불편하다면 서두르지 말기 바란다.

부모는 그러한 뜻밖의 사실을 알게 된 후에는 대체로 다음과 같은 질문들을 하고 싶어 한다. 언제부터 자신의 성적 지향과 성정체성에 대해 알고 있었는지 그리고 그것을 다른 사람들에게 얘기했는지 안 했는지 같은 것들이다. 자유롭게 질문하되 정중하고 성실하게 물어봐야 한다. 솔직히 많은 자녀들은 부모가 질문을 하지 않으면 이상하게 생각할 것이고, 부모의 침묵을 반감으로 잘못 해석할 수도 있다.

시간이 흘러도 여전히 자녀의 성적 지향이나 성정체성을 이해하고 받아들이기가 어렵다면 이와 같은 문제를 돕는 단체가 있다. 성소수자 지원센터나 상담소에서 좋은 지원과 정보를 제공한다. 안내나 지원이 필요하거나 비슷한 문제에 직면했거나 직면하고 있는 다른 가족들과 대화하는 것이 도움이 되리라 생각한다면 기관에 연락하라.

초기 성인기는 많은 부모가 자녀의 성에 대해 놀라운 사실들을 발견하는 시기다. 또한 부모는 좋든 싫든 자녀의 연애 취향에 대해 더 많은 것을 알게 되는 시기이기도 하다.

자녀의 연애 상대에 대하여

대부분의 아이들은 고등학교 시절 적어도 한 번은 진지한 연애를 한다. 따라서 당신은 아마도 자녀가 사귀던 누군가를 만나본 경험이 있을 것이다. 그리고 아마도 10대인 자녀의 연애가 그리 오래가지 않을 것이라고 생각했을 것이다.

대학생 남자친구나 여자친구와 결혼할 확률도 높지 않다. 오늘날 결혼한 사람들의 약 4분의 1 정도만이 대학에서 배우자를 만났다. 보통 사람들은 25세가 될 때까지 많은 다양한 연애 관계를 맺었을 가능성이 크다. 10대와 20대 초반의 사람들이 문란해서가 아니다. 단지 그들이 이른 나이의 연애가 결혼으로 이어지리라고 거의 기대하지 않기 때문이다. 그래서 그들은 둘 중 하나 또는 둘 다 흥미를 잃을 때까지 관계를 유지하고 어느 시점이 되면 옮겨간다.

20대 후반이나 30대 초반에 미래의 배우자를 만나는 경우가 훨씬 더 흔하다. 진지한 관계를 맺고 있는 이 연령대의 자녀가 있다면 자녀는 결국 그 사람과 결혼할 가능성이 높다. 최근 조사에 따르면 사람들이 미래의 배우자를 만나는 평균 나이는 27세로, 여성들은 이보다 조금 적고 남성들은 이보다 조금 더 많다고 한다.

마샤와 앨런이 아들 톰의 여자친구를 알게 된 후에 바라던 것이 바로 그것이다. 리즈를 만났을 때 서른한 살이었던 톰은 그녀를 부모님께 소개하기까지 3개월을 기다렸다. 그때쯤 부부는 톰과 리즈의 관계가 그만큼 진지하다는 것을 알고 있었다. 톰과 부모님이 근처에 살았기 때문에 그들은 정기적으로 만났고 함께 즐겁게 시간을 보내곤 했다.

톰의 부모님은 단 한 번만 빼고는 대체로 톰이 데이트하는 여자들을 마음에 들어했다. 그 한 번은 톰이 온라인에서 만나 몇 달 동안 교제했던 여자로, 한 동네 식당에서 저녁 식사를 하면서 그녀를 소개받았다. 네 사람이 식사를 마친 후 젊은 커플은 먼저 떠났고, 앨런은 계산서를 웨이터에게 다시 건네면서 그에게 얼음을 넣은 스카치위스키를 달라고 요청했다.

"어찌나 대단하신지."

앨런은 술을 홀짝이면서 아내에게 말했다.

"그 아이가 이것저것 따지는 거 봤어요? 나는 아주 폭발할 지경이 었다고요. 참느라고 혼났네."

"그러니까요. 톰도 분명히 알았을 거예요." 마샤가 말했다.

톰은 며칠 후 그 여자와 헤어졌기 때문에 톰의 부모님은 톰에게 이 이야기를 할 필요가 없었다. 부모의 반대가 커플의 서로에 대한 헌신을 강화할 때도 있지만, 소위 그러한 로미오와 줄리엣 효과는 예외일 뿐 공식이 아니다. 부모가 좋아하지 않는 연애 상대를 일부러 선택하는 자녀는 거의 없다.

리즈는 톰이 이전에 만났던 여자와는 완전히 달랐다. 그녀는 지적이고 우아하며 매력적이었다. 마샤와 앨런은 리즈가 그의 아들을 얼마나 아끼는지 알 수 있었고, 그들은 그녀가 톰과 결혼할 바로 그 사람이 되길 진심으로 바랐다.

어느 날 톰이 전화를 걸어 리즈와 헤어지기로 했다고 말했을 때 그들은 실망했다. 부모님이 리즈를 얼마나 좋아하는지 잘 알고 있던 톰은 "설명하기 어려워요."라고 말했다.

"우리는 정말 잘 지냈지만 제가 감정이 생기지 않았어요. 친구로 지내는 게 더 나을 것 같아요."

부모님은 리즈를 알아가는 것이 매우 즐거웠지만 톰의 감정을 확실히 이해한다고 말했다.

"정말 안타까워요."

나중에 마샤는 남편에게 말했다.

"정말 사랑스러운 아이였어요. 이제 와서 어쩔 수 없지만요. 나는 톰의 직감을 믿어요. 무엇보다 톰이 행복해야 하잖아요. 대인관계에 문제가 없으니 톰은 분명 다른 좋은 사람을 만날 거예요."

자녀가 좋아하던 사람과 헤어졌을 때 부모가 자신의 의견을 말하지 않는 건 쉽지만, 자녀가 실수하고 있는 게 확실하고 부모 마음에 들지 않거나 어떤 식으로든 맞지 않는 사람과 사귄다는 확신이 들 때는 입을 다물고 있기가 훨씬 어렵다. 어떤 부모도 자녀가 나쁜 관계에 빠져 있는 모습을 보고 싶어 하지 않는다. 그러나 부모가 의견을 거리낌 없이 말했는데 자녀가 그들의 조언을 무시한다면 자녀와의 사이가 멀어질 위험이 있다.

자녀의 주변 사람들 중 당신의 마음에 들지 않는 사람이 있을 수 있다. 그 사람이 자녀의 친구나 동료나 또는 무심코 데이트했던 사람이라고 해서 당신이 불쾌하다고 굳이 얘기할 이유는 없다. 자녀도 당신의 감정을 감지할 수 있고, 시간이 지나면 당신이 좋아하지 않는 사람들을 사귀는 일을 멈출 것이다. 그러니 그들이 자녀의 생활의 한 부분으로 남아 있더라도 당신 생활의 일부가 되지는 않을 것이다. 그 사람이 자녀의 잠재적 배우자나 파트너일 때는 상황이 매우 다르므로 그들과 공존할 방법을 찾아야만 할 것이다.

스물다섯 살이 안 된 자녀가 당신 마음에 안 드는 사람과 데이트하고 있는가? 그들이 서로에게 장기적인 헌신을 할 의도가 있다고 말하지 않는 한, 당신은 아무 말도 하지 않는 것이 좋을 것이다. 당신은 그 사람에게 친절하게 대해야 하지만 그들에 대한 당신의 의견을 말할 이유는 없다. 자녀는 당신이 누군가를 좋아할 때 하는 행동과 좋아하지 않을 때 하는 행동의 차이를 이미 잘 알고 있기 때문이다. 자녀와 좋은 관계를 맺고 있다면 당신이 뻔히 싫어하는 사람인 걸 알면서도 자녀가 그 사람과 결혼할 계획을 세우지는 않을 것이다. 자녀가 30대 중후반이라면 장기적인 파트너를 찾으려는 열망에 판단력이 흐려질 수도 있으므로 당신은 잠재적인 파트너에 대해 더 걱정해야 한다.

당신은 자녀가 사귀는 사람이 왜 못마땅한지 그 이유를 알고 있지만 그것은 그저 확실히 설명하기 어려운 나쁜 감정일 뿐이다. 이런 경우에는 잠깐 멈추고 무엇이 당신을 괴롭히고 있는지 생각해보라. 당신이 어떻게 느끼는지 당신의 파트너나 친구와 얘기해보는 것이 도움이 될 수도 있다. 당신의 막연한 인상을 말로 표현한 다음 그에 대한 다른 사람들의 반응을 들으면 좀 더 명확하게 알 수도 있기 때문이다.

아마 당신은 그들의 성격이 마음에 안 들지도 모른다. 따분하거나 건방지거나 무신경하거나 사회성이 떨어진다고 느껴질 것이다. 어쩌면 그들은 당신이 관심이 덜 가는 분야에 흥미가 있거나 당신이 좋아하는 분야에 관심이 없을 수 있거나 그 둘 다일 수도 있다. 그렇다면 두 사람은 대체 무슨 얘기를 해야 할까? 아마 그들의 인종적·종교적·사회경제적 배경 또한 당신이 자녀의 파트너에 대해 상상한 이미지가 아닐 수 있다. 당신은 이혼 경험이 있는 파트너와 결혼하고자 하는 자녀 때문에 속상할 수도 있다. 특히 자녀의 파트너가 이전 결혼 생활에서 얻은 아이가 있을 경우 당신은 자녀가 타인의 아이의 부모가 될 준비가 됐는지 의문이 들 것이다. 이것은 매우 어려운 문제다. 어쩌면 당신은 자녀의 파트너까지는 받아들여도 그의 아이까지 받아들일 수는 없을지 모른다.

당신이 반대하는 원인이 자녀의 행복에는 아무 위협이 되지 않는 것이라면 아무 말도 하지 말아야 한다. 괜히 당신과 자녀의 관계를 위태롭게 할 뿐이다. 자녀의 파트너에 대한 당신의 판단은 중요한 문제가 아니다. 그들이 서로에 대해 어떻게 생각했느냐가 중요하다. 게다가 당신이 키우고 당신의 가치관과 세계관을 공유했을 당신의 자녀는 아마도 그 파트너에게서 당신이 보고 있는 것과 똑같은 특성을 보고 있을 것이다. 다만 자녀는 그 부정적인 특성이 거슬리지 않고, 부정적인 특성을 능가하는 긍정적인 특성을 보고 있는 것이다. 당신이 자신의 눈이 아닌 자녀의 눈을 통해 그 사람을 보는 데 시간이 걸릴 수 있다.

더 나아가 당신이 자녀에게 불안감을 표현한다면 자녀를 곤란한 상황에 처하게 하는 것이다. 모두 모였을 때 그들이 어떻게 행동해야 할까? 만약 자녀의 파트너가 당신 자녀에게 "당신 부모님이 자기를 좋아하지 않는 것 같다."라고 얘기하면 뭐라고 얘기해야 할까? 그리고 자녀의 파트너가 다음과 같이 최후통첩을 한다고 가정해보자.

"나야? 당신 부모님이야? 선택해."

당신은 그들의 관계가 더 진지해지기 전에 의견을 말하는 것이 좋은 행동이라고 생각할 수도 있지만 실은 그 반대일지도 모른다.

자녀에게 해를 끼칠 것만 같은 잠재적인 파트너에 대해 구체적인 단점이 있다면 문제가 다르다. 당신이 우려하고 지적해야만 하는 점은 정서적 학대, 약물 남용, 바람기, 일하기를 거부하거나 일자리를 찾지 않는 것 등과 같은 걱정스러운 행동이다. 자녀에게 파트너의 행동에 대해서 지속적인 변화를 요구하고 개선되는 모습을 보기 전에는 그 사람과 장기적인 관계에 돌입하지 않아야 한다고 말하라. 자녀가 당신의 조언을 무시하고 관계를 이어간다면 당신이 할 수 있는 일은 없으나, 그들이 결혼한 후 문제가 발생한다면 당신은 자녀가 그 문제를 처리하도록 도움을 줄 수 있다(6장의 '자녀 부부의 갈등' 편을 보라).

그러나 당신이 자녀의 파트너를 좋아한다고 해도 그들이 결혼하기로 결정하면 당신은 결혼식과 그 이후를 둘러싼 새로운 난제에 직면하게 될 것이다.

결혼식의 일원

결혼은 즐거운 행사여야 하고, 실제로 대부분의 시간이 즐겁다. 하지만 시간과 자원에 꽤나 부담을 주는 행사들이 그렇듯, 많은 사람이 관여하고 수많은 선택과 결정을 해야 하고 커다란 감정의 동요까지 일으키는 결혼은 다양한 의견 충돌의 실마리를 제공한다.

그러므로 결혼에 대해 생각할 때는 결혼과 결혼식을 구분하는 것이 중요하다. 결혼하는 당사자들이 원하는 의식의 종류를 결정해야 한다. 결혼식은 그들의 결혼에 추구하는 이상과 목표를 반영하기 때문이다. 따라서 그들은 누가 주례를 볼 것인지, 각자 어떻게 옷을 차려입을 것인지, 어떤 서약을 교환할 것인지 결정해야 한다. 그러나 결혼식에 대한 어떤 결정이 내려지기 전에 당신이 직면할 잠재적인 긴장의 원인은 결혼식이 누구의 행사인지 명확히 해야 한다는 점이다. 당사자 두 사람의 행사인지 아니면 가족들의 행사인지 말이다.

결혼식을 바라보는 관점은 문화와 세대에 따라 상당히 다양한데, 어떤 경우에는 참석한 모든 사람이 결혼식을 커플의 한쪽 가족 또는 양쪽 가족이 주최하는 행사로 이해한다. 이 경우에 결혼식의 주최자는 어떤 식으로 결혼식을 진행할지 결정해야 한다. 결혼식이 가족을 나타내기 때문이다. 이러한 관점은 구식으로 들릴지도 모르지만 많은 문화권에서, 특히 가족이 그 어떤 구성원보다 더 중요하다는 가족주의를 강조하는 문화권에서 확고하게 자리 잡은 관점이다.

다른 경우에는 결혼식을 당사자인 두 사람의 행사로 바라본다. 그래서 결혼식을 어떤 식으로 할 것인지 결정하는 사람도 결혼하려는 두 사람이다. 결혼식은 다른 사람에게 그들 자신에 대해 보여주는 그들의 방식이다. 현대의 미국에서는 이것이 당연하게 여겨지지만 다른 나라에서는 이것이 이기적이고 무례하게까지는 아니더라도 이상하게 보일 수 있다.

서로 다른 민족적 배경을 가진 사람들끼리 결혼하는 경우가 증가함을 고려할 때, 커플과 그들의 부모 또는 결혼하려는 사람들 사이의 관점의 차이는 드문 일이 아니다. 이 문제를 해결하기 위해서는 이에 대해 터놓고 정직하게 이야기하는 것 말고는 방법이 없다. 한 가지 방법은 한 번은 부모님이 주최하고 계획한 대로, 또 한 번은 커플이 주최하고 계획한 대로 여러 번의 결혼식 행사를 여는 것이다.

결혼식의 어떤 부분에 누가 돈을 지불하는지 결정하는 규칙은 더 이상 없다. 미국의 전통적인 견해로는 결혼식 비용은 신부의 부모가 지불하고, 결혼식에 선행하는 행사인 예행연습이나 환영 만찬 또는 피로연과 부부의 신혼여행 비용은 신랑의 부모가 지불하는 것이었다. 그러나 많은 가족이 이를 따르지는 않으며 지금은 사람들이 돈을 더 많이 모아서 늦게 결혼하기 때문에 많은 커플이 자신의 결혼식 행사 비용을 전부 치르거나 부모님과 분담한다. 게다가 동성 결혼의 증가를 고려할 때 결혼 자금 조달과 관련해서 신부와 신랑을 구분하는 것은 더 이상 이치에 맞지 않는다.

결혼식 비용과 여러 다른 행사 비용을 어떻게 분담할지 결정하는 것은 부부가 각자의 가족들과 따로 상의하는 것이 최선이며, 이는 한 가족이 다른 가족보다 훨씬 더 많은 비용을 지불하고 있다는 사실을 모두가 알게 될 경우 생길 수 있는 어색함을 피하는 방법이다. 이렇게 한다면 각 가족이 무엇에 기여하고 있는지는 오직 신랑과 신부만이 알 수 있다. 자녀와 그 파트너가 이런 방법으로 계획을 진행한다면 상대방 부모가 무엇에 기여하고 있는지 질문하지 마라. 가족들이 모두 같은 자산을 가진 것은 아니며, 설령 수입이 비슷하다고 해도 자녀 네 명의 결혼식에 자금을 대야 하는 부모와 오직 자녀 한 명의 결혼식만 생각할 수 있는 부모는 서로 입장이 다르다. 당신이 결혼식 비용을 도와주겠다고 제안한다면 그 커플에게 선물로 주는 것이니 당신이 주는 비용이 그들이 다른 사람들에게 받는 비용에 따라 달라져서는 안 된다.

결혼식의 당사자인 두 사람은 재정 문제를 논의하기 전에 무엇을 하고 싶은지 대략 계획을 세운 다음 행사를 다양하게 구성했을 때 예상 비용이 얼마인지를 정확히 파악해야 한다. 그리고 각자 자신의 부모와 개별적으로 상의해 얼마를 도움 받을 수 있는지 알아야 한다. 그런 다음 커플은 자신들이 감당할 수 있는 것을 계산하고, 필요하다면 계획을 수정하며, 가족에게 받은 돈을 가장 잘 사용하는 방법을 알아낼 수 있다. 그들은 한 가족에게는 예식의 특정 부분에 대한 비용을, 다른 한 가족에게는 그 밖의 다른 부분에 대한 비용을 지불하도록 요청할 수도 있다. 또는 모든 비용을 한데 모아 누가 어디에 지불하는지 구체적으로 명시하지 않은 채 사용할 수도 있다.

당신이 주는 비용이 어떻게 사용되는지는 당신과 그 커플이 논의할 문제다. 만일 당신이 그들에게 준 돈이 결혼 피로연이나 결혼식 전날의 만찬과 같은 특정한 행사에 쓰이길 원한다면 행사의 세부사항들은 당신과 자녀 커플이 함께 결정하는 것이 가장 좋다. 모두가 반대하는 게 아니라면 말이다. 만약 테이블보의 색상과 같은 사소한 부분이 마음에 들지 않더라도 자녀 커플의 스트레스를 최소화하도록 그들이 선호하는 것에 따르는 게 좋다. 그러나 예를 들어 초대 목록처럼 뭔가 중요한 것에서 의견 차이가 나면 협력적인 문제 해결 방식(2장의 '갈등이 상처가 되지 않도록' 편을 보라)을 사용해서 해결하도록 노력하라. 그러나 결혼식은 당신이 모든 구체적인 사항을 결정해서 벌이는 파티와는 다르다. 결혼식은 커플과 양측 부모들이 계획하고 있는 일련의 행사 중 일부이기 때문이다. 예를 들어 당신이 결혼 피로연을 주최하고 상대측 부모가 환영 만찬을 주최하는 경우, 자녀 커플은 두 계획을 조율해야 한다. 아마도 두 행사에서 똑같은 메뉴가 나오기를 원하지는 않을 테니까 말이다.

결혼식을 계획하기 위해 자녀 커플을 만날 때, 결혼식 비용을 지불하는 데 당신이 일조하든 하지 않든 융통성 있게 행동해야 한다. 결혼식을 준비하며 심한 스트레스와 중압감에 시달리고 있을 테니 그들에게 부담을 더하지 않도록 주의하자. 이제는 모두 대강의 행사 일정을 알고 있을 만큼 친해져 있기를 바란다. 그렇지 않다면 각자 마음에 품은 생각들을 표현하도록 당신이 대화의 물꼬를 틀 수도 있다. 당신은 모두들 며칠 동안 곰곰이 상황을 생각한 다음 다시 모여서 모두의 희망사항을 충족할 수 있는(적어도 부분적으로나마) 방법이 있는지 알아보자고 말할 수 있다.

결혼식 비용 지불이 결혼 전 부모와 자녀 사이에 긴장감을 유발할 수 있는 유일한 원인은 아니다. 결혼식과 피로연에 누구를 초대할 것인지, 한쪽 부모 또는 양쪽 부모가 이혼했거나 재혼했을 때 그리고 이

전 배우자와 사이가 좋지 않을 때 일어날 수 있는 문제(재정뿐만 아니라)를 어떻게 다룰지, 어떤 사람들이 또 어떤 순서로 커플을 위해 건배할 것인지, 좌석은 어떻게 배치할 것인지, 그리고 행사가 리조트나 해외에서 열리는 데스티네이션 웨딩(하객들이 휴가 겸 참석할 수 있도록 외국의 특별한 장소에서 하는 결혼식 - 옮긴이)이라면 숙소 문제 등에 관한 의견에서도 차이가 있을 수 있다. 만약 그렇다면 커플은 미리 결정을 내리고 승인을 받기 위해 각각의 부모들과 조율해야 한다.

당신이 일부 계획에 동의하지 않는다면 걱정되는 점을 얘기하고 그것을 어떻게 처리해야 하는지를 제안하라. 당신이 재정적으로 기여했는지 그리고 얼마나 기여했는지와 관계없이, 신부나 신랑의 부모로서 당신의 의견을 밝혀야 한다. 문제들을 미리 잘 처리해서 결혼식 전에 모든 것이 해결될 수 있도록 하라. 당신 가족이 전통적인 가문 출신이 아닐지도 모르지만, 모든 부모는 특히 자녀의 결혼식에서는 존경받을 가치가 있다. 자녀의 결혼 첫날에 잘 대우받지 못하면 앞으로 더 큰 문제에 직면할 수도 있다. 결혼식이 끝나고 커플이 신혼여행에서 돌아온 후, 당신은 어떻게 대우 받았는가에 대한 우려를 말로 표현하고 즉시 상황을 바로잡도록 해라. 당신의 자녀와 그의 파트너가 모두 있는 자리에서 이야기하는 것이 가장 좋다.

자녀의 결혼이
당신과 자녀와의 관계에 미치는 영향

자녀가 결혼하면 당신은 자녀를 잃는 것이 아니라 며느리(또는 사위)를 얻는 것이라는 말이 있다. 이 말은 부분적으로만 사실이다. 자녀가 결혼하거나 파트너와 장기간의 헌신적인 관계를 맺게 되면 부모는 자녀를 잃은 것이 아닌데도 그들의 관계에서 상실감을 느낀다('결혼했다', '배우자', '사위', '며느리'란 단어를 사용하긴 했지만, 여기서는 법적으로 결혼한 커플뿐만 아니라 법적으로 결혼하지 않은 커플도 포함한다).

자녀가 다른 사람에게 애착을 갖게 되면 당신에게서 감정적으로 더욱 자유로워진다. 청소년기의 애정 관계를 규정하는 친밀함은 자녀가 이전에 경험해왔던 어떤 것과도 다르다. 사랑과 지지를 제공하기 위해 남자친구나 여자친구에게 의존할 수 있다는 사실을 알게 되면 청소년인 자녀는 자신이 더욱 자신감 있고 성숙해졌다고 느끼며, 이는 부모로부터 분리될 수 있는 수단이 된다. 이와 비슷한 과정이 자녀가 결혼할 때 일어난다.

관계의 변화는 사람들이 자신을 보는 방식을 바꾸고, 결국 다른 사람들과 상호작용하는 방식을 바꾼다. 새로운 친밀한 관계를 형성하는 것은 성인 자녀가 정서적 지원을 받기 위해 부모에게 의존해야 하는 필요성을 줄여주며 부모로부터 거리를 둘 수 있게 해준다. 이것은 자녀의 자율성을 발전시키는 데 필수적인 부분이다(1장의 '당신의 아이는 더 이상 어리지 않다' 편을 보라). 자녀가 결혼한 이후에도 자녀와의 관계가 변하지 않는다면 매우 놀라운 일이다.

자녀가 파트너와 친밀한 관계를 맺은 이후에도 당신과 어느 정도 멀어지지 않았다면, 나는 자녀와 파트너의 관계가 그들에게 정서적으로 필요한 것을 주고 있는지 의문이 든다. 결혼이 부모와의 유대를 단절시켜서는 안 되지만 만약 신혼부부가 어려운 시기에 자신의 파트너보다 부모에게 더 의지한다면 무언가 잘못된 것일 수도 있다. 당신의 자녀는 친밀한 관계에 투자할 감정적 에너지의 양이 한정되어 있으며 결혼한 후에는 에너지의 대부분을 배우자에게 투자해야 한다.

자녀와 파트너는 그들이 같이 살기 전에는 직면할 필요가 없었던 다양한 영역의 결정을 내려야 한다. 이러한 결정들 중 일부는 매우 일상적인 것들이다. 어떤 가구로 공간을 채울지, 어떤 종류의 차를 살지, 어디에서 식료품을 살지 등이다. 그러나 좀 더 중대한 결정들도 있다. 어떤 집을 구입할지, 아이를 어떻게 기를지, 휴가를 어디서 보낼지 등의 결정이다. 당신은 그 결정 사항들을 듣고 놀랄지도 모른다. 자녀가 하지 않을 법한 데다가 당신이 조언했던 것과는 상당히 다른 결정들이기 때문이다.

이와 같은 경우에 짜증내지 않도록 하라. 우선 자녀의 선호에 따라 내려진 결정이 무엇인지 당신은 알 수가 없다. 그리고 자녀가 자신의 파트너와 잘 지내는 것이 당신을 기쁘게 하는 것보다 더 중요하고, 당연히 그래야 한다. 누군가와 같이 살 때 가장 중요한 것은 자신에게 영향을 주고 변화시키도록 상대방을 허용하는 것이다.

자녀의 의견 중 일부가 당신의 의견과 다르다는 사실은 당신의 취향이나 생각이나 가치관을 거부한다는 의미가 아니다. 자녀의 인생에 당신의 의견보다 더 중요하게 여기는 의견을 지닌 사람이 있다는 것을 인정한다는 의미다. 당신이 때로는 모르는 척 고개를 돌려야 한다면 그것은 자녀의 행복한 결혼 생활을 위해 치러야 할 작은 대가다. 그리고 당신은 자녀의 파트너가 영향을 준 결정들이 마음에 들어서 당신의 의견을 재고하게 될지도 모른다. 당신은 특정한 스타일의 가구를 좋아해본 적이 없을 수도 있지만, 자녀의 집에 방문해서 자녀의 파트너가 고른 의자에 앉아보면 그것이 비록 당신이 보기에는 별로여도 편안하다는 것을 알게 될 것이다.

자녀의 결혼이 당신과 자녀와의 관계에 미치는 영향을 생각할 때 고려할 또 다른 요소는 당신이 어머니인지 아버지인지 그리고 자녀가 아들인지 딸인지를 구분하는 것이다. 대부분의 경우 결혼은 어머니와 딸을 더 가깝게 만든다. 아직도 많은 가정에서 여성은 가족 내의 관계를 관리하고 외부 세계와의 가족 관계를 관리하는 사람이란 의미로 '가족 소통 담당자(kinkeeper)'라고 불리기 때문이다.

가족 소통 담당자의 목표는 가족 구성원들끼리 잘 지내도록 모임을 계획하고 연락을 유지하도록 만드는 것이다. 이를 위해 어머니와 딸은 결혼한 후에 더 밀접한 관계를 유지하는 경향이 있다. 아버지와 자녀 또는 어머니와 아들이 관계에 힘쓰는 것보다 훨씬 더 말이다. 어머니와 딸이 둘 다 가족 소통 담당자가 되면 아마도 가족의 계획이나 역학 관계에 대해 다른 두 관계보다 더 자주 이야기를 나눌 것이기 때문이다. 가족의 계획이나 역학 관계 중 일부는 중요한 휴일을 보내는 방법에 대한 가족들의 선호도 관리하기와 같은 새로운 주제일 것이다.

여성은 태어나는 순간부터 남성보다 평균적으로 더 사교적이고 사회적으로 숙련되었다. 그리고 이러한 특징은 살면서 분명히 드러난다. 여자아이는 일반적으로 남자아이보다 말하기를 먼저 시작하고, 단어를 조합하여 구나 문장을 형성하는 것을 포함해서 언어 발달의 모든 측면에서 남자아이를 훨씬 앞선다. 또한 눈을 마주치고, 제스처를 사용하고, 다른 사람들의 표정을 보고 그들의 감정에 주의를 기울여서 신호를 포착하는, 이른바 눈치를 포함하여 의사소통의 비언어적인 측면에서도 남자아이보다 더 낫다. 여자아이가 지닌 사회적 기술은 유년기와 청소년기 내내 지속되며 다른 사람들과 상호작용하는 방식을 형성하고 친구나 가족 관계를 훨씬 정서적인 관계로 만든다. 여성은 의사소통을 더 잘할 뿐만 아니라 사회적으로 더 기민하고 관계에도 관심이 많아서 이상적인 가족 소통 담당자가 될 수 있다. 만약 당신이 결혼을 앞둔 딸이 있는 엄마라면 결혼 전보다 자녀와 더 긴밀한 유대감을 즐길 수 있게 될 것이다.

만약 당신이 아버지라면 결혼한 자녀와의 관계는 자녀의 성별이 무엇이든 더 멀어질 수도 있고, 당신은 이전의 친밀함을 되찾기 위해 그저 수다를 떨자고 전화한다거나 어떤 활동을 같이하자고 제안하는 등의 노력을 해야만 한다는 사실을 알게 될 수도 있다. 가끔 당신의 자녀와 어울려 뭔가를 하면 각자의 파트너까지 같이 무엇을 할 때보다 둘만의 유대감을 강화하는 데 도움이 될 것이다. 물론 다 같이 만나는 것도 중요하며, 당신이 자녀와 함께하는 별도의 시간은 다 같이 만나는 것의 대체가 아니라 모자라는 부분을 채우는 보충이 되어야 한다.

당신이 이제 막 여자와 결혼한 아들의 엄마라면 며느리가 그녀의 어머니와 이야기하고 문자를 주고받는 시간의 양과 당신이 아들과 보내는 시간의 양을 비교하면서 약간의 질투를 느낄지도 모른다. 이것은 당신의 아들과 며느리가 부모가 되면 더욱 늘어만 갈 것이다. 아이가 생기면서 며느리와 그녀의 어머니가 의논하고 관리할 또 하나의 관계를 만들어내기 때문이다.

자녀가 결혼한 후에도 친밀한 관계를 유지하는 한 가지 방법은 자녀의 파트너와 강한 정서적 유대감을 발전시키는 것이다. 실제로 자녀의 파트너와 좋은 관계를 맺으면 당신과 자녀의 관계도 강화된다. 게다가 자녀의 파트너는 그들 자체로 매우 좋은 친구가 될 수도 있어서 당신이 자녀와 보내는 시간만큼 며느리나 사위와 보내는 시간을 즐길 수도 있다.

자녀의 배우자와 좋은 관계 맺기

며느리나 사위와 좋은 관계로 발전하는 것은 당신과 자녀와의 관계에 매우 중요하며, 당신이 조부모가 될 경우 훨씬 더 중요해질 것이다.

결혼 후 당신과 자녀의 파트너와의 관계는 우호적 단계, 평가 단계, 평형 단계, 이렇게 세 단계로 펼쳐질 것이다. 그 다음 단계는 당신이 조부모가 됐을 때의 단계인데, 이 단계는 8장에서 다루도록 하겠다.

우호적 단계 자녀의 결혼 초기에는 당신과 자녀의 파트너와의 관계가 다른 가족 관계와 다르다. 자녀의 파트너는 당신 가족의 규범이나 기대나 전통에 친숙하지 않을 수 있으며, 그중 일부는 그의 마음에 들지 않을 수 있다. 자녀의 파트너는 당신이 삶에 들이기로 선택한 사람이 아니다. 당신의 자녀가 선택하여 당신 삶에 들어와 있으니, 당신은 설령 그가 마음에 들지 않더라도 사이좋게 지낼 필요가 있다. 게다가 당신과 사이가 틀어졌거나 당신이 부당한 대우를 받았다고 해서 그 관계를 끝낼 수도 없다. 관계를 끝내려고 시도했다가는 모든 가족에게 불쾌하고 지속적인 영향이 있을 것이기 때문이다.

부모와 며느리나 사위와의 관계는 높은 위험을 수반한다. 관계가 악화되도록 놔두면 그 대가는 매우 크다. 따라서 순조롭게 출발해야 한다.

이 역학 관계는 다른 방향으로도 작용한다. 대부분의 경우, 적어도 결혼 초기에는 자녀의 파트너가 당신과 사이좋게 지내고 싶어 한다. 만약 당신이 자녀와 좋은 관계라면 당신의 며느리(또는 사위)는 당신이 자신을 가족으로 맞이한 것을 기뻐하도록 만들어주고 싶을 것이다. 이 관계는 그에게도 부담이 큰 중대한 관계다.

우호적 단계에 당신과 자녀의 파트너는 모두 최선의 행동을 할 가능성이 높다. 사려 깊게 행동하고 서로를 칭찬하기 위해 비상한 노력을 할지도 모른다. 그의 성취를 축하하고 당신이 자녀와 통화하기 위해 전화를 걸었을 때 그와 통화를 계속하거나 당신이 생각하기에 그가 즐거워할 것에 관련된 링크를 문자로 보내는 식이다. 만약 당신이 근처에 산다면 서로를 더 잘 알 수 있도록 이따금 둘만의 외출을 제안하라.

자녀 또한 자신의 파트너와 당신 사이에서 뭔가 효과 있는 일을 하고 싶어 한다. 어떤 종류의 불화든 그들에게 영향을 미칠 것이기 때문이다. 만약 출발이 순조롭지 않다고 느끼면 자녀의 파트너는 아마도 가능한 한 빨리 잘못된 것을 바로잡기 위해(그가 이것을 인식하고 있다고 추정할 때의 경우고, 항상 이렇지는 않다) 할 수 있는 것을 하기를 원할 것이다. 자녀는 자신의 파트너와 당신이 즐길 수 있는 가족 모임을 준비하기 위해 최선을 다할 수도 있다. 가족 모임을 통해 만들어진 좋은 감정이 초기 유대감 형성에 영향을 주기를 바라면서 말이다. 우호적 단계가 끝나갈 무렵, 당신과 며느리(또는 사위)와의 관계가 상호적이고 대체로 비판적이지 않은 수용에서 서로에 대해 더욱 신중하고 객관적인 평가로 바뀌기 시작하면 상황이 더욱 복잡해질 수도 있다. 이제 평가 단계로 들어서게 된다.

평가 단계 오해의 대가가 심각해질 가능성이 많은 단계에서 사람들은 특히 경계심이 강해진다. 그들은 다른 사람을 언짢게 할 만한 어떤 행동도 하지 않도록 경계하지만, 동시에 다른 사람의 의도하지 않은 사소한 행동과 모욕에도 대단히 민감하다. 둘 다 최선의 행동을 하려고 노력하고 있지만, 동시에 거절이나 무례의 징후를 느끼고 있을지도 모른다. 그러나 사소한 일을 무심결에 했든 의도한 것이든 당신이 결혼 생활을 시작하자마자 안 좋은 대우를 받는다고 느낀다면, 애초에 싹을 잘라버리기 위해서라도 다른 사람이 없는 데서 자녀에게 말하라. 예를 들어 당신이 선물을 주거나 특별한 행사에 누군가를 대접하면 감사 편지를 받으리라고 예상할지도 모르지만, 자녀의 파트너는 이런 것에 익숙하지 않을 수도 있다. 만약에 당신이 이에 대해 자녀에게 언급하면 자녀는 자신의 파트너에게 그것이 엄마에게 얼마나 중요한지 알려줄 수도 있다.

당신이나 자녀의 파트너, 모두 둘 사이의 문제에 대해 본인이 책임이 있는 것으로 보이길 원하지 않는다. 당신이나 자녀의 파트너, 둘 중 누구도 상대방의 삶을, 나아가서는 모두의 삶을 힘들게 만든다고 자녀가 비난하는 것을 원하지 않는다. 이렇게 되면 자녀는 두 사람 각자와 따로 어색한 대화를 나눌 수도 있는데 그 핵심은 다음과 같다.

"둘이 처음부터 순조롭지 않은 것은 알고 있었지만 내게는 두 사람이 편안하게 공존할 수 있는 방법을 찾는 것이 중요해요. 그러나 어머니(또는 여보)가 그렇게 하지 않으면 우리 모두 너무 힘들어져요."

평가 단계는 당신과 며느리(또는 사위)가 서로를 좋게 느끼거나 서로의 심경을 건드리는 포인트를 알아가는 상당히 조심스러운 시기다. 관계 초반에는 무엇이 상대방을 짜증나게 하는지 그리고 어떤 짜증이 원한으로 이어질지 알 방법이 없다. 그것은 대인 관계에서 겪는 시행착오의 과정이며 당신과 며느리(또는 사위) 중 한 명이 무심코 다른 사람을 화나게 하는 것은 시간문제일 뿐이다.

만약 당신이 보잘것없는 대우를 받았다고 느끼면 자녀에게 그것에 대해 말하기 전에 친구나 당신의 파트너와 상황을 의논해야 한다. 당신이 잘못 해석하거나 과잉반응하지는 않았는지 확인하기 위해서다. 가끔 벌어지는 사소한 일은 언급하지 않고 지나가도록 놔두는 것이 이 단계에서는 최선이다. 당신도 아마 의식하지는 못했어도 몇 가지 실수를 저질렀을 것이다. 이 새로운 관계가 기반을 마련하도록 시간을 주자.

당신의 며느리(또는 사위)가 정말로 어떤 사람인지 그리고 그와 어떻게 상호작용하는 것이 가장 좋은지에 대한 감각을 얻는 것은 둘 다에게 힘든 일일 것이다. 그러나 아마도 당신이 며느리(또는 사위)보다 더 힘들 것이다. 그는 같이 사는 코치(당신의 자녀)로부터 당신에게 어떻게 행동해야 하는지를 조언받는 혜택을 누린다. 같이 저녁을 보내기 전에 당신의 자녀는 파트너에게 해야 할 말이나 행동을 제안할 수 있고, 문제를 일으킬 만한 말이나 행동에 주의를 기울이게 만들 수 있다.

당신과 며느리(또는 사위) 사이에 내재하는 지위 차이가 있기 때문에 당신이 똑같은 방식으로 자녀에게 조언받을 가능성은 적다. 당신과 자녀의 파트너는 각자 친절하고 품위 있어야 하지만, 자녀의 파트너는 또한 당신이 부모로서 존경받을 자격 있는 모습을 보여주기를 기대하고 있다. 자녀가 파트너에게 하는 것처럼 당신을 따로 불러 행동을 바꾸도록 격려할 가능성은 별로 없다(나중에는 그럴 수도 있겠지만 결혼 초기에 그런 일은 거의 없다).

이 단계에서 종종 일어나는 문제는 자녀의 파트너에 대해 자녀와 이야기할 것인지, 또는 자녀에 대해 자녀의 파트너와 소통할 것인지의 여부다. 당신이 자녀의 파트너와 얼마나 친밀한 관계가 될 것인지 결정할 때까지 그들의 행동이나 행복에 대해 걱정한다면, 당신은 자녀에게 그것을 다루는 최선의 방법에 대한 조언을 구하는 것부터 시작해야 한다.

며느리가 우울해 보인다고 가정해보자. 당신의 걱정하는 마음을 그녀에게 직접적으로 표현하기에는 둘의 관계상 너무 이른 시기일 수 있다. 당신은 아직 그녀의 평균적인 감정 기복이 어떠한지 잘 모르며, 당신에게 우울증처럼 보이는 것이 그녀에게는 단지 가끔씩 빠져드는 평범한 감정일 수도 있다. 특히 당신의 자녀는 그 사실을 이미 알고 이해하고 있을지 모른다. 당신이 공감해주려는 마음에 직접 찾아간다면 그녀는 눈치를 보거나 짜증을 낼 수도 있다. 당신이 걱정하는 바를 자녀와 나누는 것이 더 현명하다. 자녀는 걱정할 것이 없다고 설명하거나 아내의 우울증을 알고 있고 이미 얘기를 나누었다고 하거나 당신에게 직접 얘기해보라고 할 수도 있다. 자녀의 판단을 믿어라.

만일 자녀가 걱정된다면 자녀의 파트너를 끌어들이지 말고 자녀에게 이야기하라. 유일한 예외가 있다면 자녀가 스스로에게 해를 입히는 위험에 처해 있다고 느끼는 상황이다. 말하자면, 자녀가 자살을 암시하는 말을 했거나 당신이 생각하기에 약물 남용 문제가 생겼거나 하는 상황이다. 당신이 처음 우려를 표현하면서 자녀에게 도움을 요청하라고 제안할 때 아무런 반응이 없을 수도 있다. 그 시점에는 자녀의 파트너에게 당신의 우려를 공유해라. 그가 이야기하는 것이 더 성공적일 수 있다.

평가 단계가 지속되는 기간은 당신이 자녀 커플과 얼마나 많은 시간을 보내는가에 따라 달라질 것이다. 서로 근처에 살고 있는 사람들과 너무 멀리 있어 자주 모이기 힘든 사람들 사이에도 차이가 있을 것이다. 모임이 잦으면 사람들이 종종 다르게 행동하기 때문에(일부 사람들은 최선의 행동을 하는 반면 방문자로서나 주최자로서 적절하게 행동하지 못하는 사람들도 있다) 만약 이런 방식을 통해 며느리(또는 사위)를 알게 된다면 몇 차례 함께 지내야 비로소 잘 알게 될 수 있다.

이상적이지는 않지만 만남 사이사이에 전화나 영상 통화를 통해 서로를 알아갈 수 있다. 그러나 이메일이나 문자 메시지는 별로 추천하지 않는다. 우리 모두 알고 있듯이 글로 쓰인 감정은 말로 표현하는 것보다 잘못 해석되는 경우가 많다. 누군가의 감정 상태나 의도 등을 파악할 때 목소리 톤, 얼굴 표정, 몸짓으로 많은 정보를 얻기 때문이다. 일단 당신과 자녀의 파트너가 강한 유대감을 형성하게 되면 그때는 이메일이나 문자 메시지로 의사소통해도 무방하다.

평형 단계 이혼이나 손주의 탄생 또는 가족에게 심각한 질병이 발생하는 것과 같은 중대한 일이 일어나지 않는 한, 다양한 상황에서 함께 시간을 보낸 후에 당신과 며느리(또는 사위)의 관계는 큰 변화 없이 무난하게 자리 잡을 것이다.

두 사람의 관계가 어떨지 속단하기는 어렵고 며느리(또는 사위)와 관계 맺는 유일하게 '올바른' 방법이란 없다. 당신은 그와 빠르게 친구가 될 수 있으며 박물관 방문, 하이킹, 플라이 낚시, 빵 굽기, 스포츠 관람 또는 함께 즐길 수 있는 것은 무엇이든 하면서 많은 시간을 함께 보낼 수 있다. 두 사람은 심지어 자녀와의 관계로부터 독립된 긴밀한 유대감을 형성할 수도 있고, 자녀와 만나는 것보다 더 자주 만날 수도 있다. 특히 당신이 자녀의 파트너와 친하고 오랜 시간을 서로 알고 지냈다면 자녀를 중간에 끼지 않고 서로 터놓고 이야기하는 것이 편할 수 있다.

어떤 부모는 가족 모임에 며느리(또는 사위)를 대동하는 것을 즐기지만, 이러한 모임에서 서로를 많이 바라보거나 대화를 나누지는 않는다. 어떤 부모는 자녀의 파트너를 볼 때 화기애애하게 행동하고 저녁 식사 때 서로 옆에 앉아 행복하게 잡담을 나누지만 그 관계에서 이보다 더 많은 것을 추구하지는 않는다. 그리고 어떤 자녀와 그들의 시가 혹은 처가 부모들은 서로를 암묵적으로 용인하고 서로에게 사소한 결례를 범하지 않으려고 노력한다.

아마도 당신과 며느리(또는 사위) 중 한 명은 지금보다 더 가까운 관계를 바랐을 것이다. 그러나 부모와 며느리(또는 사위)는 평화를 유지하는 정도로만 잘 지내면 된다. 충분한 시간이 흐른 후, 서로를 있는 그대로 받아들이고 아무것도 바꾸려고 하지 말아야 한다.

어떤 법이나 관습도 부모와 며느리(또는 사위)가 서로를 좋아해야만 한다고 얘기하지 않는다. 만약 서로 좋아한다면 매우 운이 좋은 경우이며, 가끔은 당신이 얼마나 운이 좋다고 느끼는지 표현해주어야 한다.

자녀 부부의 갈등

모든 커플은 다툰다. 평균적으로 한 달에 몇 번씩 다툰다. 자녀와 파트너 사이에 일어난 갈등은 대부분 걱정할 일이 아니며 당신이 개입해야 하는 일도 아니다. 자녀 부부의 사이가 좋지 않다고 느껴도 자녀나 자녀의 파트너가 이에 관해 말하지 않는 한 당신도 일절 언급하지 않아야 한다. 진지한 장기적 관계인 사람들 사이의 논쟁은 대체로 의사소통의 오류나 상대적으로 사소한 오해에서 비롯된다. 예를 들면 그들 중 한 명이 부탁한 심부름을 잊었다거나 하는 일이다(일반 통념과는 달리, 커플들이 싸우는 주제는 대체로 섹스와 돈에 관한 것이 아니다). 이것은 커플이 우호적 단계는 지났지만 아직 서로의 차이점을 건설적으로 해결하는 방법을 찾기 전인, 결혼 초기에 해당한다. 신혼부부가 티격태격한다고 해서 결혼 생활이 위험에 처했다는 것을 의미하지는 않는다.

만약 당신이 자녀 부부가 다투는 동안 같이 있거나 싸우는 것을 우연히 목격했다면 양해를 구하고 그들이 스스로 해결하도록 놔두는 것이 좋다. 이런 식으로 말해보라.

"너희 둘이 해결하는 게 나을 것 같구나. 더 좋은 시간에 모이도록 하자."

다음에 서로 만나거나 이야기할 때는 그것에 대해 언급하지 마라. 입에 올리는 순간 다시 갈등이 시작될지도 모른다.

이 조언에 한 가지 예외가 있다면, 물리적 폭력을 목격하거나 폭력이 일어날 법한 경우다. 커플 중 한 명 또는 두 명 모두가 술을 마신 경우에 이런 일이 발생할 수 있으며, 이는 종종 말다툼이 폭력으로 번지기도 한다. 그런 일이 벌어지면 당신은 커플을 분리시키고 싸움을 멈추고, 상황이 진정될 때까지 할 수 있는 일을 해야 한다. 집 안에 총기가 있는 것을 알고 있다면 경찰에 전화하고 즉시 자리를 떠나되 가능하면 커플 중 한 명을 데리고 나가라. 미국에서 발생한 모든 살인 사건의 4분의 1 이상이 가정 폭력과 관련이 있으며 집에 총이 있으면 치명적인 싸움으로 번질 가능성이 상당히 높아진다.

부부 관계에서 힘든 시기를 겪고 있는 자녀는 당신에게 의지할 수도 있다. 만약 그렇다면 판단하지 말고 경청하면서 정서적으로 지지해 주어라. 상황을 더 잘 이해하기 위해 질문을 해도 좋지만, 손상된 관계를 회복할 것인지 또는 어떻게 회복할 것인지에 대한 조언은 요청받지 않는 한 하지 마라. 설령 요청받았다 할지라도 당신은 자녀가 자신의 관점(대체로 의견 차이에는 두 가지 입장이 있다)에만 근거해서 갈등의 원인을 진단하게 하지 말고 보다 건설적으로 해결할 방법을 생각할 수 있도록 돕는 데 집중해야 한다. 견고한 결혼 생활의 핵심은 갈등을 피하는 것이 아니라 갈등이 고조되는 것을 막고 해결하는 방법을 알아내는 것이다. 만약 그들이 결혼 초기라면 가볍게 넘기지 마라. 그리고 이런 말은 피하라.

"네가 너무 예민한 것 아니니? 다른 부부들도 다 싸우면서 산다."

그러나 과민반응도 하지 마라. 대신에 당신 자녀보다는 커플에게 공감하도록 해라.

"두 사람 모두 힘들겠구나."

혹시라도 자녀의 파트너가 당신에게 와서 자신들의 불화에 대해 이야기한다면, 자녀가 당신에게 왔을 때처럼 행동하라. 판단하지 말고 경청하면서 공감하라. 자녀의 편에 서고 싶겠지만 그러지 마라. 대부분의 유대감은 때때로 거친 상황을 견딜 수 있을 정도로 강하며 자녀의 관계가 어려운 상황에서 벗어나 정상으로 돌아온다면 당신은 자녀의 파트너와 좋은 관계를 유지하고 싶을 것이다. 자녀의 편에 서면 더 많은 갈등을 야기할 수 있다.

자녀 부부가 자주 격렬하게 또는 화해할 수 없을 정도로 싸우고 있다는 사실을 당신이 알고 있다면 부부 상담을 받아보라고 제안하라. 이것은 그들의 문제가 잦은 의사소통의 오류 때문일 경우 특히 도움이 될 수 있다.

오늘날 미국에서 이혼은 1970년대 후반 절정에 달했던 때보다 훨씬 줄었다. 전문가들은 대부분의 사람들이 결혼하기 위해 더 오래 기다리고 배우자를 선택하는 데 더 많은 시간을 들이고 있기 때문에 이혼율이 감소했다고 말한다. 이혼은 특히 대학 졸업생들 사이에서 덜 일어난다. 대학 교육을 받은 여성의 약 80퍼센트와 대학 교육을 받은 남성의 3분의 2가 적어도 20년 이상 결혼 생활을 유지하는 것에 비해, 교육을 덜 받은 사람들은 절반 미만이 결혼 생활을 유지한다. 이것은 두 가지 이유가 있다. 첫째, 부부는 일찍 결혼할수록 이혼할 가능성이 더 커지며 결혼에 이르는 나이는 학교를 어느 정도 다녔는가와 높은 상관관계가 있다. 둘째, 이혼의 주요 원인은 경제적 압박감이다. 더 많은 교육을 받은 사람들은 일반적으로 더 많은 돈을 갖고 있다. 흥미롭게도 코로나19로 인한 많은 스트레스에도 불구하고 이혼은 전보다 훨씬 적어졌고 많은 커플이 위기를 겪으며 더 가까워졌다.

자녀가 30대라면 이혼할 가능성이 가장 높다. 그러나 자녀가 대학을 졸업했다면 어느 연령대라도 이혼할 가능성이 낮다는 점을 명심하라.

이혼은 결혼 후 처음 2년 동안 그리고 다시 5년 즈음에 가장 흔히 일어난다. 많은 커플이 7년 동거한 후('7년째의 권태기'라는 개념에 어느 정도 신뢰를 부여한다) 5년이 지나면 이혼할 확률은 꾸준히 감소한다. 결혼 후 2년 동안 발생하는 이혼은 잘못된 결정 때문이라고 생각할 수 있지만, 그 고비를 넘기고 5년 뒤에 일어나는 충돌의 이유는 명확하지 않다. 기본적으로 행복한 커플이라고 해도 결혼 만족도는 처음 몇 달이 지나면 지속적으로 떨어진다. 약 5년 후, 커플은 완벽하지 않은 관계인 채로 살거나 관계를 끝내기로 결정할 가능성이 높다.

오늘날 이혼이 1970년대 이후 줄었음에도 불구하고 자녀의 결혼 생활이 순탄하지 않을 가능성은 항상 존재한다. 이혼을 겪는 것은 스트레스를 받는 일이지만 스트레스는 일시적이고, 불행한 결혼 생활을 끝내는 것이 유지하는 것보다 훨씬 더 낫다. 그러므로 자녀가 적절한 시점에 잘 해결하도록 격려하되 견딜 수 없는 결혼 생활을 유지하도록 설득하려고 하지 마라. 게다가 30대에 이혼한 사람들의 대다수는 보통 4년 이내에 재혼한다. 만약 자녀가 이혼한다고 해도 아마 남은 평생 혼자 살지는 않을 것이다.

자녀가 이혼한다면 당신이 재정과 주택과 육아 그리고 법률 비용을 지원해야 할 수도 있다. 그러나 이러한 유형의 지원보다 더욱 중요한 것은 자녀의 삶에 당신이 지속적으로 존재하는 것이다. 이혼은 자주 사회적 관계의 상실로 이어진다. 이혼 후 친구들이 전 배우자와는 연락하지만 자녀와는 연락하지 않을 수도 있고, 전 시가 또는 전 처가의 자녀가 친하게 지냈을 사람들과 연락하지 않을 수도 있기 때문이다. 사람들의 이혼 후 정신 건강을 연구한 결과는 그들이 가족으로부터 받는 사회적 지원이 우울증의 고통과 불면증의 고통을 덜어주는 완충제 역할을 하며 삶의 행복과 만족에 상당한 기여를 한다는 사실을 분명히 보여준다.

이혼한 자녀에게 아이가 있다면 아이는 아마 상당히 어릴 것이고, 아이가 어릴수록 부모의 이혼으로 인해 심리적으로 문제가 발생할 가능성이 사춘기 직전의 아동이나 10대보다는 훨씬 낮다. 아이의 나이와 상관없이 이혼 후 부모와의 관계의 질은 구체적인 양육권 합의보다 아이의 심리적 안정에 훨씬 더 중요하다. 그러니 손주가 양육권 분쟁의 피해자가 되지 않도록 당신이 할 수 있는 것을 하라. 당신의 손주를 위해서, 자녀와 전 배우자가 어떻게 상호작용하는지가 아이의 심리적 행복에 영향을 끼친다는 사실을 그들에게 상기시킴으로써 양육권 싸움에서 벗어나도록 자녀를 설득하라. 당신이 불난 집에 부채질함으로써 전투적인 상황을 더욱 악화시키지 않도록 하라.

때때로 이혼한 커플은 서로를 향한 반감에 사로잡혀 아이에게 가장 좋은 것이 무엇인지 잊어버리기도 한다. 자녀와 전 배우자가 우호적인 관계를 유지하고 그들의 아이를 분쟁으로부터 보호하기 위해 당신이 할 수 있는 모든 것을 하라. 결혼 생활 중인 부모의 갈등이 부모의 별거나 이혼보다 아이들의 정신 건강에 훨씬 더 해롭다. 아이를 위해 결혼 생활을 유지하는 것은 아이에게 이익이 되지 않으며, 부모가 항상 싸우고 있다면 실제로 해를 끼칠 수도 있다.

이혼 전부터 당신이 손주와 좋은 관계를 유지했다면, 비록 자녀에게 양육권이 없더라도 손주의 삶에 부분적으로나마 남아 있는 것이 중요하다. 당신과 당신의 자녀 그리고 손주를 포함한 모임을 계획하고 실현되도록 도울 수 있다면, 당신은 그렇게 해야 한다.

손주와 긴밀히 연락하며 지내는 것도 손주의 안녕을 위해 중요하다. 자녀와 전 배우자가 소원해지면서 자녀의 전 배우자가 당신이 손주를 보는 것을 금지하려고 한다면, 그들과 이 문제를 논의하고 당신이 손주의 삶에 존재하는 것이 당신과 손주에게 중요하다고 생각하는 이유를 설명하라. 그들이 마음을 바꿔 모두가 동의하는 일정에 따라 정기적으로 만나는 것에 합의하는지 확인하라. 만약 실패하면 당신은 법원에 면접교섭권을 신청할 수 있지만, 당신이 손주와 계속 접촉하는 것이 아이에게 도움이 될 것이라는 점을 증명해야 한다. 이혼 후 조부모가 손주와 시간을 함께 보내는 권리는 주마다 다양하다.

이혼에 대한 연구에 따르면, 이혼한 사람들의 어려움 그리고 그들이 부모라면 그들의 자녀가 직면한 어려움이 대체로 일시적이며 이혼 후 2년 안에 사라진다는 사실이 일관되게 나타난다. 만약 당신이 자녀의 이혼으로 힘든 시기를 보내고 있다면 그 또한 일시적일 것이며 자녀와 손주의 상황이 개선되면서 당신의 상황도 호전될 것이다. 그들이 필요로 하고 당신도 그렇게 할 여유가 있는 경우, 정서적으로 재정적으로 지원한다면 그들의 상황이 더 빠르게 회복되는 데 도움이 될 것이다. 당신이 자녀와 손주가 겪은 일을 생각하고 마음이 속상할 때면 불행한 결혼 생활을 하는 것이 두 사람 모두에게 좋지 않았다는 사실을 자주 상기하고 명심하라. 대부분의 경우, 고생 끝에 낙이 오기 마련이다.

번창하거나 허우적거리거나

. . . .

7장

자녀가 허우적거리는가

당신은 자녀가 대학이나 직장 그리고 연애의 세계로 진출하는 것을 보면서, 자녀가 학업을 마치고 직장에서 성공하고 삶의 파트너와 만족스럽고 친밀한 관계를 발전시키면서 올바른 방향으로 나아가고 있는지 궁금할 것이다. 당신이 그 나이였을 때와는 달리 성인기로 가는 시간표가 너무 많이 바뀌었기 때문에 당신의 자녀가 보람 있는 성인의 삶을 향해 잘 가고 있는지 알기는 어렵다.

이러한 이유로 나는 성인 자녀를 둔 부모에게 이런 질문을 가장 많이 듣는다.

"아이가 '허우적거리고' 있다는 것은 어떤 뜻이고 어떻게 구별해야 하나요?"

한 청년이 자신이 원하는 길을 찾고 그 길을 따라 발전하기 위해 고군분투하며 어쩔 줄 모른다면 허우적거린다고 볼 수 있다. 그것은 학교, 직장, 관계, 주거 형태의 잘못된 선택과 무계획적인 의사결정으로 나타난다. 즉 이러한 영역 중 한 부분 이상에서 자신의 기반을 찾는 능력이 없는 것이다. 전형적으로 허우적거리는 초기 성인은 불안해하고, 무력하고, 비관적이고, 단절되고, 실의에 빠져 있다. 어떤 청년은 결정을 내리지 못하고 궁지에 빠져 옴짝달싹 못 하는 것처럼 보인다. 잘못 생각한 결정들 사이에서 왔다갔다하며 정신없어 보이는 청년도 있다. 어느 쪽이든 허우적거린다는 것은 발전하지 못하고 있다는 뜻이다.

번창하는 것은 허우적거리는 것의 반대이다. 몇 년 전에 동료들과 나는 번창의 기준을 개발했고 EPOCH라고 부르기로 했다. EPOCH는 다음의 다섯 가지 특성을 나타내는 이름의 약자다.

- Engagement: 몰입(선택한 것을 받아들이고 그것에 집중하는 능력)

- Perseverance: 인내(장애물을 직면할 때의 투지와 결단력)

- Optimism: 낙관(미래에 대한 희망과 자신감)

- Connectedness: 연결(다른 사람들과의 만족스러운 관계)

- Happiness: 행복(삶에 대한 만족감)

만약 당신의 성인 자녀가 이러한 자질을 갖췄다면 그는 번창하고 있는 중이다. 자녀가 아직 목표를 달성하지 못했더라도 성공에 필요한 심리적인 힘을 갖춘 것이다.

삶의 한 영역 또는 여러 영역에서 허우적거릴 수도 있고, 일부 영역에서는 허우적거리지만 다른 영역에서는 번창할 수도 있다. 어떤 직업을 구할지는 찾지 못했지만 헌신적인 연애에 행복하게 몰두하는 청년들을 나는 알고 있다. 직장 생활에 만족하지만 연애 상대를 찾는 데 어려움을 겪는 청년이나 삶 전체에서 방향이 없는 청년도 알고 있다.

허우적거리는 것은 객관적인 요소와 주관적인 요소(즉 누군가의 삶이 어떻게 전개되는지 그리고 그것에 대해 어떻게 느끼는지)를 모두 가지고 있기 때문에 자녀가 문제를 겪고 있다고 판단하기 전에 두 가지를 모두 살펴보는 것이 중요하다. 그리고 당신 자신의 걱정이나 불안감을 자녀에게 드러내지 마라. 당신이 30대에 독신으로 지낸 것이 불행했다는 이유만으로 자녀가 사귀는 사람이 없는 것에 대해 똑같이 느낄 것이라고 생각하지 마라. 또한 자녀가 직업을 바꾸고 싶어 하는 것이 미래가 불안정함을 의미하지는 않는다.

게다가 자녀가 당신이 생각하는 정상적인 인생의 시간표를 따르지 않는다고 해서 허우적거리고 있다는 의미는 아니다. 허우적거리는 것은 성인기의 역할에 '늦게' 진입하는 것과는 관련이 없다. 그것은 자신이 누구인지 알아내려는 투쟁의 신호이며 불확실성, 우유부단, 고통의 기능에 더 가깝다.

내가 강조한 대로 오늘날의 초기 성인기는 이전 세대와 같은 시간표를 따라 전개되지 않는다. 당신은 자녀가 결혼하고 가정을 꾸리는 데 너무 오랜 시간이 걸린다고 생각할 수도 있지만, 요즘 사람들은 당신이 자랐던 시대보다 더 늦게 결혼하고 있으며, 많은 초기 성인들은 자신이 싱글인 데다가 아이가 없는 것을 기뻐한다. 당신은 자녀가 6년이나 대학에 다녔으면서 왜 보여줄 학위조차 없는지 의아할 수도 있지만, 지금은 졸업하는 데 이전 세대보다 더 오랜 시간이 걸린다. 자녀가 직장 생활을 시작하기까지 오랜 시간이 걸리는 것처럼 보일지도 모르지만, 오늘날의 노동 시장에서는 이런 일이 흔하다. 당신은 성인 자녀가 집으로 다시 들어오는 것을 보고 화가 치밀 수도 있지만, 자녀가 자신의 집세를 저축하기 위해서라면 충분히 취할 수 있는 합리적인 결정이다.

성인 자녀가 허우적거리는 것에 관한 부모의 우려는 주로 다음 네 가지로 인한 것이다.

- 학업을 끝내는 데 너무 오랜 시간이 걸린다.
- 명확한 진로를 따르지 않는다.
- 헌신적인 연애 관계에 정착하지 못한다.
- 독립한 후 집으로 돌아온다.

그러나 이 네 가지 때문에 자녀가 무조건 허우적거린다고 판단하기는 어렵다. 자녀가 통제할 수 없는 요인들이 상황에 영향을 미쳤을 수 있기 때문이다. 따라서 부모는 어떤 요인들이 이 상황에 영향을 주는지 그리고 어떻게 대응해야 하는지를 이해하는 것이 중요하다.

영원한 학생

부모와 자녀 모두에게 졸업은 인생의 중요한 이정표다. 현대 사회에는 종교적인 의식 말고는 통과의례가 드물다. 안타깝게도 어떤 부모는 자녀가 학위를 취득하기 전에 학교를 중퇴하기 때문에 이러한 전환을 목격하지 못한다. 일시적이긴 하지만 이를 박탈당하는 부모도 있다. 자녀가 교육을 마치기까지 너무 오랜 시간이 걸리는 것처럼 보이기 때문이다. 특히 여전히 등록금을 내주고 있다면 혹시 자녀가 영원히 학교에 다니는 게 아닐까 하는 의구심이 들지도 모른다.

이를 자녀가 허우적거리는 신호라고 걱정하는 부모도 있지만 항상 그렇지는 않다. '영원한 학생'은 크게 두 가지 범주로 나뉜다. 학사 학위를 취득하는 데 오랜 시간이 걸리는 학생과 대학교를 졸업(몇 년이 걸리든 간에)했지만 아마도 여러 학위를 받기 위해 대학원이나 전문학교에서 공부를 지속하는 학생이다.

대학에 오래 남아 있는 학부생부터 이야기해보자.

자녀가 20대 초반에 겪는 학업적인 허우적거림을 부모인 당신에게서 떨어져 나와 이정표에 도달하기 위한 '올바른' 과정이라고 믿기보다는 일종의 정신 건강 문제로 보는 것이 더 도움이 된다. 당신은 정해진 과정만 생각할 것이 아니라, 자녀가 왜 또래의 다른 학생들과 같은 일정에 따라 학위를 마치지 않는지 자문해봐야 한다. 자녀가 학교를 마치고 인생의 다음 국면을 시작하는 것을 불안해하고 있다면 허우적거리고 있는 것이다. 그러나 일부 학생들은 합리적인 시간 내에 학업을 마치려고 진정으로 노력해도 그들을 방해하는 제도적 장애물에 직면한다. 이것은 매우 다른 문제다.

일반적으로 4년제 학교에 다니는 학생들이 학사 학위를 받는 데 걸리는 평균 시간이 지난 세대에 비해 약 5년으로 증가했다는 사실을 알려주면 많은 사람들이 놀란다. 4년 이내에 학업을 마치는 사람은 45퍼센트 미만이며 5년 이내에 마치는 사람은 20퍼센트다. 일부 학생들은 훨씬 더 오래 걸린다. 약 3분의 1은 6년 이상 걸리고, 4분의 1은 7년 혹은 그 이상이 걸린다. 코로나19가 졸업률과 시간표에 어떻게 더 영향을 끼쳤는지 수량화하기에는 너무 이르지만, 많은 학생의 학업을 방해하고 일반적으로 초기 성인들 사이에서 정신 건강 문제를 증가시켰으며, 이 둘 중 하나는 학생이 학교를 마치는 데 예상보다 더 오랜 시간이 걸리게 하는 원인이 된다는 점에서는 의심의 여지가 없다.

대학을 마치는 데 더 오랜 시간이 걸리는 것은 대개 학생이 통제할 수 없는 영역이며, 허우적거리는 것과는 관련이 없다. 예를 들어 코로나19 동안 많은 대학이 대부분의 수업을 대면 교육에서 원격 교육으로 전환했다. 기숙사에서 생활하고, 과 친구들과 식사하고, 교수들과 직접 만나고, 또래 학생들과 사귀는 전통적인 대학 생활을 희망하던 많은 신입생들은 상황이 정상화될 때까지 입학을 미루었다. 이것은 허우적거리는 게 아니다.

또한 학교가 졸업에 요구되는 과정을 필요로 하는 모든 학생에게 제공하지 못한다면 자녀가 허우적거리고 있는 것이 아니다. 이런 상황은 많은 학생이 예상했던 것보다 어쩔 수 없이 더 오래 학교에 머물도록 만든다. 이것은 주로 강사를 더 고용하거나 강의실 공간을 늘리는 것보다 등록자 수가 더 빠르게 증가한 대학의 문제다. 또한 학생들이 경제적인 이유로 학교를 쉬거나, 군에 입대하거나, 부모가 되거나, 가족을 재정적으로 돕느라 잠시 학업을 제쳐두거나 아르바이트를 하는 것은 허우적거리는 것이 아니다.

자녀가 학업적으로 허우적거리고 있는지를 판단하려면 자녀가 졸업을 늦추기로 결정한 시기나 빈도, 충동성을 살펴야 한다. 어떤 학생들은 전공을 너무 자주 바꿔서 더 짧아진 시간 안에 졸업 요건을 이수할 수 없어서 4년이나 5년 이상 대학을 다닌다. 어떤 학생들은 다른 학교로 여러 번 전학 가서, 그동안 쌓아온 학점 중 일부는 인정되지 않기 때문에 졸업이 지연된다. 또 어떤 학생들은 전공과 학교를 모두 바꾸기도 하는데 그 결과 졸업이 훨씬 더 미뤄진다. 이는 전부 허우적거리고 있다는 신호다.

일부 초기 성인은 대학을 들락날락하며 결국 학위를 마치려고 하지만 항상 휴식을 취할 핑계를 찾는데, 주로 게으름을 피우려는 것뿐이다. 어떤 사람들은 부모가 비용을 부담하는 동안 단순히 일을 하지 않아도 되고 캠퍼스에서 사람들을 만나고 수업만 들으면 된다고 생각해서 학업을 연장할 수도 있다. 이것 역시 허우적거리고 있는 것이다. 만약 이러한 일들이 자녀의 이야기 같다면, 자녀가 대학을 휴학하고 집으로 돌아오는 편이 비용 면에서 훨씬 이득이 될 것이다. 그러나 자녀는 이러한 방식이 너무 구속적이라고 생각할 수도 있으며, 부모는 자녀가 다시 집으로 돌아오는 것을 좋아하지 않을 수도 있다(7장의 '독립했던 자녀가 돌아온다면' 편을 보라).

전공을 바꾸려는 자녀에게 공감하는 것은 이해할 수 있지만 그 시기가 중요하다. 앞서 언급했듯이 뇌가 아직 성숙하고 있는 20대 초반의 자녀는 시간을 갖고 선택의 결과를 생각하는 것이 아니라 충동적으로 의사결정을 할 수 있다. 그 순간에는 전공을 바꾸는 것이 좋은 생각처럼 보일지 모르지만, 2학년 때 바꾸는 것과 4학년이 되어 바꾸는 것은 매우 다르다.

공립대학교에서 학교를 다니기 시작한 애덤은 허우적거리고 있다. 그는 수의사가 되고 싶어 생물학 전공으로 1학년을 시작했다. 한 해가 지나면서, 그는 이 진로가 어렵고 시간이 오래 걸리는 과학 수업들을 들어야 한다는 것을 알게 되자 자신의 계획을 포기했다. 그는 잠시 다른 다양한 분야를 고민했지만 그중 어느 것에도 관심이 생기지 않았다. 다른 대학에서 미술사를 전공하고 있던 그의 여자친구는 애덤에게 그녀가 매우 좋아하고 그와 공유할 수 있기를 바라던 그녀의 분야를 시도해보라고 제안했다.

그는 별생각 없이 2학년에 미리 등록했던 모든 과학 과목을 미술사 학위에 필요한 과목으로 바꿨지만, 2학년 말이 되자 미술사가 그에게 맞지 않는다는 사실을 깨달았다. 그는 전공을 다시 바꾸기로 했다. 이번에는 경영학이었다. 안타깝게도 그는 결정을 내리기 전에 경영학과의 커리큘럼을 자세히 살펴보지 않았다. 경영학 학위를 받으려면 미적분, 통계, 재무 분석 수업을 들어야 했다. 처음 2년 동안 한 번도 수강한 적이 없는 과목들이 다른 수업의 전제조건이었다. 만약 그가 경영학 학위를 원한다면 공부를 처음부터 다시 시작해야 했다. 그는 끝까지 버텼지만 학사 학위를 손에 넣기까지 총 6년 반이 걸렸다. 그리고 끝마

쳤을 때, 그는 생물학과 미술사에 대해 그랬던 것처럼 경영학도 자신과 맞지 않는다고 생각했다.

　일부 학생들은 대학을 마친 후에 학업적으로 허우적거린다. 그들은 석사나 박사 과정을 이수하기를 바라면서 등록했다가 잘못된 결정이었음을 깨닫고, 그 과정을 이수하기 전이나 이수한 후에 다른 분야로 전공을 바꾼다. 여기에서도 성급하게 결정하는 사람들과 설득력 있는 계획을 가지고 결정하는 사람들 사이에는 차이가 있다.

　일부 학생들은 졸업 후 다시 학부생으로 등록하거나 변경한다. 노동 인구가 변화할 것이라고 믿으며 그것을 대비하기 위함이다. 그들은 2년 후에 어떤 경제 분야가 사람을 채용할 것인지 예측하면서, 채용이 급증할 것이라고 확신하는 분야에 취업하기 위해 준비한다. 문제는 이러한 예측이 항상 정확한 것은 아니라는 점이다. 만약 누군가가 2, 3년 후에 경제가 어떠한 상황일지 확실하게 예측할 수 있다면 더 이상의 교육은 건너뛰고 변화를 주도할 것이라고 생각하는 회사에 등록금에 쓸 돈을 투자하는 것이 더 나을 것이다. 미래에 대한 예감 때문에 학위 과정을 그만두거나 새로 시작하는 것(또는 둘 다)은 좋지 않은 생각이다.

　물론 MBA와 같이 아직 진로를 결정하지 못한 사람들에게 유용한 석사 학위 과정도 있다. 그러나 이러한 과정(적어도 좋은 과정)은 들어가기 어렵고 매우 비싼 데다가, 학위를 따는 데 걸리는 시간과 한 분야의 신입으로 열심히 일해 경력을 쌓는 것을 비교하면 투자 대비 수익률이 높지 않을 수 있다.

자녀가 직장에 지원할 때 유리한 위치를 차지하기 위해 석박사 학위를 고려하고 있다면 해당 산업 분야의 경력에 대해 솔직한 정보를 제공할 수 있는 그 분야 종사자와 상담하기를 권한다. 어떤 사람들은 학교로 돌아가 석박사 학위를 받으라고 조언할 수도 있고, 어떤 사람들은 그것에 돈이나 시간을 들일 가치가 없다고 말할 수도 있다. 성공으로 가는 가장 좋은 길이 당신의 이름 뒤에 들어갈 많은 이력을 쌓는 것은 아니다.

단지 학교에 다니는 것을 좋아하고, 학교에서 뛰어난 성적을 거두고, 계획을 자주 그러나 사려 깊게 바꾸는 전혀 다른 유형의 영원한 학생이 있다. 이런 학생을 허우적거린다고 말할 수는 없지만 학교에 오랫동안 머물면서 얼마만큼의 비용을 감당해야 할지 걱정하는 부모에게는 좌절감을 줄 수 있다.

예를 들어 에이미의 상황을 보자. 그녀는 4년 만에 심리학 학사 학위를 취득한 후 2년간의 상담 석사 과정을 마치자, 임상 심리학 박사 학위를 따고 싶다는 생각이 들었다. 그래서 4년간의 수업과 박사 학위 논문을 끝내고 자격증에 필요한 임상 인턴 근무를 마쳤다. 대학 병원에서 인턴 근무를 하는 동안 그녀는 많은 의대생과 친구가 되었고 자신이 정말로 원하는 것은 신경학을 전문으로 하는 의학 분야의 직업이라고 생각했다. 하지만 의대에 지원하려면 학부 때 필수과목인 과학 수업을 듣지 않은 학생들을 위해 고안된 특별 학점 인정 과정을 이수해야 했다.

거의 모든 과목을 좋아하고 학업 성취도가 높은 학생인 에이미는 1년 동안 주간 수업과 야간 수업, 계절학기 등을 들으며 이 준비 과정을 순조롭게 통과했다. 마침내 그녀는 훌륭한 의대에 입학했다. 그곳에서 그녀는 의학과 법학의 공동 6년 과정에 등록할 수 있는 가능성을 발견했고, 두 가지 모두에서 학위를 받았다. 법과 신경과학의 교차점이 너무 흥미로웠기 때문에 거부할 수가 없었다. 에이미는 의학과 법학의 학업을 마친 후, 3년간의 의학 레지던트 근무를 마치면 신경학 펠로우 과정을 이수해야 한다는 것을 알았지만 단념하지 않았다. 통틀어 20년 가까이 훈련을 받은 후에야 비로소 끝이 났다. 월급을 벌 때쯤이 되자 그녀는 마흔 살이 가까웠고, 월급의 많은 부분을 학자금 대출을 갚는 데 바쳐야 했다. 그러나 자신이 성취해낸 것에 감격했고 매 순간을 즐겼다. 그리고 결국 로스쿨 교수진이 되어 법과 신경과학을 가르치게 되었다.

애덤이나 에이미 같은 자녀를 둔 부모라면 매우 다르게 대응해야 한다. 애덤의 경우, 그의 우유부단함이 우울이나 불안과 같은 근본적인 심리적 문제를 반영하고 있을 가능성을 고려해야 한다. 학교에 대한 그의 우유부단함이 자신의 미래를 정확하고 긍정적인 방향으로 발전시키고자 하는 더욱 일반적인 어려움과 관련이 있다면, 그는 심리학자들이 말하는 '정체성 혼돈', 즉 일관된 자아의식의 부족과 씨름하고 있을지도 모른다. 일부 전문가들은 이를 부모로부터 독립하는 것에 대한 양가감정과 관련이 있다고 본다.

대학에서 전공을 한두 번 바꾸는 것은 흔한 일이다. 하지만 자녀가 세 번째로 전공을 바꾸려 한다면 그 전에, 대학의 학생상담센터의 상담자와 이야기해보기를 권하라. 또한 빈번하게 그리고 충동적으로 전공과 진로 계획을 바꾸는 자녀라면, 전공을 다시 바꾸기 전에 학교에 가지 말고 생산적인 일을 하면서 갭이어를 가질지 제안해볼 수 있다. 자녀가 학교에 다니면서 필요한 매일의 요구사항을 동시에 처리할 필요 없이 어떤 공부와 진로를 추구하고 싶은지 생각하기 위해 대학에서 떠나 있는 시간을 가져볼 수 있다(4장의 '4년제 대학이 유일한 길은 아니다' 편을 보라).

재정적인 문제는 차치하고, 에이미와 같은 성인 자녀에 대해서는 걱정할 이유가 거의 없다. 에이미는 계속 공부하기로 결정했고, 삶에서 무엇을 하고 싶은지 많이 고민했으며 논리적인 순서를 따랐다. 그녀는 새로운 것을 배우기 좋아하는 젊은 여성이다. 전혀 문제 될 것이 없다.

에이미와 같은 자녀가 있는 부모는 그저 자녀가 정신적·신체적으로 건강한지 이따금 확인하면 된다. 아마도 스트레스나 후회 없이 행복하고 성공적으로 학교생활을 관리하고 있을 것이다. 자녀가 수년간의 추가 훈련을 받기 위해 취업을 미루기로 한 결정에 만족하는 한, 나는 걱정하지 않을 것이다. 20년간의 학교 교육과 훈련은 매우 긴 시간이긴 하다. 그러나 마흔에 일을 시작해도 은퇴 전까지 40년 이상 사랑하는 일을 하면서 살 수 있음을 생각하라.

직업에 대한 불확실성

어떤 부모는 자녀가 아직 스스로를 '찾지' 못했다고 말하는데, 이는 보통 직업에 제대로 정착하지 못했다는 것을 의미한다. 삶에서 무엇을 하고 싶은지 알아내는 것은 자신의 10대 시절 특징보다 자신의 정체성 개발, 가치와 목표에 대한 깊은 이해, 강점과 약점 등과 밀접하게 연관되어 있다. 현대 사회에서는 가장 일반적으로 직업을 통해 자신을 정의한다. 이것이 바로 20대 중후반인데도 아직 인생에서 무엇을 하고 싶은지 모르는 자녀를 부모가 걱정하는 이유다. 그것은 자신이 누구인지 전혀 모른다고 말하는 것과 마찬가지이기 때문이다.

직업의 세계가 변하면서 직업을 결정하는 과정도 변했다. 오늘날에는 선택할 수 있는 직업의 종류가 더 많아지고 있으며 그 특성과 이용 가능성이 빠르게 변화하고 있다. 미래의 직업을 결정하고 필요한 훈련을 거치는 것은 가능하지만, 당신이 원했던 직업이 더 이상 존재하지 않거나 준비를 시작한 이후 해당 직업의 상황이 완전히 바뀌거나 아니면 거의 사라지는 것처럼 공급 부족 상태라는 것을 알게 될 것이다.

이러한 직업 특성의 변화는 성인 자녀가 허우적거리는 것인지 아닌지 구별하기 어렵게 만들었다. 요즘 청년들은 삶에서 무엇을 하고 싶은지 알아내는 데 더 오랜 시간이 걸린다. 선택할 수 있는 직업이 훨씬 더 많아졌고 그중에는 수명이 매우 짧은 경우도 많기 때문이다.

이는 마치 몇 세대 전 우유를 살 때와 오늘날 우유를 살 때의 차이와 같다. 몇 세대 전에는 전지우유, 저지방우유 또는 탈지우유 중에서 선택하면 됐다. 그런데 오늘날에는 선택할 수 있는 제품이 너무나 많다. 귀리 우유, 두유, 코코넛 우유, 아몬드 우유, 유전자 변형 재료를 사용하지 않은 우유 등이다. 요즘에는 유제품 판매대를 지나려면 어지러울 지경이다. 직업을 찾는 것도 마찬가지다.

직업을 결정하는 것은 대략적인 것에서 구체적인 것으로 범위를 좁히는 것이 대부분이며, 여러 단계 중 어느 한 단계에서 허우적거릴 수 있다. 자녀가 어떤 단계에 있는지 이해해야 자녀를 도울 수 있는지 그리고 어떻게 도울 수 있는지 결정할 수 있다.

첫 번째 단계는 자녀가 직업을 통해 무엇을 원하는지 알아내는 단계다. 경력 개발 전문가들에 의하면 직업이 제공할 수 있는 보상에는 일곱 가지가 있다. 바로 소득, 권위, 창의성, 이타주의, 안정성, 사교, 여가다. 진로를 결정하지 못한 자녀를 돕는 한 가지 방법은 이 중 어느 것이 가장 중요한지 물어보는 것이다(만약 '그것들 모두'라고 말하면, 할 수 있는 대답은 "행운을 빈다!" 정도다). 특정 직업에 대한 지식이 없어도 질문에 대답할 수 있기 때문에 처음에는 이러한 질문으로 시작하면 좋다. 자녀가 20대가 되면 직업에서 무엇을 얻고 싶은지 대략 알게 될 것이다. 자녀가 이 질문에 대답하기 어려워한다면, '직업 흥미 검사'라고 불리는 여러 유형의 검사를 해볼 수 있다. 이 검사는 수십 가지의 질문을 던진 후, 우선순위를 알아내는 방식으로 답변을 분석한다. 이러한 검사지는 온라인에서 저렴하게 이용할 수 있다.

두 번째 단계는 자녀의 가장 중요한 가치가 충족될 가능성이 높은 분야를 식별하는 것이다. 예를 들어 다른 사람을 돕는 이타심을 발휘할 기회를 제공하는 분야들이 있다. 교육, 의학, 상담, 사회사업, 자선 활동이 이에 해당한다. 마찬가지로 시각 예술, 공연 예술, 글쓰기, 엔지니어링 및 건축을 포함하는 여러 분야는 창의성이 필요하다. 대학의 마지막 1년 동안, 사람들은 그들이 즐기고 잘 해낸 수업을 통해 어떻게 하면 평소 희망하던 만족스러운 직업을 가질 수 있을지 생각하게 된다. 이 지점에서 자녀가 어려움을 겪고 있다면 자녀에게 좋았던 수업을 떠올려보고 어떤 점이 좋았는지 설명해달라고 요청하라. 대학들은 또한 직업 상담을 제공하고 있다. 직업을 결정하는 데 어려움을 겪고 있는 학생들을 돕도록 훈련된 사람과 상담 일정을 잡아도 좋을 것이다.

세 번째 단계는 보편적인 분야의 특정 직업으로 범위를 좁히는 것이다. 이것은 현장에서 일하지 않으면 모르는 수준의 지식을 필요로 하기 때문에 부모가 이 단계에서 도울 수 있는 정도는 자신의 전문 지식과 경험에 달려 있다. 자녀가 법률, 공학, 은행 업무에 진출하고 싶어 할 수 있지만 당신은 해당 분야의 하위 전문 분야를 모를 수 있다. 당신의 일이 자녀가 흥미를 느끼는 분야와 관련 없다면, 당신은 자녀가 아는 것 이상을 알지 못할 것이다. 만약 자녀가 이 시점에서 허우적거리고 있다면 온라인에서 쉽게 구할 수 있는 대학 과정 안내를 보도록 격려하는 것이 도움이 될 수 있다. 비록 자녀가 석박사 학위를 따는 것에 관심이 없더라도 말이다. 강좌를 살펴보면 해당 분야의 하위 전문 범위를 볼 수 있다.

이미 살펴보았듯이 최근 직업 세계의 가장 큰 변화는 신입 사원이 되기 위해 필요한 교육의 양이 증가했다는 것이다. 30년 전에 고등학교를 졸업한 사람들이 할 수 있었을 많은 일에 이제는 약간의 대학 교육이나 심지어 대학 학위를 요구한다. 과거에 학사 학위만 있으면 되었던 직업에 이제는 그 이상의 훈련이 필요할 수도 있다. 컴퓨터 코딩의 '부트 캠프(Boot Camp)'와 같이 대학에서 습득하지 못한 매우 구체적인 기술을 배울 수 있는 기회는 그 과정에서 제공하는 지식이 자녀가 관심 있는 직업에 분명히 필요하다면 비용을 들일 가치도 충분하다. 그러나 그런 과정은 일종의 장학금이나 대출 또는 할부 결제를 이용할 수 있지만 재정적인 지원은 거의 제공하지 않는다.

오늘날의 직장에는 학사 학위 이상의 교육과 관련된 추가 사항이 지원자에게 유리하다고 생각하는 사람들이 있다. 오늘날 사람들이 필요하다고 느끼는 추가 교육 중 일부는 특정 직업에서 성공하기 위해 매우 중요해서 취업 가능성을 높일 수 있고, 일부는 지원자의 성격과 노력이 잘 반영되기 때문에 고용 결정에 영향을 미칠 수 있으며, 다른 일부는 일종의 '부풀리기'에 지나지 않을 수도 있다. 시간이 지나면서 입학 요건이(대학 평점과 마찬가지로) 상승했다. 부풀리기에 지나지 않는 추가 교육은 이러한 요구 조건에 대한 당신의 냉소를 정당화할 수 있지만, 완전히 간과해서는 안 된다. 좋은 직장에 들어가기 위해 자녀가 실제로 대학 졸업 후 교육이나 훈련에 시간을 보내야 할지도 모른다.

몰입감 있는 경험과 유명 전문가들의 초청 강연을 통해 참석자들이 업계의 비결을 살짝 맛보는, 보다 일반적인 일회성 과정은 아마도 투자할 가치가 없을 것이다. 물론 자녀가 그 업계의 문을 열고자 한다면 실질적인 체험이 될 수는 있다. 그러나 이러한 과정들이 정보를 제공할 수는 있어도, 지원자의 자격을 향상시키거나 이력서를 읽는 누군가를 어필할 가능성은 낮다.

자녀가 특정한 직업을 염두에 두고 있지만 알맞은 일자리를 찾거나 면접을 보거나 실제 제안을 받는 데 어려움을 겪고 있다면, 구직 활동을 하는 동안 무급 인턴으로 일하는 것을 고려해보라고 제안할 수 있다. 이것은 추가 교육을 받기 위해 돈을 지불하는 것보다 관련 기술을 습득하고, 업계의 내부 작업에 대해 배우고, 유급 일자리로 이어질 수 있는 인맥을 만드는 더 나은 방법일 수 있다. 자녀의 대학에는 인턴 근무를 찾는 데 도움을 줄 학생 고용 서비스 사무소(한국의 일자리 플러스 센터-옮긴이)가 있을 것이며, 재학생뿐만 아니라 졸업생도 서비스를 이용할 수 있는 사무소들이 많다.

인턴 근무가 항상 정규직으로 이어지는 것은 아니지만, 최근 문과 졸업생인 윌리엄이 체험했듯이, 누군가를 적절한 시기에 적절한 위치로 배치할 수 있다.

윌리엄은 툴레인 대학교에서 2년을 보내면서 언젠가 출판계에 취직하겠다는 희망을 가지고 영문학을 전공하기로 결심했다. 졸업 후, 그는 미국의 모든 주요 출판사들의 본거지인 뉴욕으로 이사했고, 구직 활동을 시작했다. 그는 영문학을 전공한 최근 졸업생들 사이에서 출판이 매우 인기 있는 분야이며 초보자는 일자리를 얻기 어렵다는 사실을 알게 되었다.

윌리엄은 대학 룸메이트의 어머니가 출판업에 종사했다는 것을 기억해냈고, 친구에게 연락처를 얻어 조언을 구했다. 친구의 어머니는 윌리엄에게 사무실로 자신을 직접 만나러 오라고 제안했다. 그들이 이야기를 나누는 동안 그녀는 자신의 부서에 어떤 일자리가 있는지 모른다고 말하며 유급 일자리가 생기기를 기다리는 동안 무급 인턴으로 일할 의향이 있는지 물었다. 그녀는 여기저기 몇 차례 전화를 걸더니 마침내 영업부의 한 동료에게서 기꺼이 윌리엄과 이야기를 해보겠다는 답변을 얻어냈다.

비록 그가 관심을 가졌던 분야가 출판 영업은 아니었지만(출판에 관심 있는 대부분의 영문과 졸업생들은 편집자가 되기를 열망한다) 아무튼 윌리엄은 업계에 발을 들여놓게 되어 행복했다. 낮에는 출판사의 출간 도서 목록에 있는 책의 주문을 추적하는 스프레드시트 작업을 했다. 저녁에는 여러 출판사에 문의 편지를 보내고 일자리를 찾기 위해 출판사 웹사이트를 검색했다.

인턴 근무의 장점은 기관에 다니는 것과 반대로 일하고 싶은 환경에 신체적으로 적응하게 해준다는 점이다. 어느 날 아침, 윌리엄은 로비에서 자신의 책상이 있는 층으로 올라가기 위해 엘리베이터를 기다리다가 다른 직원과 대화를 시작했다. 그녀는 자신을 소개하더니 그에게 무슨 일을 하느냐고 물었다.

"지금은 영업부에서 인턴 근무를 하고 있어요. 하지만 나중에는 편집부에 들어가고 싶습니다."

"있잖아요, 우리 팀 편집자 중 한 명이 조수를 찾고 있는 것 같아요. 한번 지원해보면 좋겠네요."

조수가 되는 것은 편집자가 되기 위한 긴 사다리의 첫 번째 단계이고, 편집에 관심이 있는 대부분의 청년이 시작하는 방법이다. 그녀는 윌리엄에게 자신의 명함을 건네주면서 이메일을 보내라고 했다. 자신이 편집자의 연락처를 적어 윌리엄에게 다시 연락할 수 있도록 말이다. 그는 엘리베이터에서 내리면서 그녀에게 감사하다고 말하고 이메일을 보내겠다고 약속했다. 문이 닫히고 윌리엄은 명함을 살폈다. 그녀는 출판사 부사장 중 한 명이었다.

윌리엄은 책상으로 돌아오자마자 다시 한번 그녀에게 정보를 주어 감사하다는 이메일을 보냈다. 그녀는 그날 늦게 답장을 보내 편집자가 조수를 고용할 것이라고 확인해주었다. 윌리엄은 편집자에게 이메일로 엘리베이터에서 했던 대화를 얘기했고 그 일자리에 대한 자신의 관심을 표현하며 이력서 한 부를 첨부했다.

그날 저녁, 그는 편집자로부터 다음 날 아침 면접을 볼 수 있는지 묻는 이메일을 받았다. 메일에는 이렇게 적혀 있었다.

"툴레인 대학교 동문을 만나다니 기분 좋네요! 특히 빨리 답장하는 사람이 이 업계에서 필수적이죠."

그는 자신의 조수가 다른 출판사에서 더 나은 일을 하기 위해 이틀 전에 그만뒀으며, 그래서 서둘러 그녀를 대신할 사람이 필요했다는 말은 윌리엄에게 하지 않았다.

윌리엄은 그날 밤, 밤을 새워 그 편집자가 작업한 책의 제목을 검색했다. 그 책들의 요약본을 여러 개 읽었고 면접을 보는 동안 그의 편집 도서 목록에 대한 지식으로 편집자에게 깊은 인상을 주었다. 몇 명의 다른 후보자들이 더 면접을 보았고 3일 후, 윌리엄이 그 일자리를 제안받았다. 그는 처음에 편집자의 일정을 관리하고 일상적인 이메일에 응답하는 등 사무 업무를 할당받았다. 하지만 많은 회의에 참석하며 업계 내부의 많은 것을 배울 수 있었다. 1년이 지난 후, 그는 편집자 경력 사다리의 다음 단계인 보조 편집자로 승진했고 월급도 적당히 올랐다. 그는 작가들을 대하는 감을 조금 익혔다(때로는 아주 신났고, 때로는 좌절감을 느꼈다). 그리고 인턴 근무를 했던 것에 감사했다.

요즘은 직업에 정착하기까지 이전보다 시간이 더 걸리지만 이는 허우적거리는 것과는 다르다. 오늘날의 노동력을 이해할 수 있는 목표와 계획을 세우고 추가로 훈련받는 것과 관련 없는 일자리와 훈련 과정 사이를 되는대로 옮겨다니는 것에는 차이가 있다. 그것은 계획적인 것이 아니라 허우적거리는 것이다. 직업을 찾기 위한 적당한 시간과 에너지를 남겨둘 수 있다면, 식당이나 술집에서 서빙하는 일처럼 경력과 관련 없는 일을 하면서 자신의 삶을 어떻게 해야 할지 고민하는 것도 괜찮다.

부모는 이 모든 것을 이론적으로는 이해할지 모르지만, 자녀가 대학을 졸업한 후 많은 추가 훈련을 받거나 미래가 없는 일을 하는 것을 지켜보면 대체 언제 '더 이상은 안되겠다'고 생각할지 궁금해한다. 당신이 자녀가 관심 있는 분야에서 일하지 않는 한, 또는 자녀가 전화를 걸 수 있는 지식이 풍부한 친구나 친척이나 동료가 없는 한, 해당 분야에 진입하는 데 보통 얼마나 오랜 시간이 걸리는지 알 방법은 없다. 많은 부분이 특정 산업의 고용 현황에 달려 있다. 배우와 같은 일부 직업은 첫 일자리를 얻는 데 걸리는 시간이 길기로 악명이 높으며, 안정적인 고용은 꿈도 못 꿀 것이다. 컴퓨터 공학과 같은 직업에서는 자격을 갖춘 지원자가 즉시 일자리를 제안받을 수도 있다.

　또한 많은 부모는 20대 후반이나 30대의 자녀가 두 번째나 세 번째로 직업을 바꾸는 것을 고민하는 모습을 보며 허우적거리는 것인지 걱정한다. 이에 대한 결론을 내리기 전에, 최근 세대의 전형적인 경력 개발 형태가 크게 변했다는 점을 기억해야 한다. 주로 첫 번째 직업이 평생 직업이 되었던 오랜 직업 표본은 이제 한 사람이 직업을 여러 개 갖거나 일생에 걸쳐 다양한 경력 변화를 경험하는 것으로 바뀌었다.

　사람들은 온갖 이유로 직업을 바꾸는데, 어떤 이유는 합리적이고 어떤 이유는 의심스럽다. 만약 자녀가 직업을 바꾸려고 고민하면서 신중하게 생각했고, 준비를 마쳤으며, 재정적으로 안전하고, 그 직업을 탐구할 진정한 기회가 있다면, 당신은 자녀의 결정을 지지해야 한다.

아마도 자녀는 항상 하고 싶었지만 결코 준비하지 못했던 것을 생각하고 있을 것이고, 자녀의 재정은 이제 학교로 돌아가 재교육을 받을 만큼 충분할 것이다. 이런 일은 당신의 생각보다 더 흔하다. 오늘날 미국 학부생의 4분의 1 이상이 25세 이상이고, 대학생 열 명 중 한 명은 적어도 35세 이상이며, 이 숫자에 대학원과 전문학교에 등록한 나이 든 학생들의 수는 포함하지 않았다.

오늘날 청년은 이전 세대보다 훨씬 더 오래 살기 때문에 그들이 다양한 직업을 갖는 것은 완벽하게 이치에 맞는다. 아마 당신의 자녀가 마흔 살이 될 무렵에는 자신이 그동안 해온 일을 즐겼더라도 새로운 도전을 원할 수 있다. 어쩌면 자녀는 정말로 하고 싶은 일이 무엇인지 알아낼 때까지, 일종의 중간역이나 직업적 대체물로써 그들이 항상 봐왔던 직업에서 직장 생활을 시작했을 수도 있다. 혹은 6년 동안 많은 생각을 하면서 일한 후에 현재 직업이 자신을 불행하게 만들고 있다는 것을 깨달았을 것이다. 만약 일이 자녀를 짜증나게 하거나 스트레스를 받게 하거나 우울하게 만드는 것이 지속된다면, 이제는 나아가야 할 때일지도 모른다. 상황이 자녀의 정신 건강에 미치는 영향 외에도 자녀의 불쾌한 감정이 파트너나 아이들의 삶을 어렵게 만들 수도 있다.

자녀가 직업을 바꿀 것을 고려하고 있다면 당신과 이 문제를 논의하고 싶어 할 수도 있고 아닐 수도 있다. 자녀가 새로운 일자리를 알아보지도 않은 채 일을 그만둘 생각이 아닌 한, 경제적으로 어려운 상황이 아닌 한, 또는 천성적으로 충동적인 경우가 아닌 한, 당신은 자녀가 언급한 잠정적인 결정에 대한 부정적인 의견을 보류해야 한다. 다만 월급 없이 얼마나 오래 살 수 있을지를 부드럽게 물어볼 수는 있다. 이것은 당신을 걱정시킬 수도 있지만 자녀가 정확히 이 상황을 위해 비상금을 저축해놓았을지도 모른다. 만약 자녀가 충동적으로 결정한 것처럼 보인다면 월급의 확실한 이점이 없어질 수도 있음을 고려했는지 물어보라. 사실 이것이 많은 사람이 완전히 만족하지 않는 그 직업에 머무르는 이유다. 씩씩거리고 화내면서 그만두면 건강보험 혜택을 받을 수 없으니까.

자녀가 신중하게 결정했다고 생각한다면 당신은 관심을 보여주기 위해 몇 가지 질문을 할 수 있지만, 조언해달라는 요청을 받지 않는 한 당신의 의견은 접어두길 바란다. 당신이 자녀의 입장이었다면 자녀와 똑같이 행동하지 않았을 수 있지만, 자녀의 입장을 제대로 이해하지 못한 것일 수도 있다. 당신이 찬성하든 안 하든 자녀가 한 선택이다. 앞에서 말한 조언을 많은 상황에 적용할 수 있다. 꼭 말해야 할 때는 의견을 말하라. 그러나 자녀가 특별히 요구하지 않는 한, 당신의 의견은 혼자서 간직하라.

자신이 싫어하는 일을 하며 평생을 보내는 것보다 자신을 비참하게 하는 직업을 떠나는 것이 훨씬 낫다. 특히 요즘 사람들은 은퇴하기 전에 70대까지 일을 할 것이다. 인생에서 그렇게 오랜 시간을 불행하게 지내도록 두어서는 안 된다.

자녀가 직장에서 성공적으로 정착하고 있다면, 당신은 자녀의 연애 생활을 더 걱정하고 있을 것이다. 취업과 마찬가지로 성인기로 나아가는 시간표를 바꾼 사회 변화의 맥락에서 자녀의 연애 생활이 어떻게 발전하고 있는지 살펴볼 필요가 있다.

여전히 싱글

멜라니는 남편이 50대 초반에 갑작스러운 심장마비로 사망한 이후 약 6년 동안 불면증에 시달리며 고통 받아왔다. 의사는 그녀에게 최근에 배우자를 잃은 사람들이 잠을 못 자는 것은 흔한 일이라고 말하며 매일 밤 자기 전에 복용할 가벼운 진정제를 처방했다.

약을 복용한 지 3년이 지난 후(실제로 잠을 자는 데 도움이 되었다), 사람들이 처방 약에 중독되고 있다는 뉴스를 접하고 그녀는 점차 약을 줄이기 시작했다. 이내 약을 먹지 않고도 다시 잠을 잘 수 있게 되었다. 하지만 약 2년 후, 불면증이 재발했다. 남편의 죽음과는 상관없는 일이었다. 그녀는 서른세 살이 된 딸 로리에 대한 걱정을 멈출 수가 없었는데, 로리는 그녀의 대학 동창들과 달리 약혼도 결혼도 하지 않고 있었다. 심지어 누구와 같이 살고 있지도 않았다. 또한 그럴 생각도 없는 것처럼 보였다.

자기 딸이 평생을 미혼으로 있을 생각을 하니 멜라니는 슬펐다. 멜라니는 25년 동안 행복한 결혼 생활을 했고 혼자 사는 것이 얼마나 외로운지 알고 있었다. 그래서 로리가 결혼해서 가정을 꾸리기를 바라고 있었다. 이기적이긴 하지만, 그렇게 하면 남편의 죽음으로 인해 마음에 생긴 구멍을 적어도 부분적으로나마 메워줄 손주라도 볼 수 있으니 말이다.

멜라니는 매일 밤 뒤척이면서 의사에게 전화를 걸어 수면제를 다시 달라고 해야 할지 고민하다가 로리에 대해 마음속으로 생각해보곤 했다. 로리는 예쁘고, 똑똑하고, 성공했으며, 재미있고, 종종 친구들에게 파티의 스타라고 불렸다. 멜라니는 로리가 데이트하는 남자들에게 너무 까다롭게 구는 것뿐이라고 생각했다.

멜라니가 딸에게 '밤 생활'에 대해 물어볼 때마다(딸은 이것이 자신이 관심 있는 사람을 만났는지 궁금해하는 엄마의 그리 예리하지 않은 질문 방식이라는 것을 알고 있었다), 로리는 만족스러운 사회생활을 하고 있지만 아직 적당한 사람을 찾지 못했다고 설명했다. 하지만 분명 로리에게 누군가가 있는 것 같았고, 멜라니는 이렇게 혼잣말을 하곤 했다.

"내 딸에게 매력을 느끼고 딸도 진지한 관계를 생각할 만큼 매력 있는 사람이 이렇게 큰 도시인 시애틀에 한 명도 없으려고?"

  30대 후반의 미혼 자녀를 둔 부모는 비슷한 고민을 하는 경우가 많다. 만약 당신도 그렇다면 요즘 세상의 결혼 상황에 대해 조금 알아 두는 것이 도움이 될 것이다.
  성인이 되어가는 과정의 많은 측면과 마찬가지로 초혼 연령 또한 점점 늦춰지고 있다. 2021년, 미국 여성의 평균 초혼 연령은 28세였고, 남성의 경우 30세 정도였다. 한 세대 전인 1991년에, 미국 여성은 평균 24세에 결혼한 반면 남성들의 평균 나이는 26세였다. 그 이전인 1961년에는 이 나이가 각각 20세와 23세였다. 성인기로의 전환이 이렇게까지 지연된 적은 없었다. 지난 반세기 동안 사회경제적 전반에 걸쳐 주목할 만큼 늦춰졌다.
  사회적 계층이 사람들의 결혼 시기에 영향을 미치지 않을 수 있지만, 결혼 여부에는 중요한 영향을 미친다. 미국의 결혼율이 전반적으로 감소하고 있지만 감소의 정도는 사회 계층에 따라 엄청나게 다르다. 결혼은 1970년대와 마찬가지로 모든 계층의 사람들이 결혼했던 과거보다 가난한 사람들과 노동자 계층의 사람들 사이에서 훨씬 더 줄어들었다. 그러나 여전히 많은 사람이 결혼한다. 최근 추정에 따르면, 미국 소득 분위 상위 40퍼센트에 속하는 사람들(연간 가구 소득이 10만 달러를 초과하는 사람들)의 거의 80퍼센트가 결혼했으며, 이는 40년 전과 거의 같은 비율이다.

게다가 미국의 결혼 종말을 우려하는 보고서는 파트너와 함께 살고 있는 25~34세 사이의 미혼자 15퍼센트에 대해서는 언급하지 않았다. 그들 중 3분의 2는 경제적 기반을 닦으면 결혼할 계획이라고 말한다. 결혼을 해본 적은 없지만 언젠가 결혼하고 싶다고 말하는 사람들 60퍼센트도 포함되지 않았다. 그리고 물론 재혼을 희망하는 이혼한 사람들도 많이 있다. 결혼이 결코 사라지지는 않았지만 지연되고 있는 것은 부인할 수 없다.

그러나 가난한 계층(가족 소득이 백분위 50퍼센트 미만)에게는 동거가 지속적인 삶의 방식이 되었고, 이것이 그들의 결혼율이 낮은 이유다. 반면 더 부유한 커플들에게 동거란 결혼하기 전 일시적 상태일 뿐이다. 오늘날 미국의 모든 초혼의 75퍼센트 이상은 동거가 선행된다. 자녀가 배우자와 함께 살고 있지만 법적으로 결혼하지 않았다고 해도 자녀의 행복에 대해 걱정하지 않아도 된다. 미국 사회에서 동거는 점점 더 허용되고 있다. 그러나 결혼 전 동거 여부가 어떤 식으로든 부부의 이혼 가능성에 영향을 준다는 증거는 없다. 동거를 이혼을 방지하는 시범 운행 정도로 여기는 사람들이 많지만 그렇지 않다.

성인기의 다른 부분과 마찬가지로 당신이 자녀 나이였을 때 따랐던 시간표대로 자녀의 결혼 '진전'을 판단하는 것은 오해를 만들기 쉽다. 누군가와 동거하며 법적인 의미를 제외한 모든 면에서 결혼 관계에 있는 많은 청년을 고려한다면, 오늘날의 결혼 시간표가 당신이 젊었을 때와 그렇게 다르지 않다.

오늘날 25~29세 사이 여성의 절반 이상 그리고 이 연령대 남성의 3분의 2 이상이 결혼을 한 적이 없다. 30~34세 사이의 사람 중 약 3분의 1 정도의 여성과 5분의 2 이상의 남성이 결혼한 적이 없다. 35~39세 사이의 사람들 사이에서도 여성의 5분의 1 이상과 남성의 4분의 1 이상이 결혼한 적이 없다. 이 숫자는 함께 사는 미혼 커플은 포함하지 않기 때문에 결혼하지 않는 청년의 비율이 자연스럽게 많게 느껴진다.

그러니까 요점은 당신의 자녀가 30대, 심지어는 30대 후반인데도 여전히 미혼이고 당신은 언젠가 자녀가 결혼하기를 간절히 바라고 있다면, 걱정할 이유가 없다는 것이다. 30대 후반 미혼자의 거의 3분의 1이 45세 이전에 결혼하고, 거의 절반이 50세 이전에 결혼한다.

일부 부모는 특히 자녀가 30대 후반까지 미혼일 경우 조부모가 될 기회를 놓칠까 봐 우려한다. 통계적으로 당신의 자녀가 아들이 아닌 딸이라면 이는 더 큰 문제다. 35세 이후 특히 40세 이후에 여성의 출산율은 크게 떨어진다. 체외수정으로 임신을 시도하는 사람들 사이에서도 그렇다. 체외수정은 35세 미만의 여성들 사이에서 절반의 성공률을 보이지만 42세 이상의 여성들 사이에서는 성공 확률이 5퍼센트 미만이다. 하지만 40대 여성의 체외수정 성공률이 개선되고 있다. 그리고 의사들은 이제 임신을 시도하기 전에 측정할 수 있는 수많은 호르

몬 지표를 바탕으로 부부가 체외수정에 성공할 가능성을 확인할 수 있다. 남성의 출산율도 나이가 들수록 감소하지만 큰 감소는 여성보다 더 늦은 40세 전후에 발생한다. 여성과 마찬가지로 40세 이후 남성 출산율의 감소 또한 부부의 성공적인 체외 수정의 가능성에 영향을 미친다.

성인 자녀가 사귀는 사람이 없어서 당신이 불행하다면 가장 중요하게 생각해야 할 것은 당신의 심리가 아닌 자녀의 심리 상태다. 어떤 사람들은 싱글인 것을 완벽하게 행복해한다. 실제로 점점 더 많은 사람이 싱글인 상태를 선호한다고 말한다. 그러니 당신이 자녀의 상황을 불행하게 여긴다고 해서 그들이 실제로 불행할 것이라고 단정하지 마라.

언젠가 당신이 조부모가 되는 문제도 마찬가지다. 손주를 갖는 것에 환상을 품을 수도 있지만, 당신의 희망을 자녀의 바람과 혼동하지 마라. 게다가 절대로 아이를 갖고 싶지 않다고 선언하는 많은 20대가 나중에 마음을 바꾸기도 하며 점점 더 많은 이들이 결혼하지 않은 채 아이를 낳거나 입양한다.

이 조언은 자녀가 연애 중이든 미혼이든 관계없이 적용된다. 누군가가 결혼했다고 해서 부모가 되고 싶다는 뜻은 아니다. 최근 조사에 따르면 40세 미만의 아이가 없는 성인 3분의 1 이상이 아이를 낳지 않을 계획이며, 그중 절반 이상은 부모가 되고 싶지 않기 때문이라고 답했다(나머지는 다른 우선순위, 재정적인 걱정 또는 건강 문제 때문이라고 말했다). 만약 당신에게 형제자매가 있다면 아마도 매우 가까운 이모나 삼촌이 되거나 친구의 아이에게 특별한 관심을 가짐으로써 손주에 대한 당신의 소망을 충족할 수 있을 것이다. 아이들은 종종 부모나 조부모가 아닌 어른과의 관계로부터 이익을 얻고 특히 청소년기에는 가족이 아닌 어른과 함께 있는 것을 선호할 수 있다.

자녀가 사귀는 사람이 없고 바라지도 않는다고 말한다면 공감해주는 것이 최선이다. 이에 대한 당신의 실망감이나 걱정은 혼자서 간직하는 것이 좋다. 요즘 성인 자녀 중에 오로지 부모를 기쁘게 하기 위해 결혼하는 사람들이 있을지 의아한 데다가 당신이 절대로 하지 말아야 할 것은 당신의 이익을 위해 자녀를 압박하는 것이다. 만약 그들이 연애 생활에서 허우적거리는 것처럼 보인다면, 즉 시작은 좋지만 나쁘게 또는 예기치 않게 끝나는 짧은 관계들이 연속되는 것처럼 보이고 당신이 과거에 자녀와 연애 생활에 대해 이야기하는 것을 편안하게 느꼈다면, 무슨 일이 일어났는지에 그들에게 직접 물어보라. 만약 자녀가 그 상황 때문에 난처하거나 화가 나거나 우울하다면 당신은 상담사와 이야기하라고 제안할 수 있다. 내 경험상 심리치료는 사람들이 미래의 파트너를 선택하거나 사람과 상호 작용하는 방식에서 부적응 패턴을 이해하고 수정하는 데 효과적인 경우가 자주 있다.

자녀가 재밌게 데이트할 만한 사람을 당신이 알고 있다면 자녀에게 알려주는 것도 좋다. 자녀가 어떤 사람에게 끌렸으면 하는 마음이나 혼자인 것보다 결혼해서 누군가와 함께인 것이 더 행복할 거라는 생각이 아닌, 자녀가 어떤 사람에게 끌릴 것 같은지에 대한 의견을 바탕으로 한다면 말이다. 과거에는 사람들이 사랑과 관련 없는 많은 이유로 결혼했다. 결혼한 사람들의 90퍼센트가 파트너와 결혼하는 주된 이유로 사랑을 말하는 미국에서는 더 이상 그렇지 않다. 약 30퍼센트만이 아이를 갖는 것이 중요한 이유라고 답했고 10퍼센트만이 재정이나 편리함을 언급했다.

특별한 사람을 찾는 방법을 제안하는 것은 피하라. 그것에 대해서는 자녀가 당신보다 더 많이 알고 있다. 당신이 젊어서 싱글이었을 때와는 데이트의 세계가 다르다.

독립했던 자녀가 돌아온다면

허우적거리는 것처럼 보이는 성인 자녀를 향한 마지막 걱정은 자녀가 집으로 돌아온 후에 생길 수 있다. 이것은 많은 부모의 주요한 걱정거리다. 어떤 부모는 본인 세대에는 거의 그런 사람들이 없었기 때문에, 또 어떤 부모는 자녀와 가까이 살며 자녀의 삶과 너무 밀접하게 엮이기 때문에 걱정한다. 부모가 자녀와 한집에 살지 않을 때는 자녀의 학업이나 직업, 연애 생활과 정신 건강에 대해 잘 알지 못한다. 그러나 성인이 된 자녀가 집으로 돌아오면 친밀함이 불안감을 낳을 수 있다.

성인 자녀가 당신 집으로 돌아오는 것은 대학생들이 1~2주의 휴식 기간이나 여름 방학 동안 두 달 정도 집에 오는 것과는 다른 문제다.

짧은 휴식이나 방학이 가족 관계에 부담을 줄 때도 있지만(4장의 '방학 동안 머물 때 생각해야 할 것' 편을 보라) 기간이 정해져 있기에 가족들은 의견 차이를 일시적인 것으로 여기며 견뎌낸다.

여기서는 다른 곳에서 살 여유가 없는 자녀가 집으로 돌아와 오래 머무르는 것에 초점을 맞추겠다. 이는 지난 수십 년 사이 더 자주 발생했다. 20세기 초 이래로 어느 때보다도 더 많은 성인 자녀가 부모와 함께 살고 있다. 미국에서 이것은 현재 18~29세 사이의 사람들 사이에서 가장 흔한 생활 방식이다.

현재 18~29세 사이의 미국 청년의 절반 이상이 한 명 또는 두 명의 부모와 함께 살고 있으며, 이는 대공황이 한창일 때의 비율을 초과한다. 그 비율은 1960년 30퍼센트에서 오늘날 50퍼센트를 조금 넘는 수준으로 증가했다. 따라서 자녀가 집으로 돌아온 경우가 당신 혼자만의 일이 아니며 자녀의 상황은 걱정할 만큼 이례적이지 않다.

최근 부모와 함께 사는 청년의 비율이 증가한 것은 코로나19 탓으로 돌릴 수 있지만 그 추세는 훨씬 이전부터 있었다. 2005년과 2020년 초에 부모와 함께 사는 성인 자녀의 비율이 급격하게 증가했는데, 이는 아마도 청년들에게 엄청난 피해를 입힌 대공황과 코로나19 때문일 것이다. 그 영향은 거의 세계적이었다. 부모와 함께 사는 현상은 남성과 여성, 모든 인종, 대도시와 농촌, 그리고 국가의 여러 지역에서도 더 흔해졌다.

2020년 이후 부모의 집에 함께 사는 성인 자녀의 수가 가장 크게 증가한 연령대는 25세 미만의 사람들이었다. 이 연령대가 일자리를 잃거나 임금을 삭감당할 가능성이 가장 높았기 때문이다. 이들은 경제적으로 살아남기 위해 부모 집으로 돌아가야 했다. 하지만 이 현상은 결코 이 연령대에만 국한된 것은 아니다. 2020년 초, 25~29세 사이의 사람들의 4분의 1 이상이 부모와 함께 살고 있었다. 이 수치는 지난 몇 년 동안 감소하지 않았다.

대학 생활 중 집을 방문하는 것과 집으로 돌아가 부모와 함께 사는 것의 심리적 맥락은 매우 다르다. 첫 번째 경우는 자녀가 얼마나 성장했는지 보여줄 기회가 된다. 자녀는 대학에서 독립의 달콤함을 맛보았고 그 자유를 좋아한다. 당신이 이미 알고 있듯이 잠깐의 방문 동안 발생하는 대부분의 의견 충돌은 자녀가 자신들 생각만큼 어른으로 대우받지 못한다고 느끼는 것과 관련이 있다(4장의 '방학 동안 머물 때 생각해야 할 것' 편을 보라).

부모 집으로 돌아온 자녀는 정반대로 느낄 수 있다. 혼자 힘으로 살아왔던 사람이 집으로 돌아올 때, 자녀는 스스로를 완전히 독립적인 성인이라고 느끼기가 힘들다. 대학에서 집에 방문하는 것은 휴가처럼 느껴지지만 집으로 돌아오는 것은 경고 신호처럼 느껴진다.

자녀가 집으로 돌아오는 이유가 회사가 문을 닫고 직원들을 해고

해야 하는 상황 등 자신들이 통제할 수 없는 수준이었든 아니든 상관없이 자녀는 자신이 한 걸음 후퇴한 것처럼 느낀다. 모두 그런 건 아닐 수도 있지만 대부분 어쩔 수 없는 경우가 많다. 게다가 집으로 돌아가는 것은 대체로 불확실한 계획이다. 휴학과는 달리 언제 이 생활이 끝날지 알 수 없다. 자녀가 다시 제 발로 일어서야 끝난다. 다시 자녀에게 스스로 먹고살 여유가 생길 때 말이다. 언제 이런 일이 일어날지는 아무도 모른다. 이 불확실한 상황은 가족 모두에게 많은 불안감을 줄 수 있다. 왜냐하면 아무도 이 상황이 필요 이상으로 오래 지속되는 걸 바라지 않고 동시에 너무 급하게 끝나기를 원하지도 않기 때문이다. 애매한 상태로 살면서 잘사는 사람은 거의 없다.

부모와 함께 다시 사는 것의 심리적 영향은 다른 문화와는 달리 역사적으로 그런 경우가 일반적이지 않았던 미국 사회에서 더욱 걱정스럽다. 미국인들은 성인의 척도로 독립성을 중시한다. 그러나 다른 많은 나라는 부모와 상호의존적인 관계를 맺는 것을 진정한 성숙의 표시로 간주한다. 특히 많은 아시아 문화권에서 자신을 부모로부터 독립적인 존재로 보는 것은 어른이 되기를 싫어하는 미성숙한 엇나감으로 여겨진다. 이탈리아와 같은 몇몇 유럽 국가에서는 성인 자녀가 결혼할 때까지 부모와 사는 것이 일반적이다. 재정적 지원이 필요하거나 가족들이 함께 살기를 기대하는 경우가 아니더라도 부모와 같이 산다. 어떤 이탈리아인도 대학 졸업 후 집에서 함께 산다는 이유로 성인 자녀를 폄하하지 않으며, 우리도 그렇게 해서는 안 된다.

자녀가 집으로 돌아온다고 해서 자녀가 실패했다거나 당신이 부모로서 성공하지 못했다는 신호는 아니다. 당신은 자녀가 사회적 기준에 맞지 않는다고 느끼게 할 수 있는 어떤 행동이나 말도 하지 않도록 조심해야 한다. 부모는 집으로 돌아온 성인 자녀를 유능한 어른으로 대해야 한다. 이를 위해서는 자녀에게 지금 자신이 후퇴하고 있다거나 영원히 이럴 수도 있다는 인상을 주지 않으면서 자녀를 자격 있는 가족 구성원으로서 다시 받아들여야 한다.

여기에는 세 가지 방법이 있다.

첫 번째이자 가장 중요한 방법은 서로에게 어떤 기대를 하는지 솔직하게 대화하는 것이다. 대학생 자녀가 집에 방문해 있으면서 어떻게 행동해야 하는지에 대한 논의를 더 나이 든 자녀가 집으로 돌아왔을 때 제기해서는 안 된다. 이러한 주제를 꺼내면 자녀는 마치 당신과 고등학교 시절을 다시 보내는 것처럼 미성숙한 아이 취급을 당하는 기분만 느낄 것이다.

이런 식으로 생각해 보라. 당신의 서른다섯 살인 여동생이 힘든 시기에 처해 잠시 함께 살아야 한다면, 당신은 그녀에게 밤에 몇 시까지 반드시 집으로 돌아와야 한다든지 침실을 깨끗하게 유지하라든지 행방을 계속 알려달라든지 하는 식의 이야기는 하지 않을 것이다. 집으로 돌아온 성인 자녀와도 그런 이야기를 할 필요가 없다. 특히 자녀와 마지막으로 함께 살았을 때, 아마도 10대였을 때와 같은 익숙한 역학 관계에 다시 빠져들지 않도록 주의해야 한다. 당신은 그때 이후로 많이 변하지 않았을 수도 있지만, 자녀는 확실히 변했다.

두 번째는 자녀가 반드시 경제적인(특히 자금이 부족해서 돌아온 경우) 부분이 아닌 일상적인 활동에 참여함으로써 가계에 기여하는 것이 중요하다. 자녀는 요리, 청소, 쇼핑, 빨래, 눈 치우기 등 모든 주요한 일을 직접 또는 당신과 함께해야 한다.

자녀에게 스스로나 잘 챙기라고 하면서 다른 것들은 신경 쓸 필요 없으니 놔두라고 말하지 마라. 자녀가 자기 옷은 빨래하되 다른 사람의 빨래는 할 책임이 없다거나, 냉장고의 한 부분을 자녀의 것으로 지정하거나, 부엌이나 거실과 같은 공용 공간이 아닌 자녀의 침실만 청소하라고 요구하지 마라. 자녀는 민박집 손님이 아니며 그런 식으로 대해선 안 된다. 어떤 부모는 집으로 돌아온 자녀가 숙식비 명목으로 돈을 지불하기를 기대한다. 그러나 궁극적인 목표가 자녀가 재정적으로 다시 일어설 수 있도록 돕는 것이라면 이것은 역효과를 낳는다. 자녀에게 당신과 함께 살 필요성을 더 느끼게 할 뿐이다. 만약 자녀가 취업했다면 다시 혼자 살 수 있을 때까지 자신의 수입을 저축해야 한다. 만약 자녀가 일은 하고 있지만 충분한 금액을 저축하기가 어렵다면 자녀가 다시 이사를 나갈 때까지 저축 계좌에 임대료를 저축하는 것을 당신이 도울 수 있도록 함께 계획을 세워라. 자녀는 당신에게 도움을 요청하는 대신 이 밑천을 활용해 다시 일어설 수 있다.

마지막으로 당신은 자녀가 어떻게 시간을 보낼 것인지에 대해 명확히 이해해야 한다. 만약 자녀가 아직 학교를 다니고 있다면 수업을 듣고 과제를 하고 시험공부를 하게 두고, 혼자 살았다면 살아왔던 그대로 살게 두면 된다. 자녀에게는 공부할 조용한 장소가 필요할 것이다. 당신은 자녀를 감시할 필요가 없다. 함께 살지 않았다면 자녀의 학업 활동을 감시할 필요가 없었듯이 말이다(4장의 '자녀의 대학 생활에 관여해도 될까' 편을 보라). 만약 자녀에게 직업이 있다면 당신은 자녀가 집에 살지 않는 것처럼 행동해야 한다. 자녀가 몇 시에 출근하는지 저녁이나 주말에 집에서 일하는지와 같이 세세하게 활동을 감시해서는 안 된다.

자녀가 직업을 얻고자 한다면 적절한 단계를 밟아야만 한다. 이러한 상황에서는 구직 시장에서 더 경쟁력 있게 만드는 수업에 등록하고 구직 목록을 검색하고 온라인에 이력서를 게시하고 도움이 될 수 있는 지인들과의 인적 네트워크를 형성하며 취업 면접을 보는 것이 필요하다. 만약 자녀가 단지 돈을 벌기 위해 경력과는 관련이 없는 일을 하려고 한다면, 자녀가 수입을 저축하고 관심 있는 분야를 위해 노력할 수 있는 한 괜찮다고 본다.

자녀가 당신이 동의한 규칙을 거부할 때 어떻게 대응할지 결정하는 일은 까다롭다. 규칙을 어기는 것에는 두 가지 범주가 있으며 각기 다른 대응이 필요하다. 첫 번째 범주는 자녀가 거부하거나 잊은 공동의

가사 노동 책임을 포함한다. 두 번째 범주는 직장이나 석박사 학위 또는 같이 이사를 가는 데(이것이 목표라고 가정하면) 필요한 자산을 축적하는 것을 목표로 하는 활동과 관련이 있다.

첫 번째 범주에 관해서는 자녀가 대학으로 돌아가기 전에 자녀의 10대 시절처럼 두 사람의 관계를 특징짓는 역학 관계로 다시 빠져드는 것에 대해 경고했다. 이것은 당신의 정신 건강에 타격을 줄 것이고(밀린 집안일, 약속 위반, 커피 테이블 위에 남은 빈 과자 봉지와 같은 일상적인 일들로 말다툼하는 것은 10년 전과 마찬가지로 어쩌면 그때보다 더 당신을 짜증나게 할 것이기 때문이다) 자녀의 정신 건강에도 타격을 줄 것이다(부모에게 잔소리를 듣는 것은 당신이 몇 살이든 불쾌하기 때문이다). 성인 자녀가 청소년처럼 행동하기 시작했다는 이유만으로 자녀를 청소년 취급하는 것은 효과가 없을 것이다.

이런 경우에는 자녀와 함께 앉아서 '협력적인 문제 해결'을 시도하라(2장의 '갈등이 상처가 되지 않도록' 편을 보라). 이 과정에는 두 사람이 문제를 논의하고, 브레인스토밍으로 해결책을 생각하고, 문제를 해결하기 위한 잠정적인 계획을 세우고, 몇 주 후에 효과가 있는지 평가하는 활동이 포함된다. 빨래 건조 바구니를 침실 옷장에서 꺼내 침실 구석으로 옮기면 옷이 넘쳐나는 것을 보고 주의를 기울일 것이다. 냉장고 문에 식료품 목록을 붙여두면 떨어진 재료가 있을 때 쉽사리 채워 넣을 수 있다. 큰 눈이 내릴 것으로 예상되는 전날 밤 현관문 옆에 눈삽을 놓아두면 아침에 집을 나서기 전에 진입로를 치우라던 당신의 말을 떠올릴 것이다. 중요한 것은 각자가 해결책에 기여하고 있는지 확인하고 해결책을 보다 효과적으로 조정할 방법을 파악하는 것이다. 자녀가 나가면서도 눈삽을 못 본 체하고 지나친다면 삽을 들지 않고는 문을 열 수 없도록 놓으면 된다. 이런 방법도 효과가 없다면 문제에 대해 진지하게 대화하고, 그래도 상황이 바뀌지 않는다면 자녀가 살 다른 곳을 찾아야 할 것이라고 말하며 새로운 곳을 찾을 수 있도록 계획표를 작성할 수 있다. 당신은 자녀가 이사하는 데 쓸 약간의 돈을 빌려주는 것이 쉽지 않다는 사실을 알게 될 수도 있지만 지속적으로 말다툼을 벌이는 것보다는 더 쉬울 수 있다. 자녀에게 돈을 빌려줄 수 없다면 자녀가 일자리를 찾는 것을 도울 수 있다. 정신 건강 문제나 중독 때문에 이사하는 데 어려움을 겪는 경우 적절한 치료를 받도록 도울 수도 있다(3장의 '심리치료가 필요하다면' 편을 보라).

자녀에게 필요한 직장이나 집을 되찾는 데 확실하게 도움이 되는 일에는 방심하지 않으면서도 꾸준한 인내심이 필요하다. 잔소리가 되지 않도록 주의하면서 자녀의 활동을 감시할 필요가 있다. 구직 활동이 어떻게 진행되고 있는지 가끔 물어보는 것은 괜찮지만, 매주 여러 번 물어보면 곤란하다. 고용시장이 얼어붙었다면 괜찮은 일자리를 찾는 데 시간이 걸릴 것이다. 당신이 도울 수 있는 일이 있는지 물어보되 자녀의 반응에 민감하게 반응해야 한다. "고맙지만 괜찮아요."는 "제가 통제할 수 있어요."라는 의미일 수도 있지만 "상관하지 말아주세요."를 의미할 수도 있다. 만약 그 말이 전자의 의미라면 당신은 "좋아, 하지만 도움이 필요하다면 난 기꺼이 도울 거란다."라고 대답할 수 있다.

만약 그 말이 후자의 의미라면 당신은 자녀가 합리적으로 일하고 있는데 단지 아무런 성과를 거두지 못하고 있는지(이 경우 그들은 진전이 없는 것에 대해 우울해하거나 당황스러워할 수도 있다) 또는 충분히 노력하지 않고 있는지를 알아낼 필요가 있다. 전자라면 동정을 표하고 이렇게 말하라.

"그래, 내가 상관할 일은 아니지만 그렇다고 일이 어떻게 진행되고 있는지 묻지 못한다는 의미는 아니라고 생각한다. 나는 예의를 갖춰 얘기했으니 너도 공손하게 대해주길 바란다."

만약 후자라면 이렇게 말하라.

"네가 처음 집으로 돌아왔을 때, 모든 시간을 일자리 구하는 데 쓰겠다고 했잖니. 가망이 없는 상황이라면 취업 시장이 개선될 때까지 이 근처에서 도움될 만한 일을 찾을 수 있을 거야."

자녀가 거절한다면 자녀의 이사 일정을 정해야 할 때다.

나는 집으로 돌아온 자녀의 문제를 다루는 방법에 대해 개략적으로 설명했다. 그러나 당신이 그런 문제를 겪을 가능성은 거의 없다. 전국적인 조사에 따르면, 고향으로 돌아온 대부분의 자녀가 부모와 잘 지낸다고 한다. 코로나19가 유행하는 동안 나는 원격 수업으로 여러 개의 대학 졸업반 세미나를 개설했는데, 그 세미나를 신청한 20대 중 많은 사람이 집으로 돌아가 어린 시절 지냈던 침실이나 부엌 식탁에서 수업을 들어야 했다. 그들 대부분은 다시 혼자 살기를 원했지만 부모와 함께 산 덕분에 서로의 관계가 강화되었다고 말했다. 그리고 부모로서뿐만 아니라 인간으로서 부모를 더 잘 이해하게 되었고, 부모가 자신들을 위해 해준 모든 것에 대해 훨씬 더 감사하게 되었다고 말했다.

당신의 자녀가 허우적거리고 있는지 알아내기란 어려운 일이다. 4년 안에 졸업하기 어려울 정도로 학생들이 과도하게 등록하는 수업, 바람직한 데이트 상대의 부족, 예외적으로 빡빡한 취업 시장, 하늘을 찌를 듯 가파르게 오르는 집값과 같은 많은 장애물이 자녀의 통제를 벗어났기 때문이다. 만약 자녀가 성공하지 못한 채 보잘것없는 일을 하고 있는 것처럼 보인다면, 당신이 그 나이였을 때와는 상황이 다르다는 것을 기억하라. 청년들이 학교를 마치고, 직업을 구하고, 가정을 꾸리고, 경제적으로 독립하는 데는 이전 세대보다 더 오랜 시간이 걸린다. 앞서 말했듯이 "내가 네 나이였을 때"는 자녀의 상황을 이해하는 올바른 방법이 아니다. 부모는 더 많은 공감과 인내심이 필요하다.

조부모라는 존재

· · · · · · · · ·

8장

초보 부모를 돕는 방법

조부모 육아는, 힘들고 진 빠지게 하는 부모로서의 책임감 없이도 당신이 자녀를 기를 때와 똑같은 기쁨을 가져다준다. 주로 즐거움을 나누면서 형성되는 손주와의 관계를 공고히 할 수 있는 시간과 에너지가 충분하다. 이것은 새로운 관계에 접근할 수 있는 훌륭한 방법이다. 만약 조부모가 된 지 얼마 되지 않았다면 훈육은 자녀 부부에게 맡기자. 당신은 손주를 소중히 여기고 함께 즐거운 시간을 보내는 것에 집중하라.

좋은 조부모가 되는 것은 당신의 자녀와 손주 그리고 누구보다 당신의 행복을 위해서도 중요하다. 조부모와 친밀한 관계인 손주는 많은 심리적 혜택을 받는다. 아이는 부모 외의 사람들과 애착을 형성하며,

그러한 부가적인 유대감은 아이에게 더 많은 정서적 안정감을 준다. 당신과 애착 관계를 형성하는 것은 아이가 부모와의 관계에서 얻는 것 이상으로 아이의 인지적·사회적·정서적 발달에 긍정적인 영향을 미칠 것이다.

손주가 자라면서 소부모는 종종 부모처럼 많은 것을 해주지만 손주는 자기 나름의 스타일과 흥미를 갖게 된다. 당신은 손주에게 책을 읽으며 놀아주거나 손주의 부모와는 다른 책과 장난감과 놀이를 선택하면서 손주의 경험을 확장시키고 다양하게 해준다. 손주의 삶에 당신이 더할 수 있는 긍정적이고 즐거운 경험들에 대해 생각해보라. 부모가 가져다주는 것을 보완하면서도 중복되지 않는 경험들 말이다.

조부모와 손주가 긴밀한 관계가 된다면 서로에게 이점이 있다. 손주와 긴밀한 관계를 맺으면 당신은 우울증과 외로움에 덜 취약해지고 삶에 더 만족하며 더 행복해질 것이다. 당신이 손주를 자주 볼 수 있다면 손주가 당신을 더 활동적이고 젊게 해준다는 사실을 알게 될 것이다. 손주가 성장하고 학교에 다니며 발전하고 대중문화에 참여하면서, 당신은 손주로부터 새로운 것들을 많이 배울 것이다. 손주는 또한 모두에게 즐거움과 새로운 이야기를 끊임없이 제공하기 때문에 당신과 자녀 그리고 자녀의 배우자 사이에 새로운 친밀감을 만들어내는 원천이 될 수 있다.

물론 좋은 조부모가 되면 자녀 부부에게도 큰 도움이 될 것이다. 가까운 곳에 살거나 함께 휴가를 보내면 아이를 봐줄 수 있다. 때때로 자녀 부부가 육아에 관한 조언을 구할 수도 있는데, 이에 대해서는 이 장의 후반부에 설명할 것이다. 그리고 당신이 어디에 살든, 당신의 재정 능력에 따라 아이 방을 꾸미는 데 드는 비용의 일부를 지원하거나 보육료에 도움을 줄 수 있을 것이다.

이 장의 후반부에 당신이 손주와 친밀한 관계를 형성하는 방법에 대해 논의할 것이지만, 우선 좋은 조부모가 되는 것은 주로 자녀 부부의 삶을 더 순조롭게 만드는 것과 관련 있다. 당신의 도움은 자녀의 아이가 조금 더 나이가 들었을 때도 유용하겠지만, 일단 아이가 유치원에 들어가서 집에서 보내는 시간이 줄어들고 조금 더 혼자서도 잘 놀 수 있게 되면 육아는 훨씬 쉬워진다.

다음은 손주가 아직 유아(2세 이하)일 때 도움을 주는 몇 가지 방법이다.

자녀 부부를 위해 육아용품이나 가구를 구입하고 싶다면 그들이 필요하다고 말하는 것을 구입하라. 비록 그것이 당신이 주고 싶었던 것이 아니더라도 말이다. 예비 부모가 아기 침대, 카시트, 유모차, 아이방 가구 등 그들이 구매해야 할 비싼 용품들의 목록을 보고 있다고 가정해보자. 당신은 그들을 도울 계획이다. 만약 당신이 이 물건들의 가격을 찾아보지 않았다면 도움을 제안하기 전에 가격을 확인하고 가격표에 적힌 숫자를 보고 받을 충격에 대비하라. 육아용품은 디자인과 안전성이 좋아지면서 당신이 초보 부모였을 때보다 훨씬 비싸졌다.

당신이 유모차 구입을 도와주기로 결정했는데 그들이 당신이라면 고르지 않을 특정 유모차를 생각해두었다고 가정해보라. 여러 대안 중에서 선택하기 위해 당신의 의견이나 도움을 요청한다면 의견을 말해라. 그러나 그들이 어떤 유모차를 원하는지 말해줬다면 당신은 그것을 사야 할 것이다. 그것이 당신이 생각한 금액보다 많이 비싸다면 구매를 위해 염두에 두었던 돈을 그들에게 주어라. 당신은 당신이 고른 유모차에 아이를 태우고 싶겠지만 매일 그 유모차를 이용할 사람들은 손주의 부모다.

아이가 태어나면 자녀의 집에 방문하기 전에 자녀 부부가 집에서 아이와 함께 있는 시간을 주어라. 그들에게 어떤 도움이 필요한지 물어보고, 만약 당신이 자녀 부부의 출산 직후에 병원을 방문하고 싶다면 풍선을 한 아름을 들고 뛰어들기 전에 이제 막 아이를 낳은 그들이 괜찮은지부터 확인해야 한다. 그리고 많은 부부가 집에 돌아온 후, 아이와 유대감을 형성하고 그들만의 가족 단위를 형성하기 위해 시간을 갖기 원한다는 것을 명심하라.

신생아와 따로 있고 싶다는 초보 부모의 바람은 당신을 배제하려는 것이 아니므로 그런 식으로 받아들이면 안 된다. 그들이 미래에 당신을 어떻게 대할지 미리 알려주는 징후도 아니다. 그들은 당신이 손주를 만나고 싶어 하는 것만큼이나 당신에게 아이를 보여주고 싶어한다. 그들이 부모가 되는 것에 적응하고 사적인 생각과 감정을 서로 공유할 수 있도록 약간의 시간을 주어라.

만약 이 아이가 그들의 첫 번째 아이라면 부부는 아이를 어떻게 돌봐야 할지에 대해 긴장하거나 확신이 없을 수 있고 누가 보는 앞에서 돌볼 준비는 더욱 되어 있지 않을 것이다. 그리고 아이의 엄마는 출산 후 퇴원하고 며칠이 지나야 육체적·정서적으로 회복된다. 특히 자연분만이 어려운 경우에는 제왕절개를 해야 하는데 이 경우 충분한 회복이 필요하다. 출산 후 경미하고 단기적인 산후우울증을 앓는 경우도 많다. 출산 며칠 후에 70퍼센트 이상의 산모들에게서 이 같은 상태가 보고되었다. 자녀에게 언제 방문해야 괜찮은지 물어보고 부부의 바람을 존중해서 따로 요청받지 않는 한 처음에는 짧게 방문하라. 당신은 아마도 초보 부모가 되는 것이 얼마나 피곤한지 잊었을 것이다.

만약 근처에 산다면 부탁받지 않아도 아이를 봐주겠다고 제안하라. 매주 목요일 퇴근 후 한 시간 동안 아이 없이 장을 볼 수 있도록 고정적으로 아이를 돌봐준다는 약속을 한다면 도움이 될 것이다. 베이비시터 비용을 지불할 필요 없이 부부만의 저녁 식사를 하거나 영화를 보라고 서프라이즈로 또는 계획된 밤 외출을 선물하면 초보 부모에게는 커다란 즐거움이 된다. 특히 초보 부모들이 그렇듯이 경제적으로 빠듯할 때는 더욱 그렇다. 만약 당신이 멀리 살지만 자녀의 가족을 더 오래 방문하기 위해 온다면, 그들과 함께 지내는 동안 적어도 한 번은 이와 같은 제안을 하라. 그들은 당신을 더 자주 초대할지도 모른다.

신생아나 유아를 돌보는 것은 육체적으로 힘든 일임을 명심하라. 당신은 아기가 기어다니거나 만져서는 안 될 물건을 계속 움켜쥐고 있는 것을 따라잡기가 얼마나 어려운지, 또는 아기를 안아 올리거나 침대에서 들어올리기 위해 몸을 구부려야 할 때 9킬로그램이 얼마나 무거운지 깨닫고 놀랄지도 모른다. 만약 당신이 오랫동안 아이를 돌볼 수 없게 된다면 어려워하지 말고 자녀에게 말하고 친구나 친척에게 함께 아기를 봐달라고 부탁해보자. 혼자서 감당할 수 없을 때 몇 시간 동안 아기를 돌보는 것은 당신과 아기 모두에게 위험하다. 아기를 반복적으로 들어 올릴 만큼 힘이 세지 않은 사람은 균형을 잃고 넘어지기 쉽다.

여유가 있다면 손주를 위한 대학 자금을 준비하라. 오늘날 대학 학자금은 비싸다. 손주가 18세가 되었을 때 그것이 얼마나 천문학적인 금액이 될지 상상해봐라. 대학 저축 계좌에 정기적으로 돈을 넣으면 소액이라도 시간이 지남에 따라 상당한 규모가 될 것이다. 특히 손주가 태어난 지 얼마 안 되어 계좌에 돈을 붓기 시작하면 더욱 그렇다. 그러나 당신의 생활비와 은퇴 생활에 손상을 입으면서까지 자금을 마련해서는 안 된다.

당신의 손주가 나중에 세금을 내지 않고도 그 돈을 대학 비용으로 사용할 수 있게 해주는 다양한 유형의 교육 저축 계좌가 있다. 이 돈은 또한 손주의 유치원에서 고등학교까지의 등록금에 사용될 수 있으며 손주가 나중에 학자금 대출을 상환하는 데 사용할 수도 있다. 계좌는 당신의 통제하에 있기 때문에 돈이 남용될 것을 걱정할 필요가 없다. 이러한 계좌에 대한 정보는 온라인에서 찾을 수 있으며 내용은 은행마다 다르다.

때때로 손주가 하고 싶은 대로 하게 하되 그들의 부모가 정한 규칙을 어기지는 마라. 자녀 부부가 아이에게 설탕이 든 음식을 먹이길 원하지 않는다는 사실을 당신이 알고 있고 아이가 당신과 하루를 보내게 되었다면 다음 날 아침 식사로 달콤한 시리얼을 먹는 일은 하지 않아야 한다. 손주가 시리얼 상자를 보고 "엄마 아빠는 이런 시리얼은 설탕이 너무 많이 들어 있다고 못 먹게 해요."라고 말할 때 웃으면서 "우리끼리 비밀로 하고 이번만 먹자."는 말도 해서는 안 된다.

만약 부모가 시리얼 먹는 것을 허락하지 않은 것을 손주가 알고 있는데 당신이 손주에게 그 음식을 먹이면 당신은 손주에게 부모의 말을 따르지 않아도 괜찮다고 가르치고 있는 셈이다. 만약 당신이 시리얼 한 그릇을 손주에게 주고 싶다면 아이가 들을 수 없게 부모의 허락을 받아라. 만약 그들이 허락한다면 손주에게 아침을 주면서 이번만 엄마 아빠가 특별히 허락했다고 말해주면 된다.

손주에게 선물을 주고 싶다면 그 선물이 손주의 부모가 용인할 수 있는 것인지 확인하라. 부모는 아이의 장난감에 대한 기준을 가지고 있다. 예를 들어 많은 부모가 장난감 총을 허용하지 않으며 어떤 부모는 아이가 특정 나이가 될 때까지는 액정화면이 있는 전자 기기들을 허용하지 않는다. 부모의 뜻을 따라야 한다. 당신은 손주가 당신이 준 선물 상자를 열었는데 부모가 그것을 가질 수 없다고 말하는 것을 보고 싶지는 않을 것이다. 당신의 선물이 손주가 이미 가지고 있는 것일까 걱정되거나 당신이 무엇을 사야 할지 모르겠다면 손주의 부모에게 물어보면 된다. 당신은 아이에게 깜짝 선물을 주는 것이 재미있다고 생각할지 모르지만 손주를 실망시킬 만한 선물이라면 깜짝 선물도 가치가 없을 것이다.

만약 손주에게 다른 할아버지 할머니(또는 의붓 조부모)가 있다면 당신은 행복하다고 여겨야 한다. 손주는 자신을 사랑하는 어른이 많을수록 좋기에 당신이 손주와 다른 조부모와의 관계를 질투할 이유가 없다. 손주는 다른 사람과 친밀한 관계를 맺을 수 있는 무한한 능력을 가지고 있고 다른 사람을 좋아한다고 해서 당신에 대한 애정이 줄어드는 것이 아니다. 사실 정반대라고 할 수 있다. 손주가 건강한 애착 관계를 가지면 가질수록 다른 사람과 가까워지기가 더 쉽다는 것을 알게 된다.

만약 당신이 다른 조부모와 잘 어울린다면 휴일 같은 때에 전체 가족을 더 쉽게 모이게 만들 수 있게 된 셈이다. 그러나 당신이 그들과 함께 있는 것을 즐기든 그렇지 않든 조부모 양육에 대한 그들의 생각은 당신의 생각과 다를 수 있다. 만약 그렇다면 그에 대해 아무 말도 해선 안 된다. 그들의 행동은 자녀 부부가 걱정하도록 놔두어라. 그러나 예컨대 다른 조부모가 손주를 심각하게 태만한 태도로 돌보는 등 손주를 심각하게 해칠 수 있는 방식으로 대했다고 생각한다면 자녀 부부에게 당신이 걱정하는 바를 털어놓아라. 자녀 부부는 다른 조부모가 한(또는 하지 못한) 행동을 모를 수도 있다. 당신을 걱정시키는 것이 무엇인지 구체적으로 밝혀야 한다.

그리고 손주의 애정이나 자녀 부부의 감사를 두고 다른 조부모와 경쟁하지 마라. 당신은 누가 우승 후보인지 가리는 대회에 참가한 것이 아니다. 당신이 될 수 있는 최고의 조부모가 되는 데 집중하자.

육아법에 대해 조언하기

아들 집에 방문한 첫날 늦은 밤, 발레리와 남편 폴은 말없이 손을 잡고 잠시 침대에 누워 있었다. 아들과 며느리 집의 복도 안쪽에 있는 방에 머문 그들은 목소리가 새어 나갈까 봐 긴장하고 있었다. 폴과 그의 아들 드루는 서로에게 약간 화가 난 채 잠자리에 든 상황이었다.

"당신이 아무 말도 하지 말았어야 했어요." 발레리가 속삭였다.

"나도 어쩔 수 없었어요."

"음, 드루도 거기에 대해 화가 났어요."

"완전히 과잉반응이었어요. 나는 그 녀석이 너무 융통성이 없다고 생각해요. 내 말은 조금만 긴장을 풀라는 거였어요. 질리언은 그렇게 졸려보이지도 않았는데 말이에요. 그 아이도 모처럼 할아버지 할머니를 만났으니까 특별히 좀 더 놀게 해달라고 부탁했잖아요. 한 시간 더 깨어 있는 게 뭐 대수라고. 우리가 질리언을 자주 보는 것도 아니잖아요."

"내일은 학교 행사가 있어서 질리언이 아침 7시까지 일어나야 한다잖아요."

"그래요. 학교에 늦으면 안 되겠지. 아주 중요한 핑거 페인팅 수업을 놓칠 수도 있으니까요."

"그게 아니에요, 여보. 드루는 한 시간 늦게 자는 게 아이의 수면 주기를 완전히 깨뜨릴까 봐 걱정하는 거예요. 어린아이들은 매일 같은 시간에 일어나야 한다고요. 내 친구의 며느리도 네 살짜리 아이에게 똑같이 했다던데요. 모든 책에서 그렇게 권장한대요."

"미친 소리로 들리네요. 그리고 뭐, 우리는 걔들한테 편안하게 조언도 못하나? 할아버지 할머니가 그런 말도 못하냐고요. 의견이 다르면 우린 한마디도 하지 말아야 하나?"

"네. 그래야 해요. 나도 어디선가 조부모는 자리에 있되 얌전히 있어야 된다고 읽은 것 같아요."

"당신이 그 표현을 잘못 알고 있는 것 같은데, 원래 아이들은 자리에 있되, 얌전히 있어야 한다는 말이에요. 그런 충고는 이제 소용없어요. 질리언이 계속 대화를 방해한다는 걸 눈치 못 챘어요? 걔들은 질리언에게 예절을 좀 가르쳐야 해요."

"글쎄, 드루 앞에서 그런 소리 하지도 말아요. 우리 둘이 완전히 난처해졌네."

자녀나 자녀의 파트너가 아이에게 상처를 줄 수 있는 일을 했거나 하려고 한다면 당신이 반드시 개입해야 한다. 만약 안전장치가 없는 콘센트를 발견했거나 질식시킬 위험이 있는 작은 물체를 아이가 잡았거나 이제 막 걸음마를 배우는 아이가 짜증을 내자 자녀가 화가 나서 아이의 엉덩이를 때리거나 소리를 지르는 것을 본다면 분명하게 말해 줘야 한다. 현재 연구에 따르면 엉덩이를 때리는 것은 아이들의 발달에 해롭다. 잘못된 행동을 하는 세 살짜리 아이에게는 침착을 유지하고 주의를 딴 데로 돌리는 등 더 효과적인 대응 방법을 사용해야 앞으로 짜증 낼 가능성을 줄일 수 있다.

그러나 육아의 일상적인 어려움에 관해서는 당신의 의견을 말하지 않는 편이 낫다. 그 이유는 세 가지다.

첫 번째 이유는 육아의 유행과 방식이 시대에 따라 변하기 때문이다. 오늘날의 부모는 아이에게 밥을 주고 잠을 재울 때 엄격하게 일정한 시간을 지키라는 조언을 받는다. 부모는 식사나 낮잠 시간을 상기시키기 위해 스마트폰의 앱을 사용하고, 수유 때마다 섭취되는 모유나 조제분유의 양을 정확하게 기록하고 낮잠 시간을 재는 등 거의 종교적으로 이러한 일과를 추적한다. 약간 강박적으로 느껴질 수도 있지만 오늘날 부모를 위한 책 중 가장 인기 있는 책에서 권장되는 방법이다. 삶의 많은 부분과 마찬가지로 아이들을 키우는 것도 데이터 중심이 되었다. 당신의 자녀 부부는 또래의 다른 부모들과 똑같이 행동하고 있다.

당신 세대는 부모로서 훨씬 더 느긋했다. 우리 중 많은 사람이 육아의 바이블로 사용했던 『스포크 박사의 육아전서』는 부모의 요구에 따라 아이의 행동을 조절하도록 강요하기보다는 부모들이 아이가 필요로 하는 것에 주의를 기울이고 상식에 의존하며 아이의 신호에 맞춰 육아를 조정할 것을 권장했다. 이 책의 첫 번째 문장은 "자신을 믿어라."다.

그래서 당신은 아기가 배고파 보일 때 먹을 것을 주었고 하루에 음식을 얼마나 섭취했는지 추적하지 않았다. 아기가 피곤해 보일 때 낮잠을 재우고 자연스럽게 일어나 침대에서 나오도록 기다렸다. 당신 세대가 의존했던 책들을 보면 이것이 당신들이 받은 지침이었다는 사실을 알 수 있을 것이다. 오늘날의 초보 부모는 자신들이 얼마나 느슨하게 자랐는지 알면 경악할 것이다.

적어도 나처럼 육아와 자녀 발달을 연구하는 사람들이 볼 때 흥미로운 점은 당신이 어떤 방법을 따르는지는 정말로 중요하지 않다는 것이다. 좋은 부모가 되고 건강한 아이를 키우는 방법은 많이 있다.

각 세대는 자신들이 아이들을 가장 잘 키울 수 있는 획기적인 발견을 했다고 생각한다. 그러나 대부분의 경우 인기 있는 '참신한' 육아 기술은 과거 어느 시점에만 인기를 끌던 것이다. 오늘날의 엄격한 식사와 수면 일정은 20세기 전반기 동안 강력하게 권장되었던 방식이며 '과학적 양육'으로 언급되었다. 이 방식은 1940년대 후반에 이르러 유행이 지나갔고 스포크 박사는 엄격하고 미리 계획하며 데이터에 따라 일정을 정할 것이라는 내 생각과는 거의 정반대되는 사람이었다. 스포크 박사 책을 오늘날의 견해로 쓴다면 아마 "데이터를 신뢰하라."로 시작할 것이다.

자녀가 어릴 때 바라는 대로 해주고 자녀에게 맞는 수유와 수면 요법을 따르게 하기 위해 스스로를 신뢰했던 조부모는 자녀가 엄격한 일정에 맞춰 아이를 키우는 것을 보고 무언가 말하고 싶어질 것이다. 그 심정은 이해한다. 그리고 오늘날의 부모가 신생아를 일정에 맞춰 키우지 못하는 자신들의 성인 자녀를 꾸짖는, 지금으로부터 30년 후의 또 다른 세대 간의 의견 차이가 나타난다 해도 놀라운 일이 아닐 것이다. 다음 세대의 육아 전문가들은 잠을 재우고 음식을 먹일 때 융통성을 중요시하고 이전 세대의 데이터 중심 육아를 폄하하면서 또 다른 돌파구로서 아동 지향적 접근법을 제시할 수도 있다.

일정을 빠듯하게 맞춰 키우든 그렇지 않든 당신의 손주는 큰 문제 없이 자랄 것이다. 유아의 발달은 미리 설정된 강력한 유전자의 통제를 받는다. 이것은 조언과 상관없이 수천 년 동안 잘 작동해온 타고난 '소프트웨어'다. 인간은 어머니의 방식을 따르든 아버지의 방식을 따르든 상관없이 부모가 양육하는 한 아이가 잘 자랄 수 있도록 진화했다. 만약 모든 별난 육아가 아이의 발달에 심각한 결과를 초래했다면 우리 인간은 살아남지 못했을 것이다.

아이들은 나이가 들수록 모든 아이가 가지고 태어난 보편적인 유전의 영향을 덜 받게 된다. 아이의 발달은 시간이 지나면서 타고난 독특한 유전적 특징과 양육 방식을 포함한 아이가 자라온 환경 사이의 상호작용으로 형성된다. 유전자는 성향을 결정한다. 부모와 다른 환경적인 힘은 이러한 성향이 실현되는 정도에 영향을 미친다.

부모는 차이를 만들지만 유전자는 특히 인생 초기에 그 차이의 한계를 결정한다. 발달심리학자들은 초보 부모들이 첫째 아이와 똑같은 방식으로 키웠는데도 성격이 완전히 다른 둘째 아이를 가질 때까지 자신들이 아이를 완전히 통제하고 있다고 믿는다고 농담한다. 이 시점에서 부모는 자신의 양육이 유전적인 영향에 직면할 수밖에 없다는 사실을 깨닫는다. 어떤 부모들은 매우 훌륭하고 어떤 부모들은 형편없지만 대부분의 부모는 충분히 유능하다.

그것이 당신이 자녀의 양육을 세세하게 관리할 필요가 없는 이유다. 일정을 지키는 것이 자녀를 더 편안하게 한다면 일정표를 사용해야 한다. 일정표를 사용하는 것이 자녀를 미치게 한다는 것을 알게 되면 사용하지 말아야 한다. 아이가 걸음을 떼는 시기가 되면 당신은 어떤 것이 양육이고 어떤 것이 학대인지 구별할 수 있다. 그러나 일상 생활이 엄격하게 짜인 사람들과 시간이 덜 엄격하게 구성된 사람들의 차이는 구별할 수 없다.

부모를 위한 인기 있는 책에 있는 많은 조언은 아이들의 삶이 아닌 부모의 삶의 질을 향상시키기 위한 것이다. 아예 틀린 말은 아니다. 그러나 부모만을 위한다면 전문가가 옹호하는 어떤 방법이든 그들의 아이에게 어떻게 하느냐가 아니라 부모가 어떻게 느끼느냐에 따라 평가되어야 한다. 따라서 부모가 그런 방식을 사용하는 것에 행복을 느끼는 한, 몇 가지 극단적이고 특이한 예외를 제외하고, 어떤 세대의 육아법이 '옳은' 것인지에 대해 논쟁하는 것은 무의미하다.

조언을 자제해야 하는 두 번째 이유는 당신에게 승산이 없는 상황이기 때문이다. 당신이 어떤 말을 한다면 자녀나 며느리(또는 사위)를 짜증 나게 할 테고 결국 그들만의 방식으로 아이를 키우겠다는 말을 들을 위험이 있다. 당신이 할 말을 참다 보면 눈에 보이는 것이 신경 쓰이거나 자녀의 노력이 통하지 않는 것을 보고 좌절감을 느낄 수도 있다. 자녀가 당신 말을 들어주기만 한다면 당신에게 쉬운 해결책이 있다고 확신한다.

당신은 중간 입장을 취할 수 있다. 조언하기 전에 자녀에게 조언을 듣고 싶은지 물어볼 수 있다. 그러나 자녀가 짜증 나기 전까지만 그렇게 물어볼 수 있다. 만약 즉각적인 조치가 필요한 상황에서 당신이 묻거나 자녀가 불안하고 인내심이 극에 달한 상황에서 묻는다면 당신에게 매우 화를 낼지도 모른다. 자녀의 아이가 울부짖거나 발로 차고 소리를 지르거나 미취학 아동인 아이가 쉬지 않고 징징거리는 경우, 당신의 자녀가 가장 원하지 않는 것은 질문을 해도 괜찮은지를 묻는 질문일 것이다.

세 번째 이유는 자녀가 자신의 능력에 확신해야 하는 상황에서 오히려 자신감을 떨어뜨릴 수 있기 때문이다. 자녀 부부에게 중요한 건 완벽하진 않지만 좋은 결정을 내렸다고 스스로 믿는 것이다. 이를 통해 그들은 스트레스를 받으며 힘든 시간을 거치는 동안 약간의 통제력을 갖고 있다고 느끼게 된다.

손주의 건강한 발달을 보장하는 가장 좋은 방법은 자녀 부부가 지지를 받고 있다고 느끼며 통제할 수 있다고 느끼게 하는 것이다. 이렇게 하려면 당신이 초보 부모였을 때라면 하지 않았을 일을 하는 자녀를 봐도 때로는 못 본 척 할 필요가 있다. 자녀가 충분히 좋은 부모라면 그 행동이 아이에게 해를 끼치지 않을 것이다. 그러니 그냥 내버려 둬도 괜찮다. 당신이 도저히 못 보겠다면 잠자코 눈을 피하거나 방을 나가라. 그리고 가장 중요한 점은 그들이 아이를 키우는 방식에 당신이 감탄할 때마다 자녀를 칭찬해주는 것이다.

자녀나 자녀의 파트너가 하는 일에 대해 꼭 얘기하고 싶다면 나중까지 기다려라. 그들이 당신이 동의하지 않는 일을 하는 도중에는 그 이야기를 꺼내지 마라. 섣불리 조언하기 전에 기다리다 보면 조언이 필요한지 판단할 기회가 주어질 것이다.

아이가 낮잠을 자는 동안 당신과 아들이 거실에서 이런저런 얘기를 나누다가 두 사람이 베이비 모니터(집 안 곳곳에서 아기방을 볼 수 있는 폐쇄 회로 장치의 한 종류 - 옮긴이)에서 바스락거리는 소리를 들었다고 가정해보자. 당신의 아들은 일어나서 아이방 쪽으로 걸어간다. 당신은 바스락거리는 소리가 정상이라고 생각해서 아이를 확인하는 것은 아이를 깨울 뿐이라고 걱정하지만 입을 다물고 있다. 당신의 아들은 잠시 후 의기양양해졌고 바스락거리는 소리는 멈췄다. 당신은 아들에게 판단력이 나쁘다고 말하는 대신 (사실 판단력이 나쁘지도 않았지만) 잘했다고 말할 수 있다. 그리고 만약 자녀가 좋은 부모가 되도록 당신이 돕고 싶다면 자녀의 실수를 바로잡기보다는 자녀가 잘한 일을 칭찬해 주는 것이 훨씬 더 효과적이다.

어떤 사건에 대해 바로 당신의 의견을 얘기할수록 자녀는 당신이 말하는 것을 친절한 조언이라기보다는 비판으로 받아들일 가능성이 더 높으며, 자녀는 점점 더 귀를 기울이고 싶지 않아질 것이다. 그러니 기다렸다가 다음날 이렇게 말하라.

"있잖니, 어젯밤 몰리를 목욕시키려고 했는데 몰리가 협조를 안 하 길래 무슨 일이 있었을까 조금 생각해봤어. 네가 듣고 싶다면 몇 가지 제안할 게 있는데."

어려운 사건과 그에 대한 조언 사이에 약간의 시간을 두게 되면 상 황은 진정되고 자녀는 방어적인 태도를 보이지 않은 채 당신의 말을 기꺼이 들으려고 할 것이다.

자녀가 육아에 대한 조언을 구하러 온다면 자유롭게 조언하되 자 녀가 해온 일을 칭찬하는 방식으로 말하라.

딸이 당신에게 이제 아이가 젖병을 뗄 때가 되었다고 생각하는지 물었다고 상상해보라. 당신은 젖병을 떼기에는 너무 이르다고 생각 한다. 그러나 즉시 "아니."라고 말하는 대신 "음, 네가 무엇을 하고 있는 지 아이가 잘 자라고 있기 때문에 효과가 있는 것 같구나."와 같은 말 로 조언을 시작하라.

"하지만 아마 몇 주 더 젖병을 물려도 괜찮을 거야. 많은 아이들이 더 이상 원하지 않을 때 젖을 뗀단다. 만약 그때까지 젖을 떼지 않으면, 소아과 의사에게 전화를 걸어서 뭐라고 말하는지 들어보렴."

또는 당신의 아들이 세 살짜리 아이가 유치원에 가기 위해 옷을 입을 때마다 힘들어하는데 어떻게 대응해야 할지 묻는다고 가정해보자. 매일 아침 부모가 고른 옷을 입도록 아이를 설득하는 것은 힘든 일이다. 경험상 이런 상황에서 가장 좋은 방법은 두세 벌을 미리 골라놓고 아이가 선택할 수 있도록 하는 것이다. 아이에게 결정을 내릴 수 있도록 하는 것은 아이가 스스로 자율적이고 성장했다고 느끼게 하기 때문이다.

아들의 질문에 당신은 이렇게 말할 수도 있다.

"어제 저녁 식사 자리에서 마이키가 까다롭게 굴 때 네가 그 일을 완벽하게 처리하더구나. 네가 블루베리와 딸기 중 하나를 직접 골라서 먹게 하니 마이키가 즐거워하더라. 아주 효과가 좋았지. 아침에 옷을 고르는 일도 그렇게 해보면 어떨까?"

당신의 자녀가 조언을 받은 후에 훨씬 더 기분이 좋아지도록 조언해보라.

이 부분에서 제시했던 모든 지침의 기본은 다음과 같이 요약할 수 있다. 양육에 대해 조언하려고 할 때, 당신의 의견이 손주의 발달을 어떻게 향상시킬지보다는 부모의 심리적 행복에 어떻게 영향을 미칠지를 더 많이 생각해보라.

부모의 심리적 행복에 주의를 기울이면 손주의 발달에서 놀라운 성과를 거둘 것이다.

손주와 더 깊은 유대감을 만들기 위해

당신이 손주와 의미 있는 관계를 원한다면 관계를 정성껏 가꾸고 유지해야 한다. 좋은 출발을 하기 위해서는 첫해 동안 손주와 신체적 접촉을 많이 하도록 노력하라. 신체적 접촉은 신생아가 다른 사람과 애착을 형성하는 방법이다. 손주를 안을 때 눈을 마주치고 손주가 주는 힌트(예를 들어 불편하거나 졸리거나 배고프다고 신호를 보낼 때와 같은)에 맞춰 적절하게 반응하면서 달래는 목소리로 말하라. 이렇게 한다면 당신과 친밀한 유대감을 형성할 가능성이 매우 높다.

이를 위해 당신은 수유하기, 목욕시키기, 기저귀 갈기 등 일상적으로 필요한 돌봄을 할 필요가 없다. 따라서 이런 일들이 너무 어마어마해 보이거나 연습이 부족하다고 느끼더라도 걱정하지 마라. 물론 이 일들은 당연히 필요한 일이지만 그것 자체로 정서적 유대감에 크게 기여하지 않는다. 유대감은 아이에게 신체적인 편안함을 제공함으로써 만들어진다. 아이에게 수유할 때 정서적 애착을 강화하는 것은 수유 자체가 아니라 붙잡고 안는 행위다.

만약 당신이 멀리 떨어져 산다면 첫해 동안 가능한 한 자주 손주를 보러 가라. 자녀와 손주랑 전화나 화상 통화를 하는 것은 당신이나 자녀 부부에게는 재미있을지 모르지만 태어난 지 얼마 되지 않은 손주에게는 그렇게 많이 재미있지 않을 것이다. 직접 방문하기 힘들다 해도 당신은 손주가 성장함에 따라 여전히 친밀한 관계를 유지할 수 있을 테지만, 손주가 태어난 첫해에 정기적으로 만나 시간을 보내며 손주를 안을 수 있다면 당신은 유리한 출발을 하는 것이다.

손주가 커가면서 당신과의 유대감을 발전시키기 위해서는 단순히 껴안는 것 이상의 일을 해야 한다. 손주와 시간을 보낼 때 즐거움이 최우선 순위가 되어야 한다. 오늘날 많은 부모가 믿는 것처럼 어린아이와의 모든 상호작용이 교육적 가치를 가질 필요는 없다. 나는 레스토랑에서 완두콩을 다 먹기 전에 디저트를 먹고 싶다는 아이의 요청에 어머니가 이렇게 대답하는 것을 우연히 들었다.

"얘야, 음식 피라미드에 녹색 채소가 어느 위치에 있지?"

만약 당신의 자녀 부부가 오늘날 부모의 전형이라면 손주는 이미 많은 가르침을 받고 있을 것이다.

손주가 당신에게 자연에 대해 묻고 싶어 하거나 학교에서 읽은 책에 대해 이야기하고 싶어 하거나 그들이 본 영화에 대해 이야기하기를 좋아한다면, 반드시 그러한 주제로 손주와 이야기를 나누어라. 그러나 당신의 여섯 살짜리 아이가 모노폴리 게임을 하고 싶다고 하면 금융 교육이 아닌 그저 게임으로 즐기기 바란다. 훗날 손주는 당신과 함께 웃었던 시간들을 당신이 한 교육보다 훨씬 더 많이 기억할 것이다.

자녀의 가족에게 전화를 걸어 안부를 물을 때 손주가 말을 할 수 있게 되면 손주에게도 통화를 요청하라. 처음에는 당신의 대화가 다소 강압적으로 느껴질 수도 있다. 손주가 당신의 이야기를 듣는 것에 익숙해질수록 손주도 입을 열기 시작할 것이고 당신은 자신이 얼마나 수다스러울 수 있는지 알고 깜짝 놀랄 것이다. 손주와 통화하기 위해 자주 전화를 걸거나 손주가 자신의 휴대전화를 갖게 되면 손주의 휴대전화로 전화를 거는 습관을 들여라. 이렇게 하면 손주는 부모를 포함하지 않고도 당신과 특별한 관계를 맺고 있다고 생각할 것이다. 손주는 나이를 먹어가면서 당신을 지지와 우정을 기대할 수 있는 또 다른 사람으로 보기 시작할 것이다. 많은 조부모가 손주들과 문자와 이메일을 주고받으며 소셜 미디어를 공유한다. 서로에게 인내심을 갖는다면 당신은 손주로부터 기술에 대해 많은 것을 배울 것이다.

당신과 손주, 둘만이 즐기며 나이가 들어도 지속할 수 있는 특별한 활동을 만들거나 특별한 여행을 하라. 내 친구 중 한 명은 손주를 만나기 위해 상당한 거리를 이동해야 하지만, 손주가 멋진 식당에서 식사하는 것을 감사할 만큼 나이가 들자 그들은 옷을 차려 입고 좋아하는 식당에 가서 멋진 점심 식사를 하는 일을 그들만의 연례행사로 발전시켰다. 그녀의 손주가 초등학교에 막 입학했을 때 시작해서 그 이후로 계속 이어져왔다. 현재 그녀의 손주는 대학에 다니고 있다. 특별 행사가 꼭 외식일 필요는 없다. 당신과 손주와 둘이서만 정기적으로 즐길 수 있는 활동을 찾아 두 사람이 함께 고대하고 계획하는 무언가를 만들어가기 바란다.

손주가 흥미 있어 하는 것에 관심을 가져라. 학교생활은 어떠냐고 물어보는 것은 괜찮지만 많은 사람들이 학교에 대해 묻기 때문에 대부분의 아이들은 이 질문을 별로 좋아하지 않는다. 학교에 대해 묻는다면 특정 수업, 좋아하는 선생님, 특별한 반 친구 또는 그들이 진행 중인 프로젝트 등 구체적으로 질문하자. 그러나 손주가 좋아하는 다른 이야기가 분명히 있을 것이다. 사실 많은 아이들이 학교를 좋아하지만 학교를 사랑하는 사람들조차도 보통 다른 관심사를 가지고 있다. 만약 손주가 야구를 좋아한다면 함께 스포츠를 보고 이야기를 나눌 수 있을 만큼 그 스포츠에 대해 충분히 배우는 것도 좋다. 손주에게 무언가를 수집하는 취미가 있다면 당신이 방문할 때 어떤 새로운 것을 모았는지 보여달라고 요청하라. 음악을 좋아한다면 최근에는 무엇을 듣고 있는지 물어보고 당신을 위해 조금만 연주해달라고 부탁하라.

그리고 당신의 관심사를 손주와 공유하는 것을 잊지 마라. 당신 또한 손주가 흥미롭게 들을 만한 취미나 활동이나 좋아하는 것들을 가지고 있을 것이다. 손주에게 당신이 최근 읽은 책, 여행(사진이나 비디오가 있다면 보여줘도 좋다), 즐겨본 TV 프로그램 또는 생각하거나 궁금해했던 내용을 알려주어라. 다만 교육을 목적으로 해서는 안 된다. 그저 친구처럼 이야기를 나누어라. 손주의 의견을 물어봐라. 아이들은 어른들이 자신의 견해를 중요하게 생각한다고 느끼기를 좋아한다. 부모는 부모의 역할에서 벗어나 이런 것들을 하기에는 너무 바쁘다. 부모와 같은 책임감은 없는 조부모로서 당신에게는 손주와 즐거운 대화를 나눌 많은 시간이 있을 것이다.

손주의 부모를 포함시키지 않은 상황에서 손주와 함께 시간을 보내라. 때로는 당신 혼자, 때로는 당신의 파트너와 함께, 그리고 한 명 이상의 손주, 형제 또는 사촌과 함께 시간을 보내라. 만약 당신이 손주와 만나는 것을 가족 모임의 성격으로 제한한다면 손주는 당신을 조부모로서가 아닌 한 사람으로서 당신을 잘 알지 못할 것이다. 손주가 당신에게 궁금한 것이 있을 수 있지만 다른 모든 사람들 앞에서 질문하기는 부끄러울 수도 있다. 그리고 부모가 이미 알고 있거나 부모가 있을 때 이야기하고 싶지 않은 것들을 당신에게 말할 수도 있다. 많은 아이들이 부모가 아닌 다른 어른과 친구가 되는 것을 좋아하고, 특히 둘이서 오랫동안 친하게 지냈다면 당신은 거기에 완벽하게 어울리는 사람일 수도 있다.

가족의 역사를 공유하라. 당신은 당신 가족의 정보를 털어놓을 수 있는 중요한 사람이며 할 수 있을 때 그것을 손주와 공유해야 한다. 손주가 초등학생이라면 생각나는 만큼 많은 친척들의 이름, 출생지, 생년월일이 적힌 가계도 만들기도 재미있는 프로젝트가 될 수 있다. 만약 당신이 어렸을 때 일기를 썼고 일기 내용의 일부를 공유해도 괜찮다면, 손주는 그것을 매우 신기하고 재미있어할 것이다.

대부분의 아이들은 특히 부모와 조부모의 어린 시절과 청소년기에 대한 이야기를 듣기 좋아하는데 그 이야기가 오래전의(또는 아이들에게 오래전으로 보이는) 삶이 어땠는지 알려주기 때문이고 부모와 조부모가 아이였을 때를 상상하는 것이 흥미롭기 때문이다. 난처한 이야기면 곤란하겠지만 당신이나 당신 자녀에 대해 손주는 몰랐던 특별한 재능이나 성취, 재밌는 일화 등은 괜찮다. 당신이 스카우트 활동에 관심이 있었거나 손주의 어머니가 주 전체의 시 경연대회에서 우승했거나 또는 손주의 아버지가 명절 모임에서 마술로 가족들을 즐겁게 해주곤 했다는 식의 이야기들이다.

만약 가족이 최근에 이민을 왔다면 손주는 아마도 가족이 처음에 어떻게 이민을 왔는지, 어디에 정착했는지, 도착했을 때 살아남기 위해 무엇을 했는지, 그리고 이민 오기 전에 당신들의 삶이 어땠는지에 대해 듣고 싶어 할 것이다. 청소년기에 들어선 손주가 자신의 정체성을 형성하기 시작할 때 가족의 유산에 대해 배우는 것은 특히 중요하다. 당신은 가족 문화의 중요한 측면들이 손주가 자신의 정체성을 결정짓는 한 부분이 되도록 도울 수 있다.

손주는 친구라고 여기기에 여전히 너무 어리지만 차차 나이가 들면서 친구가 될 수도 있다. 손주는 또한 조부모가 더 나이 들었을 때 도움과 지원을 주는 중요한 원천이 될 수 있다. 손주가 10대가 되면 특히 힘이나 민첩성이 필요한 신체적인 일에 매우 도움이 될 수 있다. 조부모가 흔들리는 갑판을 수리하는 것을 돕고, 조부모가 넘어져서 회복하는 동안 집안일을 하거나, 심부름이 필요할 때 조부모를 태워다 주는 손주들을 나는 많이 알고 있다. 당신은 지금 손주의 도움이 필요하지 않을 수도 있고 손주가 아직 너무 어려서 도움을 줄 수 없을지도 모른다. 그러나 손주가 어렸을 때부터 친밀하고 튼튼한 관계를 유지하고 발전시키면 당신이 도움이 필요할 때 손주에게 의존하기가 훨씬 더 쉬울 것이다. 그리고 그러한 경험은 손주에게도 당신에게도 모두 중요할 것이다.

사회가 자녀의 행복에 영향을 미치는 부모의 영향력에 대해 강조하는 것은 이해할 수 있고 맞는 말이기도 하다. 하지만 손주의 삶에 적극적으로 참여하고 있는 조부모는 아마도 그들이 인식하는 것보다 더 중요한 방식으로 손주의 발전에 기여하고 있다.

그리고 그것은 양방향으로 작용한다. 내가 이 장을 쓰기 시작했을 때, 나의 손자인 헨리는 한 살 정도였다. 내가 헨리와 긴밀한 유대 관계를 형성했음을 깨달았을 때, 즉 내가 방에 들어가면 그가 흥분하기 시작하거나 또는 너무 재미있어서 비명을 질러대며 웃게 만들었던 우리만의 숨바꼭질을 발명했을 때, 그 느낌은 말로 표현할 수 없었고 지금까지 느껴본 적이 없는 감정이었다.

YOU AND YOUR ADULT CHILD

지금까지 그리고 앞으로

· · · · · · · ·

9장

육아는 끝이 없다

이 책의 중요한 핵심은, 성인 자녀를 양육하는 것이 이전 세대와 매우 달라졌다는 사실이다. 이 때문에 많은 부모는 자녀와의 관계에서 당혹감을 느꼈다. 이러한 상황이 펼쳐진 이유는 여러 가지 요인이 맞물려서다.

첫째, 현재 청소년기에서 성인기로 넘어가는 시기가 늦춰졌기 때문에 이전 세대에는 자녀가 10대 후반에서 20대 초반일 때 부모가 직면했던 여러 가지 어려움은 20대 중반이나 20대 후반 또는 그 이후로 밀려났다. 이러한 변화는 부모가 성인 자녀와 할 수 있는 토론의 성격을 바꾸는 새로운 역학 관계를 만들었다. 자녀가 스물세 살 때 연애 상대에 대해 공개적으로 걱정했던 부모는 자녀가 서른다섯 살이 된 지금 그렇게 하는 것을 주저할 수 있다. 부모는 스물두 살에 100달러를 요구한 자녀에게 그 돈이 무엇을 위한 것인지 묻고 이것이 현명한 지출인지 아닌지 말할 자격이 있다고 느낄 것이다. 그러나 자녀가 서른세 살이라면 부모는 그런 질문을 하거나 의견을 표현하는 것이 적절한지 의문을 가질 수 있다.

둘째, 초기 성인의 변화된 시간표로 인해 자녀가 허우적거리고 있는지 번창하고 있는지 또는 그 중간에 속해 있는지를 부모가 구별하기 어려워졌다. 이전 세대에는 30대 초반인데도 불구하고 아직 미혼인 자녀를 걱정했다. 그러나 오늘날 그 나이에 사귀는 사람이 없는 경우는 매우 흔하며 걱정할 이유가 없다. 과거에는 사람들이 스물두 살이면 대학을 졸업하고 거의 즉시 직장 생활을 시작했다. 오늘날 많은 사람이 스물네 살이나 스물다섯 살쯤 되어서야 졸업하고 서른 살쯤 되어서야 직업에 정착할 수 있다. 내가 서른이 되도록 많은 발전이 없었다면 부모는 내 직업에 대해 걱정했을 것이다. 그러나 오늘날의 기준으로 볼 때 그 나이까지 경력을 쌓지 못하는 것은 당연한 일이다. 다시 말해서 이전 세대에는 사랑이나 일에 있어 허우적거리는 것처럼 보였을지도 모르는 것이 오늘날에는 더 이상 허우적거리는 것이 아닌 게 되었다. 그러나 많은 부모가 이를 깨닫지 못하고 있다.

셋째, 오늘날 부모들은 아마도 성인 자녀를 둔 것이 무슨 의미인지를 많이 생각하지 않았을 것이기에 성인 자녀 양육이 사춘기 자녀를 키우는 것에 비해 수월할 것이라고 믿으면서 가족의 새로운 삶의 단계를 맞이한다. 하지만 이내 많은 사람이 곧 성인 자녀와의 관계 자체가 도전이라는 사실을 깨닫는다. 부모는 자주 기습 공격을 당하고 그럴 때 무엇을 해야 할지 확신하지 못한다. 자녀가 새로운 발달 단계에 들어갈 때마다 부모는 자녀에 대한 접근 방식을 바꿔야 할지 그리고 새로운 방식은 무엇인지 파악해야 한다. 이러한 불확실성은 부모에게 자신들의 양육 방식이 너무 과하거나 너무 부족한 건 아닌지 불안감을 느끼게 만든다. 심지어 너무 긴장해서 자녀에게 이러한 주제를 꺼내지 못할 수도 있다. 많은 부모가 자녀의 삶에서 스트레스가 없을 거라고 예상했던 그 시기에 자녀는 감정의 롤러코스터에 올라타 있었다는 사실을 알게 된다.

넷째, 성인 자녀는 대학을 마치고 연애 상대에게 정착하고 재정적인 독립을 이루고 부모가 되는 등의 성인이 되어가는 전통적인 과정을 미루고 있기 때문에 자녀의 사회적 지위는 자신에게도 부모에게도 불분명하다. 한편 자녀는 자신이 정서적으로 성숙하다고 느끼며 대체로 그렇기도 하다. 그런가 하면 자녀의 삶은 여전히 청소년기의 일부에 잡혀 있기도 하다. 자녀는 결혼하기보다는 데이트를 하고 취업하기보다는 학교에 남아 있으며 자급자족하기보다는 부모에게 의존하고 있다. 이 때문에 자녀는 부모와 적절한 관계를 구성하는 것에 대해 부모가 느끼는 만큼이나 불확실성을 느낀다. 두 사람 사이의 모호한 관계는 서로의 상호작용을 어색하게 만들 수 있다.

마지막으로, 사회는 이것으로는 충분하지 않다는 듯이 여러 면에서 변화함으로써 독립적인 성인이 되는 것을 더욱 어렵게 만들었다. 주로 노동력과 주택 시장의 변화 때문이다. 두 가지 요인 모두 학교에 더 오래 머물도록 만들고 가정을 이루기까지 더 오랜 시간이 걸리도록 만든다. 이로 인해 긴장감이 조성되고 대공황과 코로나19 같은 다른 사회적 사건들로 인해 긴장감은 더욱 악화된다.

당신은 오늘날의 2030세대가 응석받이로 자랐다고 생각할지 모르지만 당신이 그들의 나이와 비슷했던 30년 전보다 오늘날 2030세대로 살아가는 것이 훨씬 더 어렵다. 이러한 난제가 지난 20년 동안 많은 조치로 인해 상당히 악화되었고 코로나19가 발생하기 훨씬 전에는 감소하고 있던 청년들의 정신 건강 문제에 타격을 준 것이 분명하다. 불안하고 우울하고 중독되고 심지어 자살하려는 성인 자녀를 다루는 일은 매우 어려우며, 그 어느 때보다 더 많은 부모가 이 고통스러운 처지에 놓였다.

이러한 변화들이 부모와 성인 자녀 갈등의 주된 요인인 자율성에 대한 충돌을 만들었다. 부모와 자녀 모두 서로에게 무엇을 기대하는 것이 합리적인지 확신하지 못하고 있으며 많은 부모가 자신들이 자녀의 삶을 침해(이전처럼 자녀의 삶에 관여하려고 한다면)하거나 자녀에게 무관심하다고(자녀의 삶에서 한 발짝 물러난다면) 여겨지는 것을 두려워하며 눈치를 보고 있다는 것을 발견한다. 가끔은 어쩔 수 없는 것처럼 느껴진다. 또한 성인 자녀는 사회적 변화로 인해 자신이 원하는 것보다 부모에게 더 오래 의존하도록 강요받으면서 성인으로서 자신의 자율성과 정체성에 대한 갈등을 극복하기 위해 노력하며 균형을 유지하고 있다.

나는 이 책을 통해 성인 자녀를 둔 부모에게 힘든 시기 동안 강한 유대감을 유지하기 위해 많은 영역에서 취할 수 있는 방법을 조언했다. 다음은 핵심을 간략하게 요약한 것이다.

첫째, 당신이 청년이었을 때 따랐던 시간표를 기준으로 자녀의 상황을 판단하지 마라. "내가 네 나이였을 때"라는 말은 하지도 말고 생각조차 하지 마라. 그것은 자녀가 어떻게 지내는지를 생각하기에 부적절하고 도움도 되지 않는 방법이다.

둘째, 당신에게서 자율성을 확립하고자 애쓰는 자녀의 필요를 인정하고 지원하라. 이는 자녀가 30대에 접어들면서 심해질 것이다. 자녀가 당신의 조언을 따르지 않거나 자기 일은 알아서 하겠다고 주장해도 화내지 마라. 그것이 당신에 관한 문제가 아님을 명심하라. 그것은 자녀가 부모에게 의존하지 않고 어른이 될 수 있을 만큼 충분히 성숙하

고 유능하다는 것을 당신과 자기 자신에게 그리고 세상에 보여주고자
하는 욕구에 관한 문제다.

셋째, 당신이 이 관계에서 기대하는 것이 과연 합리적인지를 검토
하라. 실망하기보다는 기뻐서 놀라는 것이 낫기 때문에 스스로 기대
를 너무 낮추려고 애쓸 필요는 없다. 기대를 낮추는 것은 다른 부분에
서 최악의 상황을 초래하기도 한다. 하지만 문제가 없을 거라고도 기대
하지 마라.

넷째, 자녀에게 상처받았을 때 당신의 감정을 분석하는 시간을 가
져보라. 모든 부모는 때때로 자녀 때문에 불쾌함을 느낀다. 무시당하거
나 인정받지 못하거나 존중받지 못하거나 짜증이 난다고 느낀다. 이것
은 지극히 정상적인 일이며 부끄러워할 것도 없다. 때때로 그 불쾌한
감정은 자녀의 행동에 대한 당신의 해석 때문이지 자녀가 하거나 하지
않은 일 때문이 아니다.

다섯째, 자녀와의 일을 곱씹으려 하지 마라. 혼자서든 친구와 대화
를 나누든 말이다. 자녀가 당신에게 상처를 주거나 실망시킨 일에 대
해 곰곰이 생각하지 마라. 일단 뒤로 물러서서 당신을 괴롭히는 것이
무엇인지 알아낸 뒤에 자녀에게 당신이 느끼는 바를 알려주어라. 벗어

날 수 없는 틀에 갇혔다는 생각이 든다면 두려워하지 말고 상담을 받아라.

여섯째, 자녀와의 갈등을 건설적으로 해결하는 방법을 배워라. 나는 앞서 이 주제에 대해 구체적으로 조언했다. 또한 다른 가족의 일화를 통해 자녀와의 갈등을 해결하기 위한 좋은 방법과 나쁜 방법을 설명했다. 할 수 있다면 '협력적 문제 해결'을 시도하라. 이것은 당신과 자녀 각자가 생각하는 의견 충돌의 원인과 해결책을 알아내는 효과적인 방법이다. 두 사람이 머리를 맞대고 함께 문제를 해결하는 것은 혼자 해결하는 것보다 훨씬 더 효과적일 가능성이 높다.

마지막으로, 당신의 의견을 말할 것인가 아니면 말을 아낄 것인가를 결정할 때, 일반적인 다음의 원칙을 사용하라. 당신이 꼭 그래야만 할 때는 의견을 피력하라. 그러나 자녀가 당신의 의견을 특별히 묻지 않는 한, 혼자 간직하라. 그러나 이 조언은 당신의 자녀나 자녀의 파트너 또는 그들의 아이가 심각하고 회복할 수 없는 위험에 노출될 가능성이 있는 경우 예외다.

이 조언들을 잘 따른다면 성인 자녀와의 관계의 미래를 위한 강력한 토대를 마련하게 될 것이다. 장기적인 관점에서 볼 때 그 토대는 필수적이다. 이 책을 쓰면서 40대, 50대 자녀와 함께 힘든 시간을 보내고

있는 많은 부모의 이야기를 들었다. 앞서 말했듯 양육은 결코 끝나지
않는다.

나의 아이가 중년에 접어든다면

성인 자녀와의 관계는 자녀가 40대가 되어도 계속 발전하겠지만 어떤 면에서는 더 안정적으로 변할 가능성이 높다. 자녀는 졸업, 취업, 파트너와의 정착, 자신의 가정 꾸리기, 재정적 독립, 아이를 낳아 가족 이루기 등과 같은 주요한 삶의 변화로 가득 찬 시기에서 일반적으로 더 예측 가능하고 정적인 시기로 나아간다. 많은 사람에게 40대는 심리적으로나 사회적으로 굳건해지는 점진적인 변화를 맞는 시기다. 사람들은 일이 잘 풀리면 이 10년 동안 경력에서 발전을 이루고 결혼 생활이 펼쳐지고 아이가 청소년으로 성장하지만 무엇보다 핵심적인 성격 특성이 안정되는 경향이 있다.

자녀의 20대와 30대로 정의되는 주요한 변화가 끝나면서 부모로서 당신이 겪었던 많은 어려움도 해결되었을 것이다. 어떤 부모는 여전히 자녀의 경력이 정체되거나 연애 생활이 불안정하거나 재정이 흔들리거나 자녀의 양육이 걱정스럽다고 우려할 수 있지만 이러한 것들은 예외다. 만약 이러한 영역에서 해결되지 않은 문제가 있다면 정서적으로 지원하며 귀를 기울이는 것 외에 당신이 도울 수 있는 일은 아마 거의 없을 것이다.

자녀는 심리적으로 당신에게서 벗어나고자 하는 자율성과 관련된 어떤 문제라도 겪었을 것이다. 일단 자녀가 독립적이고 능력 있는 사람으로 자리매김한다면 당신에게 능력을 증명해 보일 필요가 없다. 자녀는 더 이상 자율성을 위해 당신의 견해에 동의하지 않거나 무시하지 않아도 된다. 당신은 이내 자녀의 독립성이 관계를 진정시킨다는 것을 알게 될 것이다.

이로 인한 매우 흥미로운 결과 중 하나는 자녀가 더 이상 당신의 권위에 의해 위협받지 않기 때문에 당신의 의견이 더 중요해지고 조언이 받아들여질 가능성이 더 높아진다는 것이다. 당신은 의견을 말하지 않고 참을 필요가 훨씬 적어졌다는 사실을 알게 될 것이다. 이것이 중년 자녀가 직면한 모든 결정에 대해 당신에게 요청하지 않은 조언을 해도 된다는 의미는 아니지만 조언이 필요할 때는 당신이 더 쉽게 조언할 수 있을 것이다. 그리고 당신은 자녀가 이전보다 더 안정감 있고 자신감이 있으며 자신이 결정하지 못한 문제를 위해 당신의 지혜를 더 많이 찾는다는 것을 알게 될 것이다.

이 시기에 발생하는 모든 어려움은 아마도 자녀의 문제가 아니라 당신의 삶에서 일어나고 있는 일과 더 관련이 있을 것이다. 70대를 향해가면서 당신은 아마도 은퇴, 이사, 그리고 노화와 함께 오는 예상 가능한 정신적·신체적 능력의 변화에 대처하는 것 등의 큰 변화를 겪게 될 것이다. 누군가에게 70대는 사소하거나 심각한 건강 문제가 모두 발생할 수 있는 시기다. 코로나19 백신이 처음 출시됐을 때 65세 이상이 가장 먼저 접종을 받은 그룹에 속했던 이유가 있다. 심지어 이 나이에는 아무리 건강한 사람이라도 10년 전보다 질병, 질환, 부상에 더 취약하다.

20대와 30대를 지나 자녀의 삶의 환경이 변화하면서 당신과의 관계에도 새로운 문제가 생겼다. 이제 당신 삶의 환경에서 일어난 변화도 비슷한 작용을 할 것이다.

자녀가 40대로 나아가고 당신이 70대로 넘어가면서 당신은 점점 더 자녀에게 의존하게 되고 자녀는 당신에게 덜 의존한다는 사실을 알게 됨에 따라 관계의 역할이 약간 바뀔 것이다.

이것은 기쁘기도 하고 당황스럽기도 하다. 한때는 모든 것을 당신이나 당신의 파트너에게 의지했던 자녀가 이제는 당신에게 조언과 도움을 줄 수 있는 사람으로 성장한 것은 감사한 일이다. 어느 정도는 당신의 양육 방식 덕분이다. 그러나 이것은 또한 당황스러운 일이기도 하다. 왜냐하면 자녀와 단둘이 있을 때 당신은 더 이상 그중 가장 똑똑하거나 가장 능력 있는 사람이 아닐 수 있다는 사실이 너무 명백하기 때문이다. 40년 이상 당신이 차지하고 있던 위치였는데 말이다.

이러한 역할 변화에 익숙해지려면 다소 시간이 걸리겠지만 기댈 수 있는 누군가가 있다는 것에 감사해야 한다. 말 그대로다.

다행히도 이러한 관계의 변화가 한꺼번에 일어나지는 않는다. 점진적으로 발생하며 당신의 필요와 자녀의 능력에 따라 각기 다른 영역에서 발생한다. 당신은 힘이 없거나 민첩하지 못하거나 또는 균형이 흔들릴 때마다 자녀의 신체적 도움이 필요할 수 있다. 때로는(사실 당신이 이미 가지고 있을) 온라인 암호를 만들거나 핸드폰에 앱을 다운로드하거나 투자하는 것에 대한 조언을 요청할 수도 있다. 기술적 지식에 따라 새 전자 기기를 선택하고 설정하거나 정지된 컴퓨터 또는 핸드폰을 풀거나 여러 인터넷 요금제 중에서 선택하는 데 도움이 필요할 수 있다.

이 중 어느 것도 놀라거나 걱정할 일이 아니다. 당신보다 30년이나 어린 사람은 몸이 더 좋고 숫자와 정보에 더 능숙하며(특히 급변하는 디지

털 시대에) 최신 기술 혁신에 대해 더 잘 알고 있을 가능성이 높다.

당신은 지혜와 경험을 활용함으로써 나이가 들면서 생기는 자연스러운 능력의 감소를 보충할 수 있다. 그러나 지붕의 홈통을 청소하면서 사다리 위에서 균형을 잡거나, 50파운드짜리 책 상자를 다락방까지 옮기거나, 새 관목을 심을 구멍을 파거나, 새 핸드폰을 설정하거나, 음악 스트리밍 서비스가 작동하도록 무선 스피커를 구성하는 데는 도움이 되지 않을 것이다. 자녀에게 도와달라고 요청하는 것은 문제가 아니다. 당신의 기분이 썩 유쾌하지 않을 뿐.

이러한 역할 변화는 고찰하고 재구성해야 하는 중요한 세 가지 불편한 감정을 불러일으킬 수 있다. 바로 불안, 당황, 죄책감이다.

불안 서로에 대한 상대적인 의존도의 변화는 당신이 나이를 먹고 있다는 것을 상기시켜주는데 그걸 좋아하는 사람은 거의 없을 것이다. 그러나 나이가 드는 것이 병약해지는 것과 똑같지는 않다. 당신이 단지 몇 걸음 느리게 걷거나 10년 전에는 수월하게 들던 무거운 물건을 들 수 없거나 더 두꺼운 돋보기와 자막 없이 영화를 볼 수 있는 보청기 그리고 등산하러 갈 때 지팡이가 필요하다고 해서 이것이 종말의 시작을 의미하지는 않는다. 당신은 여전히 새로운 소식에 밝고 좋아하는 취미를 즐기며 활동적이니 말이다. 다만 그러기 위해 시간이나 장비가 좀 더 필요할 뿐이다. 그리고 당신이 건강하다면 당신은 아마 앞으로 몇 년 동안은 더 그러고 있을 것이다.

자녀와 당신을 암묵적으로 비교하며 우아하게 나이 들 기회를 놓치지 말기를 바란다. 자녀가 건강의 절정에 있을 수 있다는 사실은 당신의 상태와 무관하다. 당신의 신체적 능력을 당신보다 훨씬 젊은 자녀의 신체적 능력과 비교하는 것은, 젊은이의 평생에 걸친 성취를 당신 또래의 평생의 성취와 비교하는 것과 같다. 나이 드는 것에는 부담도 있지만 이점도 있다. 자녀가 지금 당신보다 더 잘하는 일 때문에 당신이 나이가 든다고 느껴지기 시작한다면 상황의 양면을 살펴보자. 당신은 테니스 코트에서 자녀만큼 빠르지 않지만 골프공을 티에서 더 잘 쳐낼 수 있다. 그것은 힘보다 기술이 필요하기 때문이다. 당신의 체력이 걱정된다면 자녀와 비교하지 말고 운동을 더 많이 하라.

나이 드는 것을 불안해하는 원인은 자녀가 당신보다 지적으로 더 예리하다는 인식에 영향을 받았을 수도 있다. 40대 중후반부터 주로 기억력과 같은 지적 기능의 특정 측면에서 나이와 관련된 정상적인 감퇴가 시작된다. 그 변화를 감지할 수 없는 사람도 있겠지만 새로운 정보를 배우고 기억하는 데 영향을 받는다고 느끼는 사람도 있다. 당신은 건망증이 조금 더 심해지고 새로운 작업을 수행하는 데 조금 더 느려질 수 있다. 단어를 말하거나 사소한 게임을 할 때 [설단 현상(말이 혀끝에서 뱅뱅 돌며 생각이 안 나는 현상-옮긴이) 같은 것은 흔하다] 당신을 자녀와 비교하여 당신의 변화를 의식할 수 있을 것이다. 그러나 이러한 변화는 예상 가능한 것이며 치매의 징후는 아니다. 게다가 그것이 당신의 일상생활에 어떤 영향도 미치지 않는다면 굳이 걱정할 필요 없다. 건강한 식단, 사교 활동, 신체 운동은 새로운 것을 배우는 것과 마찬가지로 인지 기능에도 좋다. 당신의 지적인 반짝임이 조금 흐려진 것 같다고 느낀다면 온라인이나 대면 강의를 통해서 새로운 악기 연주를 배우거나 새로운 취미를 시작하라. 새로움과 도전은 뇌를 더 오래도록 건강하게 지켜준다.

당황 두 번째 우려는 역할의 변화로 자녀가 당신의 위상을 낮게 생각할까 두려운 마음이다. 솔직히 당신에 대한 자녀의 평가가 과연 당신에게 자녀의 도움이 필요한지 아니면 제퍼디(미국 장수 퀴즈쇼-옮긴이)의 답을 맞히는 것이 얼마나 느려졌는지 따위에 근거를 두고 있을까? 그렇지 않을 것이다! 당신에 대한 자녀의 감정과 의견은 당신과의 오랜 관계, 즉 사랑과 존경으로 가득 찬 긍정적인 관계로 인해 형성되었다. 자녀에게 도움이나 조언을 요청한다고 해서 그 관계가 흔들리는 것이 아니다.

당신의 자기 인식은 자녀가 당신을 보는 것보다 당신의 능력 변화에 더 영향을 받는다. 사실 자녀는 당신을 괴롭히거나 스스로를 의식하게 만드는 바로 그 변화를 알아차리지 못할 수도 있다. 나는 보청기를 착용한 지 석 달 만에 아들과 며느리를 식당에서 만나 저녁을 먹은 기억이 있다. 허영심이 하늘을 찌를 듯 높았던 난 노인처럼 보일까 봐 매우 긴장했다. 같이 식사하는 동안 그들 중 누구도 보청기에 대해 말하지 않았다. 나는 그저 그들이 예의상 그러는 것이라고 생각했다. 마침내 내가 말했다.

"내 보청기에 대해서 아무 말도 하지 않는구나."

사실 그들은 알아채지도 못한 것이었다.

자녀가 당신이 해야 할 일을 해줄 수 있다면 자녀에게 요청할 수 있는 도움을 당신의 자존심 때문에 막지 마라. 그리고 한 가지 일에 도움이 필요하다고 해서 모든 일에 도움이 필요한 것은 아니다. 한 번에 한 가지의 부탁만 생각하라. 당신이 자녀에게 한 부탁을 정신적으로 계속 쌓아두지 마라. 쌓아두면 당신이 자녀에게 의존하는 것에 대한 당혹감만 증폭시킬 것이다. 당신은 아마도 자녀를 도왔던 모든 것들을 기록하지는 않았을 테고, 따라서 당신의 비교는 왜곡되었을 가능성이 있다. 역할의 변화는 점진적이고 당신이 자녀에게 더 의존한다고 해서 자녀가 필요할 때 당신에게 도움을 요청하지 않을 거라는 의미는 아니다.

자녀에게 경제적인 도움을 요청하는 일은 많은 부모에게 어려운 일이다. 힘이나 전문적인 지식이 필요한 일을 아들이나 딸에게 요청하는 것은 예측 가능한 일이지만 돈을 요청하는 것은 예상 밖이기 때문이다. 하지만 한때는 자녀가 부모를 경제적으로 돕는 것이 흔한 일이었고 오늘날에도 드문 일이 아니다. 모든 연령대의 사람들이 가끔 재정적인 비상사태를 겪는데 그렇다고 해서 당황할 것은 없다. 자녀가 당신을 돕는 데 필요한 돈을 가지고 있지 않을 수도 있지만 요청해서 나쁠 것은 없으며 당신이 그렇게 한다고 당신을 조금도 무시하지는 않을 것이라고 생각한다.

죄책감 어떤 부모는 자녀에게 도움이나 조언을 구하면 자녀가 부담스러워하진 않을까 걱정하거나 죄책감을 느껴 주저할 수도 있다. 지난 수십 년 동안 당신이 도와준 자녀는 당신이 가끔 도움이나 조언을 요청해도 부담을 느끼지 않을 것이다. 당신이 부모로서 도움을 주었을 때 당신은 즐거웠을 것이다. 도대체 왜 당신의 자녀가 당신을 돕는 것에 부담을 느낄 거라고 생각하는가? 서로 돕는 일은 건강한 가정의 구성원이 서로를 위해 행복하게 그리고 기꺼이 하는 것이다.

만약 당신이 특별히 부담스러운 것을 요구해야 한다면 필요한 설명을 앞에 덧붙이는 것은 괜찮지만 사과로 시작하지 마라. 40년 또는 50년 동안 관계를 맺어온 사람에게 설령 큰 부탁이라도 그 부탁이 타당함을 증명할 필요는 없다.

어린 자녀와 당신 사이에 있었던 자율성에 대한 갈등은 그 관계를 새롭게 이해하게 되면 사라질 것이다. 당신은 자녀를 다른 시각에서 보기 시작할 것이고 자녀가 얼마나 성숙해졌는지 알면 감사하게 될 것이다. 당신은 어떤 일을 고민하고 결정하는 데 자녀에게 의견을 더 자주 구할 수 있다. 동시에 자녀는 성인의 요구와 책임을 더 잘 이해하고 당신과 얼마나 많은 공통점이 있는지 알게 되면서 당신에 대해 새로운 시각을 갖게 될 것이다. 자녀는 이제 경제적·정서적 지원을 위해 가족이 당신에게 의존하는 것이 어떤 것인지 알게 되었다. 또한 상사가 되거나 다른 사람을 상사로 두는 것이 어떤 느낌인지 알고 있다. 만약 자녀가 부모라면 아이를 키우는 즐거움과 어려움을 모두 알았을 것이고, 당신이 자녀를 어떻게 양육했는지에 대한 새로운 존경심과 감사함을 느낄 수도 있다.

당신과 자녀가 새로운 둘의 관계에 더 익숙해질수록 몇 년 전보다 서로가 더 동등해졌다는 것을 알게 될 것이다. 당신은 이제 실제보다 더 잘 아는 척, 자신감이 넘치는 척, 잘못이 없는 척 행동할 필요가 없다. 이는 많은 면에서 해방감을 준다. 당신은 더욱 편안한 마음으로 당신의 감정과 살아오면서 내린 좋고 나쁜 결정 그리고 당신이 느끼는 걱정과 우려에 대해 말할 수 있을 것이다.

마음을 터놓는 대가로 두 사람은 이전보다 더 깊은 우정을 쌓을 가능성이 높다. 자녀만큼 오랫동안 또는 친밀하게 당신을 알고 지내온 사람도 드물고 밀접한 관계도 드물다. 이제 당신이 부모로서의 특권을 어느 정도 벗어났으니 자녀가 정서적인 지지의 원천이자 좋은 경청자이며 많은 것에 대해 당신보다 더 많이 알고 있는 좋은 선생님이자 훌륭한 동반자라는 사실을 깨닫게 될 것이다.

두 사람의 관계가 이 지점에 도달하기까지 오랜 시간과 많은 노력이 필요했다. 이제는 그것을 즐길 시간이다.

YOU AND YOUR ADULT CHILD

감사의 말

나의 아내이자 공동 부모, 공동 조부모인 웬디의 격려와 사랑과 도움이 없었다면 이 책을 쓰지 못했을 것입니다. 웬디는 여러 버전의 원고를 읽고 편집했을 뿐만 아니라, 자녀와 손주 양육에 대한 뛰어난 지혜를 지녔으며, 성인 자녀의 부모 되기에 대한 나의 생각이 더욱 뚜렷해지고 나아지도록 도와주었습니다. 그녀는 훌륭한 선생님이자 멋진 롤모델입니다.

몇몇 동료들과 친구들이 이 책의 초안을 읽고 의견을 주었으며, 그들의 제안은 내용을 향상하는 데 큰 도움이 되었습니다. 저는 자마 애덤스, 제이 벨스키, 앤절라 더크워스, 데이빗 하먼, 토드 맨, 로렌스 펠츠, 조지프 라이언, 수전 스톡데일, 배리 트리밍엄, 마샤 와인라우브, 펠레시아 바이스, 제프 바이스에게 신세를 졌습니다.

이 책의 아이디어를 떠올리는 데 도움을 주신 AARP에 감사드리며, AARP의 조디 립슨의 편집 지혜에 특별한 감사를 드립니다. 또한 치포라 바이치, 필 메트칼프, 조 카플란, 알렉시스 미니에리 등 사이먼앤슈스터 출판사의 전체 팀 여러분께 매우 감사를 드립니다.

마지막으로, 이 프로젝트를 제안해주고 책의 구성과 모양에 대해 탁월한 조언은 물론 편집에 대한 훌륭한 제안을 해주신 저의 에이전트 짐 레빈과 편집자인 에먼 돌런에게 감사드립니다.

참고문헌

1장

- 이 5년 동안 뇌의 구조와 활동에 상당한 변화가 일어나는데: "White Paper on the Science of Late Adolescence: A Guide for Judges, Attorneys and Policy Makers," Center for Law, Brain & Behavior, Massachusetts General Hospital, October 2022.

- 오늘날 직업을 가지기 위해서는 이전 세대보다 더 많은 교육이 필요하다: Anna Brown, "Key Findings About the American Workforce and the Changing Job Market," Pew Research Center, October 2016.

- 요즘 미국의 대학생들이 학위를 취득하는 데 드는 기간은 평균 5년 또는 그 이상이다: Data come from the National Center for Education Statistics, U.S. Department of Education, 2019.

- 인구 조사국과 다른 정부 기관에서 발표한 통계: Data on age at college graduation come from the National Center for Education Statistics; data on age at marriage and birth of first child come from the U.S. Census Bureau.

- 집의 평균 가격은 평균 급여보다 다섯 배나 빨리 상승했다: Gregory Schmidt, "Wages Can't Keep Up with Housing Prices," New York Times, May 8, 2022.

2장

- 이런 심각한 불화는 매우 드물다: Lucy Blake, "Parents and Children Who Are Estranged in Adulthood: A Review and Discussion of the Literature," Journal of Family Theory Review 9, no. 4 (2017): 521–36.

- 공동 반추는 혼자 생각할 때보다 당신의 행복에 더 나쁜 영향을 끼친다: Leonardo Carlucci et al., "Co-Rumination, Anxiety, and Maladaptive Cognitive Schemas: When Friendship Can Hurt," Psychology Research and Behavior Management 1, no. 1 (2018): 133–44.

3장

- 정신 건강 문제에 가장 취약한 이들은 다름 아닌 청소년과 초기 성인이다: R. C. Kessler et al., "Lifetime Prevalence and Age-of-Onset Distributions of DSM-IV Disorders in the National Comorbidity Survey Replication," Archives of General Psychiatry 62, no. 6 (2005): 593–602; National Research Council, Investing in the Health and Well-Being of Young Adults (Washington, DC: National Academies Press, 2015).

- 최근 수십 년에 걸쳐 초기 성인들 사이에 정신 건강 문제가 급격히 늘고 있다: "Data and Statistics on Children's Mental Health," Centers for Disease Control and Prevention.

- 다른 연령대인 성인의 주요 우울증 증상의 비율은 변화가 없었다: Jean Twenge et al., "Age, Period, and Cohort Trends in Mood Disorder Indicators and Suicide Related Outcomes in a Nationally Representative Dataset, 2005–2017," Journal of Abnormal Psychology 128, no. 3 (2019): 185–99.

- 초기 성인들의 자살 충동이 더 극적으로 증가했다: Twenge et al., "Age, Period, and Cohort Trends."

- 코로나19 동안 모든 연령대의 정신 건강 문제가 충격적일 정도로 증가했다: Nirmita Panchal et al., "The Implications of COVID-19 for Mental Health and Substance Use," Kaiser Family Foundation, February 10, 2021.

- 특히 초기 성인들의 정신 건강에 심각한 타격을 주었다: Nimita Panchal, "Recent Trends in Mental Health and Substance Use Concerns Among Adolescents," Kaiser Family Foundation, June 28, 2022.

4장

- 세계에서 가장 부유한 사람들의 상당수는 대학을 졸업했으며: Deniz Çam, "Doctorate, Degree, or Dropout: How Much Education It Takes to Become a Billionaire," Forbes, October 18, 2017.

- 사실 대학 신입생의 40퍼센트 정도가 졸업을 하지 못하기 때문이다: "College Dropout Rates," ThinkImpact, 2021.

- 잔디 깎기 부모: Nicole Pelletiere, "Move Aside Helicopter Moms, Lawnmower Parents Are on the Rise," GMA, September 18, 2018.

- 중퇴하는 대학생의 40퍼센트는 경제적인 이유로 학업을 그만둔다: "New Research Answers Question Every College Wants to Know: Why Do Students Leave and How Do We Get Them Back?," University Professional and Continuing Education Association, December 1, 2021.

- 대학에 입학하는 학생의 거의 절반은 적어도 하나 이상의 보충수업이 필요하고: Laura Jiminez, "The Cost of Catching Up," Center for American

Progress, September 28, 2016.

- 보충수업이 필요한 학생은 또래 학생들보다 중퇴할 가능성이 더 높다: Michael Nietzel, "Remedial Education: Escaping Higher Education's Hotel California," Forbes, October 22, 2018.

5장

- 내가 자주 권하는 조언은 '40-70' 규칙을 따르라는 것이다: "The 40-70 Rule: Communicating Touchy Topics," Home Instead, October 1, 2020.

6장

- 오늘날 결혼한 사람들의 약 4분의 1 정도만이 대학에서 배우자를 만났다: Kelsey Campbell-Dollaghan, "Facebook Data Shows How Many People Graduate College with True Love," Gizmodo, October 7, 2013.

- 사람들이 미래의 배우자를 만나는 평균 나이: Serina Sandhu, "British People Meet Lifelong Partner at 27, Study Reveals," Independent, January 19, 2016.

- 여성들은 태어나는 순간부터 남성들보다 평균적으로 더 사교적이고 사회적으로 숙련되었다: Marco Del Giudice, "Gender Differences in Personality and Social Behavior," in International Encyclopedia of the Social & Behavioral Sciences, 2nd ed., vol. 9, ed. James D. Wright (Amsterdam: Elsevier Science, 2015), 750–56.

- 모든 커플은 다툰다: Katherine McGonagle et al., "The Frequency and Determinants of Marital Disagreements in a Community Sample,"

Journal of Social and Personal Relationships 9, no. 4 (1992): 507–24. Although this classic study is thirty years old, more recent surveys have reached similar conclusions. See Taylor Orth, "How and Why Do American Couples Argue?," YouGovAmerica, June 1, 2022.

- 미국에서 발생한 모든 살인 사건의 4분의 1 이상이 가정 폭력과 관련이 있으며: Aaron Kivisto and Megan Porter, "Firearm Use Increases Risk of Multiple Victims in Domestic Homicides," Journal of the American Academy of Psychiatry and the Law 48, no. 1 (2020): 26–34.

- 적어도 20년 이상 결혼 생활을 유지하는 것: Wendy Wang, "The Link Between a College Education and a Lasting Marriage," Pew Research Center, December 4, 2015.

- 이혼은 전보다 훨씬 적어졌고: Wendy D. Manning and Krista K. Westrick-Payne, "Marriage and Divorce During the COVID-19 Pandemic: A Case Study of Five States," Socius: Sociological Research for a Dynamic World 7 (2021): 1–3.

- 사람들의 이혼 후 정신 건강: Anna Kołodziej-Zaleska and Hanna Przybła-Basista, "Psychological Well-Being of Individuals After Divorce: The Role of Social Support," Current Issues in Personality Psychology 4, no. 4 (2016): 206–16.

- 부모가 항상 싸우고 있다면 실제로 해를 끼칠 수도 있다: E. Mark Cummings and Patrick T. Davies, Children and Marital Conflict: The Impact of Family Dispute and Resolution (New York: Guilford Press, 1994).

- 이혼에 대한 연구: Jennifer Lansford, "Parental Divorce and Children's Adjustment," Perspectives on Psychological Science 4, no. 2 (2009): 140–52.

7장

- 번창의 기준: Margaret Kern et al., "The EPOCH Measure of Adolescent Well-Being," Psychological Assessment 28, no. 5 (2016): 586–97. This measure is not designed for use beyond high school, but a similar perspective, called PERMA, which applies to young adults, Retrieved September 30, 2022.

- 일부 학생들은 훨씬 더 오래 걸린다: Data come from the National Center for Education Statistics, U.S. Department of Education, 2019.

- 오늘날 미국 학부생의 4분의 1 이상이 25세 이상이며: Data come from the National Center for Education Statistics, U.S. Department of Education, 2021.

- 1991년에, 이국 여성은 평균 24세에 결혼한 반면 남성들의 평균 나이는 26세였다: Data come from the Current Population Survey, U.S. Census Bureau, which provides this information annually.

- 최근 추정에 따르면, 미국 소득 분위 상위 40퍼센트에 속하는 사람들의 거의 80퍼센트가 결혼했으며: Richard Reeves and Christopher Pulliam, "Middle Class Marriage Is Declining, and Likely Deepening Inequality," Brookings Institution, March 11, 2020.

- 미국의 결혼 종말을 우려하는 보고서는 파트너와 함께 살고 있는 25~34세 사이의 미혼자 15퍼센트에 대해서는 언급하지 않았다: Benjamin Gurrentz, "Living with an Unmarried Partner Now Common for Young Adults," U.S. Census Bureau, November 15, 2018, "Marriage and Cohabitation in the U.S.," Pew Research Center, November 6, 2019.

- 언젠가 결혼하고 싶다고 말하는 사람: Bella De Paulo, "How Many Americans Want to Be Single?" Psychology Today, September 20, 2017.

- 동거가 지속적인 삶의 방식이 되었고: W. Bradford Wilcox and Wendy Wang, "The Marriage Divide: How and Why Working-Class Families Are More Fragile Today," Research Brief for Opportunity America-AEI-Brookings Working Class Group, September 2017.

- 오늘날 미국의 모든 초혼의 75퍼센트 이상은 동거가 선행된다: Wendy D. Manning and Lisa Carlson, "Trends in Cohabitation Prior to Marriage," National Center for Family & Marriage Research, Bowling Green State University, April 13, 2021.

- 오늘날 25~29세 사이 여성의 절반 이상 그리고 이 연령대 남성의 3분의 2 이상이 결혼을 한 적이 없다: American Community Survey, "Never Married on the Rise," U.S. Census Bureau , 2020.

- 30대 후반 미혼자의 거의 3분의 1이 45세 이전에 결혼하고: Data on age at first marriage come from the U.S. Census Bureau.

- 체외수정은 35세 미만의 여성들 사이에서 절반의 성공률을 보이지만: Data come from the Society for Assisted Reproductive Technology, Retrieved September 30, 2022.

- 부모가 되고 싶지 않기 때문이라고 답했다: Anna Brown, "Growing Share of Childless Adults in U.S. Don't Expect to Ever Have Children," Pew Research Center, November 19, 2021.

- 결혼한 사람들의 90퍼센트가 파트너와 결혼하는 주된 이유로 사랑을 말하는 미국에서는: Juliana Horowitz et al., "Why People Get Married or Move In with a Partner," Pew Research Center, November 6, 2019.

- 20세기 초 이래로 어느 때보다도 더 많은 성인 자녀가 부모와 함께 살고 있다: The discussion on young adults moving back home draws on data from Richard Fry et al., "A Majority of Young Adults in the U.S. Live with Their Parents for the First Time Since the Great Depression," Pew Research Center, September 4, 2020.

- 고향으로 돌아온 대부분의 자녀가 부모와 잘 지낸다고 한다: Bella De Paulo, "Why Are So Many Young Adults Living with Their Parents?" Psychology Today, May 26, 2016.

8장

- 조부모와 손주가 긴밀한 관계가 된다면 서로에게 이점이 있다: Donald C. Reitzes and Elizabeth J. Mutran, "Grandparent Identity, Intergenerational Family Identity, and Well-Being," Journals of Gerontology: Series B 59, no. 4 (2004): S213–S219.

- 단기적인 산후 우울증을 앓는 경우도 많다: "Baby Blues," American Pregnancy Association, Retrieved September 30, 2022.

9장

- 40대 중후반부터 주로 기억력과 같은 지적 기능의 특정 측면에서 나이와 관련된 정상적인 감퇴가 시작된다: K. Warner Schaie, "The Course of Adult Intellectual Development," American Psychologist 49, no. 4 (1994): 304-13.

옮긴이

김경일

우리나라의 대표적인 인지심리학자. 현재 아주대학교 심리학과 교수로 재직 중이다. 고려대학교 심리학과와 동 대학원을 졸업한 후 미국 텍사스 주립대학교 심리학과에서 박사 학위를 받았다. 인지심리학 분야의 세계적 석학인 아트 마크먼 교수의 지도하에 인간의 판단, 의사결정, 문제해결 그리고 창의성에 관해 연구했다. 각종 교육기관, 공공기관, 기업 등에서 왕성하게 강연 활동을 하고 있으며, 〈어쩌다 어른〉〈세바시〉〈요즘책방: 책 읽어드립니다〉 등 다수의 방송 프로그램에도 출연하고 있다. 저서로는 『김경일의 지혜로운 인간생활』 『내향인 개인주의자 그리고 회사원』(공저) 『마음의 지혜』 『적정한 삶』 등이 있다.

이은경

광운대학교 영문학과를 졸업하였으며, 저작권 에이전시에서 에이전트로 근무하였다. 현재 번역에이전시 엔터스코리아에서 출판 기획 및 전문 번역가로 활동하고 있다. 주요 역서로는 『엄마의 감정수업』 『실리콘밸리 디자인의 역사』 『하루 한 페이지 마음챙김』 『애자일 경영 교과서』 등이 있다.

50이면 육아가 끝날 줄 알았다

초판 1쇄 발행 2024년 2월 15일
초판 9쇄 발행 2024년 12월 20일

지 은 이 로렌스 스타인버그
옮 긴 이 김경일 이은경
발 행 인 정수동
발 행 처 저녁달

편집주간 이남경
편   집 김유진
본문디자인 김경주
표지디자인 Yozoh Studio Mongsangso

출판등록 2017년 1월 17일 제406-2017-000009호
주   소 경기도 파주시 문발로 142 니은빌딩 304호
전   화 02-599-0625
팩   스 02-6442-4625
이 메 일 book@mongsangso.com
인스타그램 @eveningmoon_book

ISBN   979-11-89217-24-3   03180